微课版

21世纪实用礼仪系列教材

第7版

商务礼仪教程

金正昆／著

中国人民大学出版社
·北京·

目录

商·务·礼·仪·教·程

导论

第一章　装束礼仪规范

第二章　仪式礼仪规范

第三章　会务礼仪规范

第四章　酬世礼仪规范

导论

目前，我国人民正在以习近平同志为核心的党中央领导下，齐心协力，以中国式现代化全面推进中华民族伟大复兴，为建设富强民主文明和谐美丽的社会主义现代化强国而奋斗。在此伟大进程中，随着我国社会主义物质文明建设的迅速发展，社会主义精神文明的建设也有了长足的进步。两个文明建设并重，必将极大地推进我国的社会主义现代化事业。

在社会主义精神文明的建设之中，讲文明、树新风是群众性社会主义精神文明建设的一项重要内容，目前已普遍赢得社会各界的重视、支持和参与。而在上述内容之中，规范礼仪、学习礼仪、应用礼仪，便是顺应民心、合乎民意的一大重点。在当前形势下，正如习近平同志所言："礼仪是宣示价值观、教化人民的有效方式"。

与此同时，社会主义市场经济的建设，极大地促进了人际交往。用现代人的眼光来看，人与人之间的交际应酬，不仅是一种出自本能的需要，而且是适应社会发展、个人进步的一种必不可少的途径。因为从某种意义上来说，交际实质上就是一种信息交流，而信息乃是现代社会上最为宝贵的资源。由此可见，具有较强的交际能力，是现代人立足于社会，并求得可持续发展的重要条件。其重要意义，绝对不在掌握外语、互联网、汽车驾驶等热门的专业技术之下。在此背景之下，作为交际之规的礼仪自然迅速升温，备受人们的青睐。规范礼仪、学习礼仪、应用礼仪，已经成为大势所趋、人心所向。

规范礼仪、学习礼仪、应用礼仪，必须首先从思想上、理论上解决下述九个方面的重要问题，唯有如此，才能更自觉、更准确、更全面地掌握礼仪，遵守礼仪。

一、礼仪的界定

要真正了解礼仪，有必要首先明确礼仪的基本含义。

在一般性的表述之中，与“礼”相关的词最常见的有三个，即礼仪、礼节、礼貌。在大多数情况下，它们是被视为一体并混合使用的。其实，从内涵上来看，三者不可简单地混为一谈。它们之间既有区别，又有联系。

礼貌，一般是指在人际交往中通过特定的言语、动作向交往对象所表示的谦虚和恭敬。它侧重于表现人的品质与素养，实际上是做人的一种基本要求。

礼节，通常是指人们在交际场合相互表示尊重、友好的惯用形式。它实际上是礼貌的具体表现方式。《礼记》曾明确指出：“礼节者，仁之貌也。”它与礼貌之间的相互关系是：没有礼节，就无所谓礼貌；有了礼貌，就必然需要具体的礼节。

礼仪，则是对礼节、仪式的统称。它是指在人际交往中，自始至终地以一定的、约定俗成的程序、方式来表现的律己、敬人的具体行为。显而易见，礼貌是礼仪的基础，礼节则是礼仪的基本组成部分。换言之，礼仪在层次上要高于礼貌、礼节，其内涵更深、更广。礼仪，实际上是由一系列具体的、表现礼貌的礼节所构成的。它不像礼节一样只是某一种具体做法，而是一个表示礼貌的系统而完整的过程。从本质上讲，三者所表现的都是对人的尊敬、友善。

有鉴于此，为了更完整、更准确地理解“礼”，采用礼仪这一概念来对其加以表述，是最为可行的。

站在不同的角度上，往往还可以对礼仪的概念做出种种殊途同归的界定。

从个人修养的角度来看，礼仪可以说是一个人的内在修养与素质的外在表现。也就是说，礼仪即教养、素质在一个人行为举止中的具体体现。

从道德的角度来看，“道德仁义，非礼不成”。礼仪可以被界定为为人处世的行为规范，或曰标准做法、行为准则。因此，2019 年 10 月 27 日中共中央、国务院印发的《新时代公民道德建设实施纲要》中明确地指出：“礼仪礼节是道德素养的体现，也是道德实践的载体。”

从交际的角度来看，礼仪可以说是人际交往中的一种通行的规则，也可以说是一种用以处理人际关系的交际方式或交际艺术。正是在此意义上，孟子明言：“礼，门也。”《礼记》上则说：“礼者，履此者也。”

从民俗的角度来看，礼仪既可以说是在人际交往中必须遵行的律己敬人的习惯形式，也可以说是在人际交往中约定俗成的示人以尊重、友好的习惯做法。此即所谓“礼出于俗，俗化为礼”。简言之，礼仪是待人接物的一种惯例；礼仪即“习惯法”。

从传播的角度来看，礼仪可以说是一种在人际交往中进行有效沟通的技巧。

从审美的角度来看，礼仪可以说是一种形式美。有道是“礼由心生”，它是人的心灵美的必然的外化。

了解上述各种对礼仪的诠释，可以进一步加深对礼仪的理解，并且更为准确地对礼仪进行把握。

礼仪的界定

二、礼仪的内容

从内容上讲，礼仪是由礼仪的主体、礼仪的客体、礼仪的媒体、礼仪的环境四项基本要素构成的。

礼仪的主体，指的是礼仪活动的操作者和实施者。它既可以是个人，也可以是组织。当礼仪活动规模较小、较为简单时，其主体通常是个人；当礼仪活动规模较大、较为复杂时，其主体通常则是组织。没有礼仪主体，礼仪活动就不可能进行，礼仪也就根本无从谈起。

礼仪的客体，又称礼仪的对象。从内涵上讲，它指的是礼仪活动的具体指向者和承受者。从外延上讲，它可以是人，也可以是物；可以是物质的，也可以是精神的；可以是具象的，也可以是抽象的；可以是有形的，也可以是无形的。没有礼仪客体，礼仪就失去了对象，就不成其为礼仪。礼仪的客体与礼仪的主体二者之间既对立，又相互依存，并且在一定条件下相互转化。

礼仪的媒体，指的是礼仪活动所依托的一定的媒介。进而言之，它实际上是礼仪内容与礼仪形式的统一性载体。任何礼仪都必须使用礼仪媒体，不使用礼仪媒体的礼仪不可能存在。礼仪的媒体，具体是由人体礼仪媒体、物体礼仪媒体、事体礼仪媒体等构成的。在具体操作礼仪时，这些不同的礼仪媒体往往是交叉、配合使用的。

礼仪的环境，指的是礼仪活动得以进行的特定的时空条件。大体说来，它可以分为礼仪的自然环境与礼仪的社会环境。礼仪的环境，通常制约着礼仪的实施。不仅实施何种礼仪由其决定，而且礼仪具体的实施方法也由其决定。

进而言之，由上述四项基本要素所构成的礼仪，依据其适用范围的不同，大致上可以分为政务礼仪、商务礼仪、服务礼仪、社交礼仪、国际礼仪等几个基本分支。

政务礼仪，亦称公务员礼仪，指公务员在执行国家公务时应当遵守的礼仪。

商务礼仪，主要是指公司、企业的从业人员以及其他一切从事经济活动的人士在经济往来中应当遵守的礼仪。

服务礼仪，指各类服务行业的从业人员在自己的工作岗位上应当遵守的礼仪。

社交礼仪，亦称交际礼仪，指社会各界人士在一般性的、日常性的交际应酬之中应当遵守的礼仪。

国际礼仪，亦称涉外礼仪，指人们在国际交往中同外国人打交道时应当遵守的礼仪。

在上述五个基本分支礼仪中，政务礼仪、商务礼仪、服务礼仪等，主要是按照行业划分的，并且是人们在其工作岗位上所应遵守的礼仪，故可称之为行业礼仪或职场礼仪。而社交礼仪、国际礼仪的划分，则主要以其交往范围为依据，所以二者均可以交往礼仪相称。

在实践中，礼仪因其具体适用对象有别，又有教师礼仪、幼儿礼仪、学生礼仪、青年礼仪、妇女礼仪、军人礼仪、警官礼仪、护士礼仪、公务员礼仪、外交官礼仪、乘务员礼仪、售货员礼仪、快递员礼仪等等之分。

上述几个基本分支，涉及人类交际活动的各个主要方面。因此，礼仪主要以这些方面构成自己的基本内容。

三、礼仪的归属

一般而言，礼仪主要以礼仪活动、礼仪规范、礼仪规律作为自己的研究对象。

总的说来，礼仪是一门人文应用科学。具体而言，礼仪的学科特点是：

首先，它是一门应用性学科。礼仪具有很强的实用性和可操作性。从某种意义上说，它实际上就是有关交往艺术的科学。

其次，它是一门实践性学科。与纯粹的理论演绎、概念探讨、逻辑抽象显然不同，礼仪来源于社会实践，并且直接服务于社会实践。它拒绝夸夸其谈，注重一切从实际出发，坚持实事求是。正因为如此，也有人称之为一门经验科学。

再次，它是一门普及性学科。在现实生活中，每个人都必须参加交际活动，每个人都希望自己的交际活动取得成功，而礼仪正是一门可将人们的交际活动导向成功的科学。由此可见，礼仪应当是一门人人必修的普及性学科。随着整个社会文明程度的提高，它必将进一步得到普及。

最后，它是一门综合性学科。不容置疑的是，礼仪是一门专门研究人的交际行为规范的科学。这是它有别于其他学科的主要标志。但是，它又广泛吸纳了其他许多学科的成果，用以充实、完善自身。在这个意义上，又可将它视为一门综合性学科。

礼仪与其他学科的关系

作为一门综合性学科，礼仪与多门学科关系密切，其中尤其与法学、民俗学、传播学、美学、伦理学、心理学、社会学、公共关系学密不可分。

其一，礼仪与法学。法学，是以法及其一般规律为研究对象的学科。礼仪与法的关系一向密切，并合称“礼法”。二者的关系是：礼属于习惯法，同时它又与法的功能有别，正如司马迁所言：“夫礼禁未然之前，法施已然之后；法之所为用者易见，而礼之所为禁者难知。”

其二，礼仪与民俗学。民俗学研究的是流传于民间的文化民俗事象。如前所述，礼仪与民俗的关系是：“礼出于俗，俗化为礼。”二者相互联系，相互影响，相互转化。正因为如此，礼仪有时又被称为“礼俗”。研究民俗学，将有助于进一步解释礼仪；学习礼仪，则将使人深入地理解民俗。

其三，礼仪与传播学。传播学研究的是信息传播的规律。运用传播学的观点来看待交际活动，它实际上是一种人际传播。礼仪与传播的关系是：礼仪活动通常与传播有关，传播学则是礼仪规范的一个重要的理论基础。交际即信息传播，传播制约着交际，传播力决定影响力与公信力，交际与传播密不可分，互相依存。

其四，礼仪与美学。美学研究的是美的一般规律。社会美是其研究的一个重要方面，而社会美又往往表现于人的交际活动之中。礼仪与美学的关系是：美即和谐，“有礼则雅”。符合礼仪的做法必然是美的，而美又是衡量礼仪是否完善的一大标尺。从某种意义上说，礼仪实际上是交际活动的一种形式美。

其五，礼仪与伦理学。伦理学研究的是道德问题。它是一门纯理论的学科。礼仪则是对伦理学研究成果的具体运用，它反映着社会的道德关系，体现着社会的道德标准。礼仪与伦理学的关系是：伦理学是礼仪的基础，而礼仪则是伦理学所提出的道德要求的具体表现形式。在人际交往中，讲礼仪就是讲规矩，就是讲道理。因此，讲道德就必须讲礼仪，而讲礼仪又反过来有助于讲道德。自古以来，中国人往往称礼仪为“礼义”，以强调其崇德尚义。正如《礼记》所言：“礼也者，义之实也”；“礼之所尊，尊其义也”。在交际实践中，有礼走遍天下。为人处世，既要以礼为先，更要以德为本；要时刻坚持明大德、守公德、严私德。

其六，礼仪与心理学。心理学所研究的是人的心理活动及其一般规律。礼仪与心理学的关系是：心理学是礼仪活动的一个基础。人是交际活动的主角，只有掌握人的心理活动，才能更好地理解人、尊重人，才能更好地运用礼仪。洞察人心、尊重人格，是礼仪与心理学共同的主旨。

其七，礼仪与社会学。社会学研究的是社会生活和社会行为。礼仪与社会学的关系是：交际活动是社会学的重要研究对象之一，而研究社会生活、社会行为的社会学所提供的一系列成果，则又必然有助于礼仪所关注的交际活动的成功。

其八，礼仪与公共关系学。公共关系学研究的是组织所面对的公众关系。礼仪与公共关系学的关系是：公共关系是交际活动中的每一位成功者必须妥善处理的，而礼仪则又是处理公共关系的一种重要的技术手段；公共关系重在塑造组织形象，而礼仪则意在维护组织中每一名成员的个人形象，后者是前者的重要组成部分。总之，礼仪与公共关系往往密不可分。

四、礼仪的扬弃

礼仪的科学体系，主要是在现代形成并得以逐步完善的。但是，这并不等于说它是无源之水、无本之木。没有对我国古代传统礼仪的继承和扬弃，实际上就不可能有我国的现代礼仪。在正确地传承我国古代传统礼仪的同时，还必须向国际礼仪学习，取人之长，补我之短。

我国自古就是一个闻名世界的礼义之邦。早在 3 000 多年前的西周初期，就由周公姬旦制礼，并已基本成型。到了春秋时期，更是由孔子集其大成，继续发扬光大。此后，由孔子所构建的礼仪体系一直影响中国社会长达 2 500 多年。

在中国古代，礼仪的含义十分广泛。一般而言，它至少有以下四种解释。

第一，它是一种包括政治、经济、文化、军事制度在内的典章制度。因此，被视为“国之基”“君之大柄”。左丘明就明确地提出“礼以体政”的主张，孔子则明言：“礼者何也？即事之治也。”

第二，它是一种做人的基本道德规范。孔子认为：“礼也者，理也”；对人必须“约之以礼”。孟子强调：“以礼存心”。荀子进一步指出：“礼者，养也”；“礼者，人道之极也”；“礼者，节之准也”。程颐明言：“礼者人之规范，守礼所以立身也。”他们都明确了礼仪在道德生活中的重要作用。《礼记》则更是强调：“凡人之所以为人者，礼义也。”

第三，它是个人及社会必须遵守的行为准则。在《说文解字》中，许慎的解释是：“礼者，履也。”孔子曾提出：“非礼勿视，非礼勿听，非礼勿言，非礼勿动。”在这里，他就将礼仪视为一种做人的行为规范。在著名的礼仪典籍《礼记》中则强调：“礼，不逾节，不侵侮，不好狎。”其含义，也是要求以礼仪来调节人际交往。

第四，它是各种正式的仪式。管仲曾说：“礼仪者，尊卑之仪表也”，“万物之程式也”，“故动有仪则令行”。由此可见，他所说的礼仪，主要就是指的仪式。

综上所述，我国古代礼仪的主旨是：明确地规定并严格地维护封建等级制度；强调并坚持人的等级差异。对于这一点，荀子早就讲得很明白：“礼者，贵贱有等，长幼有差，贫富轻重皆有称者也。”

如此看来，我国古代礼仪具有明显的两重性。一方面，它提出了礼仪的一些基本原则，制定了人际交往的行为规范，并且强调“礼之用，和为贵”，这些都是可以为现代礼仪所借鉴的。另一方面，它并不尊重人，而重在维护封建统治制度。这些糟粕，则必须为现代礼仪所否定。

从总体上讲，现代礼仪与我国古代礼仪主要存在三点差异：

其一，二者的基础不同。古代礼仪是以封建等级制度为基础的，现代礼仪虽承认身份差异，但更强调以人为本、人格平等、社会公平，并且以尊重人作为自己的立足点与出发点。

其二，二者的目标不同。古代礼仪以维护封建统治秩序为目的，而现代礼仪则重在追求人际交往的和谐与顺利。

其三，二者的范围不同。古代礼仪所讲究的是“礼不下庶人”，因而与平民百姓无关，而现代礼仪则适用于任何交际活动的参与者。

应当说，与古代礼仪相比，现代礼仪更关心的是人际交往的成功，因此其核心内容就是人际交往的行为规范，而不是像古代礼仪那样以自我约束为主。

在继承我国古代礼仪的精华的同时，现代礼仪也十分注意汲取各个国家的礼仪，特别是注重吸收目前通行的当代国际礼仪的长处，并且为我所用。

当代国际礼仪主要具有如下三个特点，它们与我国礼仪，尤其是我国古代传统礼仪具有显著的区别。

其一，国际礼仪强调个人至上。国际礼仪强调个人至上、个性自由，反对损害个人尊严，要求尊重个人隐私、维护人格自尊。这一点，贯彻在它的各个环节之中。

其二，国际礼仪强调女士优先。国际礼仪强调，在一切交际场合，不仅要讲究男女平等，反对性别歧视，而且更要讲究尊重女性、关心女性、体谅女性、帮助女性、照顾女性、保护女性，这就是所谓的女士优先。

其三，国际礼仪强调入乡随俗。国际礼仪适用于国际交往，尤其是跨国的双边性、多边性交往，因此有必要彼此尊重各自的风俗习惯，并且入乡随俗 。与此同时，国际礼仪还非常关注跨文化沟通，坚持求同存异，要使礼仪成为“一座桥”，而不可使之变成“一堵墙”。

与我国的现代礼仪相比，国际礼仪最大的不同，是其主要起源于西方，受西方文化影响较深；而我国的现代礼仪，则更多地出自本国的优秀传统文化与民族习俗。

有必要明确的是：一方面，我国的现代礼仪对于国际礼仪中一些适合我国国情、切实可行的原则可以借鉴。离开了这一点，就不可能有它在今日的发展。另一方面，对国际礼仪也没有必要全盘照抄照搬进来。只有在国际交往中，才有必要以国际礼仪约束自身。

江泽民同志曾经要求我们：“弘扬中国古代优良道德传统和革命道德传统，吸取人类一切优秀道德成就，努力建设人类先进的精神文明”。习近平同志则多次强调：“培育和弘扬社会主义核心价值观必须立足中华优秀传统文化。”与此同时，他亦曾指出：“文明因交流而多彩，文明因互鉴而丰富。”在探讨现代礼仪的扬弃问题时，也应该采取上述正确的态度。唯有如此，才能真正使我国的现代礼仪不但有所继承，而且会有所发展。

五、礼仪的特征

与其他学科相比，礼仪具有一些自身独具的特征。这主要表现在其规范性、限定性、操作性、传承性、时效性五个方面。

第一，规范性。孟子尝言："不以规矩，不能成方圆。"礼仪，指的就是人们在交际场合待人接物时必须遵守的行为规范。规范者，标准也。这种规范性，不仅约束着人们在一切交际场合的言谈话语、行为举止，使之合乎礼仪，而且也是人们在一切交际场合必须采用的一种"通用语言"，是衡量他人与判断自己是否自律、敬人的一种尺度。正如法国人拉罗什富科所言："在所有规范中，礼仪是最微小但又最稳定的一种规范。"总之，礼仪是约定俗成的一种自尊、敬人的惯用形式。因此，任何人要想在交际场合表现得合乎礼仪、彬彬有礼，都必须对礼仪无条件地加以遵守。另起炉灶、自搞一套，或是只遵守个人适应的部分，而不遵守自己不适应的部分，都难以为交往对象所接受和理解。

第二，限定性。礼仪，顾名思义，主要适用于交际场合，适用于普通情况之下的、一般的人际交往与应酬。在这个特定范围之内，礼仪肯定行之有效。离开了这个特定的范围，礼仪则未必适用。这就是礼仪的限定性特点。理解了这一特点，就不会把礼仪当成放之四海而皆准的规则，就不会在非交际场合拿礼仪去以不变应万变。必须明确，当所处场合不同、所具有的身份不同时，所要运用的礼仪往往会因此而各有不同，有时甚至还会差异很大。这一点，是不容忽视的。一般而论，适合应用礼仪的主要是初次交往、因公交往、对外交往等三种交际场合。

第三，操作性。切实有效，实用可行，规则简明，易学易会，便于操作，是礼仪的一大特征。它不是纸上谈兵、空洞无物、不着边际、故弄玄虚、夸夸其谈，而是既有总体上的礼仪原则、礼仪规范，又在具体的细节上以一系列的方式、方法，细致而周详地对礼仪原则、礼仪规范加以贯彻，把它们落到实处，使之"言之有物""行之有礼"，不尚空谈。礼仪的易记、易行，能够为其广觅知音，使其被人们广泛地运用于交际实践，并受到广大公众的认可；反过来，又进一步促使礼仪以简便易行、容易操作为第一要旨。

第四，传承性。任何国家的礼仪都具有自己鲜明的民族特色，任何国家的当代礼仪都是在本国古代礼仪的基础上发展起来的。离开了对本国、本民族既往礼仪成果的传承、扬弃，就不可能形成当代礼仪。这就是礼仪传承性的特定含义。与"成文法"相对应，礼仪本质上乃是一种约定俗成、沉淀传统的"习惯法"。作为一种人类文明的沉淀与积累，礼仪将人们在交际应酬之中的习惯做法固定下来，流传下去，并逐渐形成自己的民族特色，这不是一种短暂的社会现象，而且不会因为社会制度的更替而消失。对于既往的礼仪遗产，正确的态度不应当是食古不化、全盘沿用，而是应当有扬弃、有继承，更有发展。

第五，时效性。《礼记》指出："礼，时为大。"从本质上讲，礼仪可以说是一种社会历史发展的产物，并具有鲜明的时代特点。一方面，它是在人类长期的交际活动实践之中形成、发展、完善起来的，绝不可能凭空杜撰、一蹴而就，不可能完全脱离特定的历史背景。另一方面，社会的发展，历史的进步，以及众多社交活动的新特点、新问题的出现，又要求礼仪有所变化，有所进步，推陈出新，与时代同步，以适应新形势下新的要求。与此同时，随着世界经济的全球化倾向日益明显，各个国家、各个地区、各个民族之间的交往日益密切，它们的礼仪随之也不断地相互影响，相互渗透，不断地被赋予新的内容。这就使礼仪具有相对的时效性。了解了这一点，就不会把它看作一成不变的东西，而能够更好地以发展、变化的眼光去对待它；就不会对礼仪搞“教条主义”，使之一成不变，脱离生活，脱离时代。

六、礼仪的原则

在日常生活之中，学习、应用礼仪，有必要在宏观上掌握一些具有普遍性、共同性、指导性的礼仪规律。这些礼仪规律，即礼仪的原则。

礼仪的原则共有如下十项。它们同等重要，不可缺少。掌握这些原则，将有助于更好地学习礼仪、运用礼仪。

第一，遵守。在交际应酬之中，每一位参与者都必须自觉、自愿地遵守礼仪，以礼仪去规范自己在交际活动中的一言一行、一举一动。对于礼仪，不仅要学习、了解，而且更重要的是学了就要运用，要将其付诸个人社交实践。任何人，不论身份高低、职位大小、财富多寡，都有自觉遵守、应用礼仪的义务，否则就会受到公众的指责，交际就难以成功，这就是遵守的原则。离开了它，就谈不上礼仪的应用、推广。

第二，自律。从总体上来看，礼仪规范由对待个人的要求与对待他人的做法两大部分所构成。司马光说：“礼莫大于分。”对待个人的要求，是礼仪的基础和出发点。学习、应用礼仪，最重要的就是要自我要求、自我约束、自我控制、自我对照、自我反省、自我检点，这就是所谓自律的原则。子曰：“克己复礼”；“己所不欲，勿施于人”。若是没有对自己的严格要求，人前人后不一样，只求诸人，不求诸己，不讲慎独与克己，遵守礼仪就无从谈起，就是一种蒙骗他人的大话、假话、空话。

第三，敬人。孔子曾经对礼仪的基本理念有过高度的概括，据《孝经》记载，他说过：“礼者，敬而已矣。”孟子亦云：“有礼者敬人。”所谓敬人的原则，就是要求人们在交际活动中，与交往对象既要互谦互让，互尊互敬，友好相待，和睦共处，更要将对交往对象的重视、恭敬、友善放在第一位。在礼仪的两大构成部分中，有关对待他人的做法这一部分，比对待个人的要求更为重要，这一部分实际上是礼仪的重点与核心。而对待他人的诸多做法之中最重要的一点，就是要敬人之心常存，处处不可失敬于人，不可伤害他人的个人尊严，更不能侮辱对方的人格。掌握了这一点，就等于掌握了礼仪的灵魂。在人际交往中，只要不失敬于人，哪怕具体做法一时失当，也不能算是失礼。

第四，宽容。有道是："大德必宽。"《礼记》也曾倡导："慎静而尚宽。"宽容原则的基本含义，是要求人们在交际活动中运用礼仪时有容乃大。既要严于律己，更要宽以待人。要多容忍他人，多体谅他人，多理解他人，而千万不要求全责备，斤斤计较，过分苛求，咄咄逼人。在人际交往中，要容许他人拥有个人行动和独立进行自我判断的自由。礼仪的基本要求是尊重人。在人际交往中，尊重他人，实际上就是要尊重其个人选择。对不同于己、不同于众的行为耐心容忍，不必要求他人处处效法自身、与自己完全保持一致，实际上也是尊重对方的一种表现。

第五，平等。在具体运用礼仪时，允许因人而异，根据不同的交往对象，采取不同的具体方法。但是，与此同时必须强调指出：在礼仪的核心之点，即尊重交往对象、以礼相待这一点上，对任何交往对象都必须一视同仁，给予同等程度的礼遇。不允许因为交往对象彼此之间在年龄、性别、种族、地域、国别、性格、文化、职业、身份、地位、财富、健康以及与自己的关系亲疏远近等方面有所不同，就厚此薄彼、区别对待，给予不同待遇，这便是礼仪中平等原则的基本要求。

第六，从俗。由于国情、民族、文化背景的不同，在人际交往中，实际上存在着"十里不同风，百里不同俗"的局面。对这一客观现实要有正确的认识，不要自高自大、唯我独尊、以我画线，不宜简单否定其他人不同于己的做法。必要时，必须坚持入国问禁、入乡随俗、入门问讳，与绝大多数人的习惯做法保持一致，切勿目中无人、自以为是、指手画脚、随意批评，动辄否定其他人的习惯性做法。遵守从俗原则的规定，会使礼仪的应用更加得心应手，更加有助于人际交往。此即所谓"礼从宜，使从俗"。

第七，真诚。礼仪上所讲的真诚原则，就是要求在人际交往中运用礼仪时，务必待人以诚、诚心诚意、诚实无欺、言行一致、表里如一。只有如此，自己在运用礼仪时所表达的对交往对象的尊敬与友好，才会更好地为对方所理解和接受。与此相反，倘若仅把运用礼仪作为一种道具和伪装，在具体操作礼仪规范时，口是心非，言行不一，弄虚作假，投机取巧，或是当时一个样、事后另一个样，有求于人时一个样、为人所求时另外一个样，则有悖礼仪的基本宗旨。将礼仪等同于庸俗至极的"厚黑学"，肯定是行不通的。

第八，适度。适度的原则，是要求应用礼仪时，为了保证取得成效，必须注意技巧，合乎规范，特别要注意做到把握分寸、认真得体。这是因为凡事过犹不及，运用礼仪时假如做得过了头，或者做得不到位，都不能正确地表达自己的自律、敬人之意。当然，运用礼仪要真正做到恰到好处、恰如其分，只有勤学多练，积极实践，此外别无他途。

第九，沟通。在人际交往中，人们通常有接触才会了解，有了解才会交流，有交流才会沟通，有沟通才会互动。因此，可将沟通视为人际交往中人与人之间的互动之桥。在现代礼仪中，沟通的原则要求人们：在其人际交往中，既要了解交往对象，更要为交往对象所了解，并积极地推广自己，与交往对象彼此之间增进理解与共识。礼仪的主旨在于“尊重”。而欲尊重他人，就必须首先了解对方，并且令自己为对方所了解。只有这样，才能实现有效的沟通。

第十，互动。《礼记》曰：“往而不来非礼也，来而不往亦非礼也。”在人际交往中如欲取得成功，就必须无条件地遵守互动的原则。所谓“互动”，在此具体含义有二：一是要求人们在其交往中必须主动进行换位思考。换位思考的基本要求，就是人们必须善于体谅交往对象的感受。二是要求人们在其交往中时时处处努力做到“交往以对方为中心”。也就是说，不允许无条件地“以自我为中心”，更不允许凡事自以为是。具体运用礼仪时，互动的原则永远都不允许忽视。

七、礼仪的功能

读书是学习，使用也是学习，而且是更重要的学习；学习的目的在于运用。当前，礼仪之所以被提倡，之所以受到社会各界的普遍重视，主要是因为它具有多重重要的功能，既有助于个人，又有助于社会、有助于国家。

礼仪的功能之一，在于它有助于提高人们的自身修养。

在人际交往中，礼仪往往是衡量一个人文明程度的准绳。它不仅反映着一个人的交际技巧与应变能力，而且反映着一个人的气质风度、阅历见识、道德情操、精神风貌。因此，在这个意义上，完全可以说礼仪即道德、即教养。而有道德才能高尚，有教养才能文明。这也就是说，通过一个人对礼仪运用的程度，可以察知其教养的高低、文明的程度和道德的水准。由此可见，学习礼仪、运用礼仪，有助于提高个人的修养，有助于“用高尚的精神塑造人”，真正提高个人的文明程度。

礼仪的功能之二，在于它有助于人们美化自身、美化生活、美化社会、美化祖国。

个人形象，是一个人仪容、表情、举止、服饰、谈吐、教养的集合，而礼仪在上述诸方面都有自己详尽的规范。《易经》有言：“君子以非礼弗履。”因此学习礼仪，运用礼仪，无疑将有益于人们更好地、更规范地设计个人形象、维护个人形象，更好地、更充分地展示个人良好的教养与优雅的风度，这种礼仪美化自身的功能，任何人都难以否定。当个人重视了美化自身、大家个个以礼待人时，人际关系将更加和睦，生活将更加温馨，社会将更加和谐，祖国将更加美丽。那时，美化自身便会发展为美化生活、美化社会、美化祖国；在国际交往中，亦将有助于中国人更好地、言行一致地“讲好中国故事，传播好中国声音”。这也是礼仪的运用所发挥的作用。

礼仪的功能之三，在于它有助于促进人们的社会交往，完善人们的人际关系。

古人云："世事洞明皆学问，人情练达即文章。"这句话，讲的其实就是交际的重要性。《素书》上说："礼者，人之所履。"《礼记》上则有言："礼也者，报也。"在人际交往中，礼仪属于与他人良性互动的艺术。一个人只要同其他人打交道，就不能不讲究礼仪。运用礼仪，除了可以使个人在交际活动中充满自信、胸有成竹、处变不惊之外，其最大的好处就在于能够帮助人们规范彼此之间的交际活动，更好地向交往对象表达自己的尊重、敬佩、友好与善意，增进大家彼此之间的了解与信任。假如人皆如此，时时、处处、事事如此，长此以往，必将促进社会交往的进一步发展，帮助人们更好地取得交际成功，进而造就和谐、完美的人际关系，取得事业的成功。

礼仪的功能之四，在于它有助于净化社会风气，推进社会主义精神文明的建设。

礼仪的本质，是令人向美、向善、向上，是用以提升个人素质的。学礼、明礼、守礼，重在促使人们向美、向善、向上。《左传》有云："礼，经国家，定社稷，序民人，利后嗣者也。"一般而言，人们的教养反映其素质，素质体现于其细节，而细节则往往决定着一个人的成败。反映个人素质与教养的礼仪，是人类文明的标志之一。一个人、一个单位、一个国家的礼仪水准如何，往往反映着这个人、这个单位、这个国家的文明程度与整体素质、整体教养。古人曾经指出"礼义廉耻，国之四维"，将礼列为立国的精神要素之本。而在日常交往之中，诚如英国大哲学家约翰·洛克所言："没有良好的礼仪，其余的一切成就都会被人看成骄傲、自负、无用和愚蠢。"荀子也曾说过："人无礼则不生，事无礼则不成，国家无礼则不宁。"反过来说，遵守礼仪，应用礼仪，将有助于净化社会风气，提升个人乃至全社会的精神文明方面的品位。当前，我国正在大力推进社会主义精神文明建设。其中的一项重要内容，就是要求全体社会成员讲文明、讲礼貌、讲卫生、讲秩序、讲道德，并且心灵美、语言美、行为美、环境美。这些内容，与礼仪完全吻合。因此，完全可以说，提倡礼仪的学习、运用，与推进社会主义精神文明建设是殊途同归、相互配合、相互促进的。这种社会主义的礼治，对于我国的现代化建设绝对是不可或缺的。

八、礼仪的学习

学习礼仪，要想取得理想的效果，就应当在学习途径、学习方法与学习重点这三个方面多加注意，切不可敷衍应付、只走过场。

对一般人来讲，学习礼仪主要有三大途径：

其一，进行理论学习。即利用图书资料、广播电视、互联网络、教学函授、业务培训，系统地、全面地学习礼仪。

其二，向社会实践学习。实践是检验真理的唯一标准，同时也是学习礼仪最好的教师。交往的成功，往往有赖于必要的经验。交际实践作为学习礼仪的一个具体过程，不仅可以使人加深对它的了解，强化对它的印象，而且可检验其作用，并且据以判断个人掌握、运用礼仪的实际水平。

其三，向专人学习。这里所指的专人，可以是教师、培训专家、礼仪顾问，也可以是在某些方面确有经验或所长者、堪称楷模之人。其共同之处，是对礼仪有一定的了解，或是具有一定的实践经验和心得体会。向他们学习，可使自己取长补短、见贤思齐、益智开窍。

学习礼仪，有多种方法可以采用。一般而言，其最主要的方法有四：

第一，联系实际。礼仪本身就是一门应用学科，因此学习礼仪，务必坚持知和行的统一。要注重实践，将知识运用于实践，不断地向实践学习。这是学习礼仪的最佳方法。

第二，循序渐进。学习礼仪不可贪多务得，细大不捐，而应当有主有次，抓住重点。若从与自己生活和工作最密切的地方开始，往往可以事半功倍。然而必须注意，学习礼仪是一个循序渐进的过程。对一些规范、要求，只有反复运用、重复体验，才能真正掌握。

第三，自我监督。古人强调提高个人修养要注意反躬自省："躬自厚"，"修己以敬"，"吾日三省吾身"。学习礼仪，也应进行自我监督，对自己既要在这一方面有所要求，又要处处注意自我检查。这样做，将有助于自己发现缺点，找出不足，将学习、运用礼仪真正变为个人的自觉行动和习惯做法。

第四，多头并进。在学习礼仪的同时，不应将其孤立于其他学科，而应当将这种学习与其他学科、其他文化知识的学习结合起来。如此一来，不但可以全面提高个人素质，而且有助于个人更好地掌握、运用礼仪。

从总体上看，礼仪是由一系列的规范、技巧与法则所构成的。学习礼仪，要讲究其全面性、系统性，但是不能搞烦琐哲学，不能脱离实际、死抱着条条框框不放。要是把礼仪搞得过分复杂、烦琐，是不利于礼仪的普及、推广的。古人曾就此一针见血地指出："礼繁则难行，卒成废阁之书。"将礼仪搞成繁文缛节，必将使礼仪曲高和寡。

学习礼仪，最切实可行的方法，是要抓住其重点。礼仪的重点，就是那些对交际活动具有普遍指导意义的各项主要原则。礼仪的原则可分为两大类：其一，适用于所有交际活动的原则。例如，"主随客便原则"。其二，适用于局部交际活动的原则。例如，在正式场合必须遵守的有关着装的"三色原则"。对这两类礼仪的主要原则，都要尽可能地加以掌握。这样认真去做，就能以点带面，掌握其精华。

总而言之，这些礼仪的主要原则高度凝练，可举一反三，适用范围甚广。对其悉心掌握，则会大获裨益。

九、礼仪的操作

在具体运用现代礼仪时，人们所面临的一个亟待解决的重要问题是：应当如何对其具体地加以操作？

解决这一问题时，主要应当关注以下两个方面：一是坚持正确的理念；二是掌握有效的方法。

第一，坚持正确的理念。所谓理念，亦即有关某一事物的基本观念。有道是："理念决定思路，思路决定出路。"倘若人们在具体操作礼仪时基本理念有误，则难免徒劳无益。

一般而言，现代礼仪以"尊重"为基本理念。在具体操作礼仪时，这一基本理念又体现于如下两点：

其一，摆正位置。在人际交往中，每一个人都拥有自己的具体位置，而且自己的具体位置往往还会不断地发生变化。在操作礼仪、以礼待人时，每一个人关键是要明确自己的具体位置、各就各位，切勿错位或越位。一言以蔽之，不论自己处于何种位置，始终都要做到"勿不敬"。即以尊重之心待己、待人。

首先，对自己而言，每一个人都必须维护自尊：一是必须尊重自我；二是必须尊重自己的职业；三是必须尊重自己所归属的团队；四是必须尊重自己所在的单位；五是必须尊重自己所处的社会；六是必须尊重自己所属的国家；七是必须尊重自己所生存的世界。

其次，对他人而言，每一个人亦应以尊重为本：尊重上司是一种天职；尊重同事是一种本分；尊重下级是一种美德；尊重客户是一种常识；尊重对手是一种风度；尊重所有人则是一种教养。

其二，调整心态。在人际交往中，每一个人不仅需要智商，而且更需要情商。一般而言，一个人的情商的高低，通常具体体现于其个人心态，即对自己、对他人、对社会的态度。在具体处理人际关系、运用礼仪时，每一个人均应自觉地进行心态调整。因为对自己的工作生活乃至人际关系而言，心态不仅决定状态，而且往往决定一切。

在具体操作礼仪时，人们所应进行的心态调整主要涉及如下三点：

一是需要"接受他人"。在人际交往中，现代礼仪要求每一个人都必须尊重他人。进而言之，所谓尊重他人，实际上就是要求人们必须善解人意地接受对方的一切合乎情理的选择。换言之，操作现代礼仪时，不仅需要严于律己，而且更需要宽以待人。

二是应当"换位思考"。在人际交往中，不仅内外有别、中外有别、外外有别，而且人人有别、时时有别、处处有别、事事有别。既然在操作现代礼仪时强调“交往以对方为中心”，那么人们必须善于进行“换位思考”自然不言而喻。

三是坚持“合作共赢”。进行人际交往时，每一个人都必须明确与人合作的重要性，并善于与他人和睦相处。与此同时，还必须真正地意识到自己所面对的世界是多有“不同”的：世界是具有多样性的，文明是具有多样性的，交际行为与交际规范也是具有多样性的。习近平同志曾经强调：在对外交往中，智者求同，愚者求异。唯其如此，才能真正地为自己打造出一种良好的人际环境。

第二，掌握有效的方法。一般而言，它主要涉及“有所不为”与“有所为”两个互有联系的不同层面。

其一，必须明确“有所不为”。所谓“有所不为”，即具体操作礼仪时，首先需要了解“不能做什么”。例如，不能讲什么话，不能做什么事，等等。在这些方面不出现差错，即可“问题最小化”，不仅自己可以不出洋相，而且可以避免失礼于他人。

其二，必须尽力“有所为”。所谓“有所为”，在此指的是具体操作礼仪时，应该了解“应当如何做”，或者“如何做得更好”。例如，应该怎样讲话，应该怎样办事情，等等。在这些方面尽量做到符合礼仪规范，就会令自己的所作所为好上加好。

孟子说过：“人有不为也，而后可以有为。”在操作礼仪时，需要强调的是：“有所不为”，是每个人皆须力戒的；“有所为”，则是人们所共同努力的目标。在任何情况下，二者均不可偏废。

第一章 装束礼仪规范

装束礼仪，在此是指有关商务人员个人修饰与穿着打扮的基本规范。在商务交往中，每一名商务人员的个人装束，都直接关乎外界对他的总体印象，并进而影响其所在的单位、所提供的产品与服务的形象。本章所讲授的内容，包括西装、套裙、制服、饰品、美发、化妆等方面的礼仪。

学习目的

- 重视商务人员的个人装束。
- 自觉维护个人形象。
- 掌握基本的装束礼仪规范。
- 在正式场合令个人修饰与穿着打扮得体。
- 避免在装束上失礼。

本章要点

- 本章讲授的是装束礼仪规范，它具体是指有关商务人员个人修饰与穿着打扮的基本规范。遵守装束礼仪，有助于更好地维护商务人员的个人形象及其所代表的单位形象。
- 第一部分讲授的是有关西装的礼仪，具体涉及西装的选择、西装的穿法、西装的搭配等。
- 第二部分讲授的是有关套裙的礼仪，具体涉及套裙的选择、套裙的穿法、套裙的搭配等。
- 第三部分讲授的是有关制服的礼仪，具体涉及制服的选择、制服的穿着等。
- 第四部分讲授的是有关饰品的礼仪，具体涉及首饰、手表、钢笔、皮具的使用等。
- 第五部分讲授的是有关美发的礼仪，具体涉及护发的要求、做发的技巧等。
- 第六部分讲授的是有关化妆的礼仪，具体涉及化妆品的种类、化妆的重点、化妆的规则等。

商务人员在其人际交往中，必须竭尽全力地为自己塑造完美的形象，并尽力地维护个人的形象。

个人形象对于商务人员而言之所以如此重要，主要是因为它体现着每个人的精神风貌与工作态度。商务工作向来以严谨、正规、保守而著称，假如一名商务人员在商务交往中不注重个人形象，便会直接有损于其所在单位的整体形象。正像一位公共关系大师曾经说过的那样："形象是金。在世人眼里，每一名商务人员的个人形象如同他所在单位生产的产品、提供的技术与服务一样重要。它不仅真实地反映了每一名商务人员本人的教养、阅历以及是否训练有素，而且准确地体现着他所在的单位的管理水平与服务质量。"

对商务人员个人形象的最基本的要求是：约束自我、遵守规范、训练有素。如果说个人形象就是商务人员用以对外进行自我宣传、自我推广的广告，恐怕一点也不过分。

商务人员在日常的工作和生活之中，要塑造好、维护好自身形象，往往涉及多重因素，诸如本人受教育的程度、职业方面的经历、艺术上的鉴赏能力、个人的品位志趣，以及是否受过有关的专业训练、能否严格要求自己等等。在这方面要想取得长足的进步，并且得到世人的认可，显然"冰冻三尺，非一日之寒"，绝对不可能一蹴而就。不过，这并不意味着塑造好、维护好商务人员的自身形象永远都办不到。实际上，平日只要严于律己、努力学习、坚持不懈，并且依照有关的规范办事，每一位商务人员都可以使自身形象日臻完善。

在塑造、维护自身形象方面，不同的行业所要求的侧重点往往有所不同。对商务人员来说，因其穿着打扮直接同留给交往对象的印象密切相关，故此应当首先对其予以高度的重视。所谓装束，通常指人们的修饰、服饰与打扮。装束礼仪，就是有关商务人员在工作岗位上的个人修饰与穿着打扮的基本规范。

以整体风格而论，装束礼仪要求商务人员的个人修饰与穿着打扮庄重、保守、低调。第一，庄重。所谓庄重，在此指个人修饰与穿着打扮理当端庄、肃穆，不随便、不轻浮。第二，保守。所谓保守，在此指个人修饰与穿着打扮理当重视传统、保持传统，不追求时尚、怪异、另类。第三，低调。所谓低调，在此则指个人修饰与穿着打扮理当含蓄、收敛、从众，不张扬、不夸张，不"秀"自己。此商务人员个人身份使然，同样亦为商界所通行的一种国际惯例。

从总体上来讲，装束礼仪要求商务人员的个人修饰与穿着打扮必须既符合其身份，又符合其规范，以示自己训练有素。商务人员在个人修饰与穿着打扮方面最忌讳的，就是不符合自己的身份、不遵守相关的规范。

子曰："君子正其衣冠"。就具体规范而言，装束礼仪要求商务人员在日常的工作和生活之中，对于有关西装、套裙、制服、饰品、发型、化妆的礼仪务必严格遵守。在每个人的穿着打扮之中，着装、饰品、发型、化妆既是本人所关心的问题，也是他人所观察的重点。商务人员在上述几个方面真正地做好了，往往就会使自己的形象焕然一新。

一、西装的礼仪

小李刚从大学毕业，便到了一家公司上班，被分配到销售部，从事产品推销工作。小李早就听说过公司职员的个人形象在其业务交往中备受重视，因此他头一次外出推销产品时，便穿上了一身刚买的深色西装、一双黑色的皮鞋、一双白色的袜子，希望以此使自己形象不俗，并因此而有所收获。

让小李大惑不解的是，他虽然跑了不少地方，但与接待他的人刚一见面，对方往往朝他打量几眼，便把他支走了。有的大厦的保安，甚至连楼门都不让他进去。

后来，经过高人指点，小李才知道自己当时屡屡被拒之门外的原因是形象欠佳。小李上门进行推销时，虽然身穿深色西装、黑色皮鞋，但却穿了与前者格格不入的一双白色的袜子。这种穿法，有悖西装着装的基本规则，因而不能为他人所认可。此虽瑕疵，但对商务人员来讲，却是直接与其所在单位的产品、服务的质量等量齐观的。

老子曾说："天下大事，必作于细。"这一实例表明：在商务往来中，即使在西装的穿着、搭配方法上出现了一个小小的漏洞，商务人员也很有可能为此而吃大亏。

西装，又称西服、洋服。它起源于欧洲，目前是全世界最流行、最正式的一种男装，也是商界男士在正式场合着装的优先选择。西装的造型典雅高贵，拥有开放适度的领部、宽阔舒展的肩部和略加收缩的腰部，穿在男士的身上，会使之显得英武矫健、风度翩翩、魅力十足。不过，"西装一半在做，一半在穿"。商界男士要想使自己所穿着的西装真正称心合意，就不能不在西装的选择、西装的穿法、西装的搭配三个主要方面严守相关的礼仪规范。

（一）西装的选择

既然"西装一半在做"，那么要想使穿在自己身上的西装替自己增色，就首先要对其进行精心的选择。

一般而言，要挑选一身品位高雅、有模有样、适用于商务交往时穿着的西装，大抵需要关注其面料、色彩、图案、款式、版型、尺寸、做工七个方面的主要细节。

1. 面料

鉴于西装在商务活动中往往充当正装或礼服之用，故此其面料的选择应力求高档。在一般情况下，毛料应为西装首选的面料。具体而言，纯毛、纯羊绒的面料以及高比例含毛、含羊绒的毛涤混纺面料，皆可用作西装的面料。而不透气、不散热、发光发亮的各类化纤面料，则尽量不要用以制作西装。

目前，以高档毛料制作的西装，大都具有轻、薄、软、挺等四大特点：一是轻，指的是西装不重、不笨，穿在身上没有负担。二是薄，指的是西装的面料单薄而不过分厚实。三是软，指的是西装穿起来柔软舒适，既合身，又不会给人以束缚挤压之感。四是挺，指的是西装外表挺括雅观，不发皱，不松垮，不起泡。

2. 色彩

平时，商界男士往往将西装视作自己在商务活动中所穿的制服。因此，西装的色彩必须显得庄重、正统，而不能过于轻浮和随便。根据此项要求，适合男士在商务交往中穿着的西装的色彩应当是上衣与裤子同为一色，并且理当首推藏蓝色。在世界各地，藏蓝色的西装往往是每一位商界男士所必备的。

除此之外，还可以选择灰色或棕色的西装。黑色的西装亦可予以考虑，但它更适于在庄严肃穆的礼仪性活动中穿着。平日穿西装时，最好是选择深色西装、白色衬衫、黑色鞋袜；与此同时，领带的色彩最好与西装的色彩保持一致。

按照惯例，商界男士在正式场合不宜穿色彩过于浅淡、鲜艳或发光发亮的西装。朦胧色、过渡色以及多色彩的西装通常也不宜选择。越是正规的场合，越讲究穿单色的西装，因而带有两种以上色彩的“杂色”西装，在大多数情况下是与商界男士无缘的。

服装搭配三色

3. 图案

商界男士所推崇的是成熟、稳重、大气，所以其在正式场合露面时所选择的西装一般以无图案者为好。不要选择绘有花、鸟、虫、鱼、人等图案的西装，更不要自行在西装上绘制或刺绣图案、标志、字母、符号、姓名等等。

通常，上乘西装的特征之一，便是没有任何图案。唯一的例外是，商界男士可选择以“牙签呢”缝制的竖条纹的西装。竖条纹的西装，通常以条纹细密者为佳，以条纹粗阔者为劣。在着装异常考究的欧洲国家里，商界男士最体面的西装，往往就是深灰色的、条纹细密的竖条纹西装。

用“格子呢”缝制的西装，一般被认为难登大雅之堂。只有在非正式场合里，商界男士才可以穿它。

4. 款式

与其他任何服装一样，西装也有自己不同的款式。区别西装的具体款式，目前主要有以下两种最常见的方法：

（1）按照西装的件数来划分

根据此项标准，西装有单件与套装之分。依照惯例，单件西装，即一件与裤子并不配套的西装上衣，仅适用于非正式场合。商界男士在正式的商务交往中所穿的西装，必须是西装套装。有时，男士在商务交往中所穿的西装套装，索性被人们称作商务套装。

所谓西装套装，指的是上衣与裤子成套，其面料、色彩、款式一致，风格上相互呼应的多件西装。通常，西装套装又有两件套与三件套之分。两件套的西装套装，包括一衣和一裤。三件套的西装套装，则包括一衣、一裤和一件背心。按照人们的传统看法，三件套西装比起两件套西装来要更加正规一些。上面所说的最正宗、最经典的商务套装，自然也非它莫属。因此，商界男士在参与高层次的商务活动时，通常以穿三件套的西装套装为好。

(2) **按照西装上衣的纽扣数量来划分**

根据这一标准，西装上衣有单排扣与双排扣之别。一般认为，单排扣的西装上衣比较传统，而双排扣的西装上衣则较为时尚。

具体而言，单排扣西装上衣与双排扣西装上衣的纽扣的数目各自又有所不同，因而又使其各自呈现出不同的风格。

单排扣的西装上衣，最常见的有一粒纽扣、两粒纽扣、三粒纽扣三种。一粒纽扣、三粒纽扣两种单排扣西装上衣穿起来比较时髦，而两粒纽扣的单排扣西装上衣则显得更为正统一些。

双排扣的西装上衣，最常见的有两粒纽扣、四粒纽扣、六粒纽扣三种。两粒纽扣、六粒纽扣两种款式的双排扣西装上衣属于流行的款式，而四粒纽扣的双排扣西装上衣则明显地具有传统风格。

5. 版型

西装的版型，又称西装的造型，它指的是西装的外观形状。目前，世界上的西装主要有欧式、英式、美式、日式四种主要的版型。

(1) **欧式西装**

欧式西装，是欧洲式西装的简称。在世界各地，它都受到了欢迎。欧式西装的主要特征是：上衣呈倒梯形，多为双排两粒扣式或双排六粒扣式，而且纽扣的位置较低。欧式西装的衣领较宽，强调肩部与后摆，不甚重视腰部，垫肩与袖笼较高，腰身中等，后摆无开衩。其代表品牌，有杰尼亚、阿玛尼、康纳利、雨果博斯等。

(2) **英式西装**

英式西装，是英国式西装的简称。它主要在英联邦国家流行。英式西装的主要特征是：并不刻意强调肩宽，而讲究穿在身上自然、贴身。英式西装多为单排扣式，衣领是“V”形，并且较窄，腰部略收，垫肩较薄，后摆两侧开衩。商界男士所十分推崇的登喜路、尊皇仕、保罗·史密斯等品牌西装，就是典型的英式西装。

(3) **美式西装**

美式西装，是美国式西装的简称。它主要流行于美国。美式西装的主要特征是：外观上方方正正，宽松舒适，较欧式西装稍短一些。肩部不加衬垫，因而被称为“肩部自然”式西装。其领型为宽度适中的“V”形，腰部宽大，后摆中间开衩，多为单排扣式。美式西装的知名品牌，有奥克斯福德、拉夫劳伦、布鲁克斯兄弟等。

（4）日式西装

日式西装，是日本式西装的简称。因其比较适合于亚洲人的身材，所以在亚洲较为流行。日式西装的主要特征是：上衣呈“H”形，即不过分强调肩部与腰部。垫肩不高，领子较短、较窄，不过分地收腰，后摆也不开衩，多为单排扣式。目前，国内常见的日式西装品牌，有青山、青木等。

上述四种造型的西装，各有其自身的特色：欧式西装洒脱大气，英式西装剪裁得体，美式西装宽大飘逸，日式西装则贴身凝重。商界男士在具体选择时，可以听其自便。不过一般来说，欧式西装要求穿着者高大魁梧，美式西装穿起来略显散漫，中国人在选择此二者时宜三思而后行。比较而言，英式西装与日式西装往往更适合中国人在比较正式的商务场合穿着。

6. 尺寸

穿着西装，大小要合身，宽松应适度。一套西装，无论其品牌名气有多大，只要它的尺寸不适合自己，就坚决不要选择它。在商务活动中，一位男士所穿的西装不论过大还是过小，过肥还是过瘦，都肯定会损害其个人形象。

要使自己所选择的西装真正合身，有必要注意如下三点：

（1）了解标准尺寸

人所共知，西装的衣长、裤长、袖长、胸围、腰围、臀围都有一定的标准尺寸，唯有对其标准尺寸加以了解，才会在选择西装时有章可循。

（2）尽量量体裁衣

市场上销售的西装多为批量生产。其尺寸尽管十分标准，但穿在具体某个人身上却未必能尽如人意。所以，有条件者最好是寻访名师或去定制西装的专门店为自己量身缝制西装。

（3）认真进行试穿

假如购买成衣，一定要反复试穿。切勿得过且过、马马虎虎，买来不合身的西装将就。

7. 做工

一套名牌西装与一套普通西装的显著区别，往往在于前者的做工无可挑剔，而后者的做工则较为一般。在选择西装时，对其做工精良与否的问题，是万万不可以忽略的。

在挑选西装时，检查其做工的好坏，特别需要从下述六个方面着手：一要看其衬里是否外露；二要看其衣袋是否对称；三要看其纽扣是否缝牢；四要看其表面是否起泡；五要看其针脚是否均匀；六要看其外观是否平整。假如它在这六个方面不符合要求，则以放弃为妙。

在选择西装时，除了对如上细节必须加以关注之外，还要了解西装有正装西装与休闲西装的区别。一般来说，正装西装适合在正式场合穿着，其面料多为毛料，其色彩多为深色，其款式则讲究庄重、保守，并且基本上都是套装。休闲西装则恰好与其相反。休闲西装大都适合在非正式场合穿着，其面料可以是棉、麻、丝、皮，也可以是化纤、塑料。它多是鲜艳、亮丽的色彩，并且多为浅色或者流行色。它的款式强调宽松、舒适、自然，有时甚至以标新立异见长。一般而言，休闲西装基本上都是单件的。

（二）西装的穿法

商界男士在穿着西装时，不能不重视其具体的穿法。不遵守西装的规范穿法，在穿西装时肆意妄为，都是有违礼仪规范的无知表现。

根据西装礼仪的基本要求，商界男士在穿西装时，要特别注意以下八个方面的问题：

1. 拆除商标

在西装上衣左边袖子上的袖口处，通常会缝有一块商标。有时，那里还同时缝有一块纯羊毛标志。在穿西装之前，切勿忘记将它们先行拆除。这种做法，等于是对外宣告：该套西装已被启用。假如西装穿过许久之后，袖子上的商标依旧停留在原处，好似有意以此招摇过市，难免会见笑于人。

2. 熨烫平整

欲使一套穿在自己身上的西装看上去美观而大方，首先就要使其显得平整挺括、线条笔直。要做到此点，除了定期对西装进行干洗外，还要在每次正式穿着之前，对其进行认真的熨烫。千万不要疏忽此点，而使之皱巴巴、脏兮兮，看上去美感全失、惨不忍睹。

3. 扣好纽扣

穿西装时，上衣、背心与裤子的纽扣，都有一定的系法。在三者之中，又以上衣纽扣的系法讲究最多。一般而言，站立之时，特别是在大庭广众之前起身而立之后，西装上衣的纽扣应当随即系上，以示郑重其事。就座之后，西装上衣的纽扣则需要解开，以防其“扭曲”走样。唯独在内穿背心或羊毛衫，外穿单排扣上衣时，才允许站立之际不系上衣的纽扣。

通常，系西装上衣的纽扣时，单排扣上衣与双排扣上衣又有各不相同的具体要求。系单排两粒扣式的西装上衣的纽扣时，讲究“扣上不扣下”，即只系上边那粒纽扣。系单排三粒扣式的西装上衣的纽扣时，正确的做法则有二：要么只系中间那粒纽扣；要么则系上上面那两粒纽扣。而系双排扣式的西装上衣的纽扣时，则可以系上的纽扣一律都要系上。

穿西装背心，不论将其单独穿着，还是穿着它同西装上衣配套，都要认真地扣上本该扣上的纽扣，而不应听任其自由自在地敞开。在一般情况下，西装背心只能与单排扣西装上衣配套，它的纽扣数目有多有少，但大体上可被分作单排扣式与双排扣式两种。根据西装的着装惯例，单排扣式西装背心的最下面的那粒纽扣应当不系，而双排式西装背心的全部纽扣则必须无一例外地统统系上。

目前，在西裤的裤门上“把关”的有的是纽扣，有的则是拉链。一般认为，前者较为正统，后者则使用起来更加方便。不论穿以何种方式“关门”的西裤，都要时刻提醒自己，将纽扣全部系上，或是将拉链认真拉好。参加重要的活动时，还须随时悄悄地对其进行检查，以免西裤“开门”。西裤上的挂钩，亦应挂好。

4. 不卷不挽

穿西装时，一定要悉心呵护其原状。在公共场所里，千万不要当众随心所欲地脱下西装上衣，更不能把它当作披风一样地披在肩上。需要特别强调的是，无论如何，都不可以将西装上衣的衣袖挽上去。否则，极易给人以粗俗之感。在一般情况之下，随意卷起西裤的裤筒，也是一种不符合礼仪的表现。因此，绝对禁止商务人员如此这般。

5. 慎穿毛衫

商务人员要想将一套西装穿得有“型”有“味”，那么除了衬衫与背心之外，在西装上衣之内，最好就不要再穿其他任何衣物。在冬季寒冷难忍时，只宜暂作变通，穿上一件薄型“V”领的单色羊毛衫或羊绒衫。此种穿法，既不会显得过于花哨，也不会妨碍自己打领带。不要穿色彩、图案十分繁杂的羊毛衫或羊绒衫，也不要穿扣式的开领羊毛衫或羊绒衫。后者的纽扣不少，与西装上衣同穿时，令人眼花缭乱。千万不要同时穿上多件羊毛、羊绒的毛衫、背心，甚至再加上一件手工编织的毛衣。那样一眼望去，其领口处犹如不规则的梯田一样难看；而且会致使西装鼓胀不堪、变形走样。

6. 巧配内衣

西装的标准穿法是：在衬衫之内，不要穿棉纺或毛织的背心、内衣。至于不穿衬衫，而以T恤衫直接与西装配套的穿法，则更不符合规范。因特殊原因而需要在衬衫之内再穿背心、内衣时，有下列三点注意事项：

（1）数量上以一件为限

在衬衫之内再穿背心、内衣时，其数量上应以一件为限。若是一下子穿上多件，会使自己显得十分臃肿。

（2）色彩上宜与衬衫的色彩相仿

在衬衫之内再穿背心、内衣时，其色彩宜与衬衫的色彩相仿。至少也不应使内衣比衬衫的色彩深，免得令二者“反差”鲜明。在浅色或透明的衬衫里面穿深色、艳色的背心、内衣，则更易于招人笑话。

（3）**款式上应短于衬衫**

在衬衫之内再穿背心、内衣时，其款式上应短于衬衫。换言之，穿在衬衫之内的背心或内衣，其领型以“U”领或“V”领为宜。在衬衫之内最好别穿高领的背心、内衣，不然它在衬衫的领口之外很可能会露出一截，将有碍观瞻。此外，还须留心，勿使内衣的衣领、下摆、袖管暴露在别人的视野之内。

7. 腰间无物

穿西装时，着装者的腰带上不宜悬挂其他任何物品。须知：一名男士的社会地位，通常与其腰带上所悬挂物品的数量形成反比。手机、打火机、计步器、钥匙链、瑞士军刀、汽车钥匙之类，切勿在穿西装时悬挂于腰间。

8. 少装东西

为保证西装在外观上不走样，就应当在西装的口袋里少装东西，或者不装任何东西。对待上衣、背心和裤子均应如此。要是用乱七八糟的东西把西装上的口袋塞得满满的，无异于糟蹋西装。

具体而言，在西装上，不同的口袋发挥着各不相同的作用。

在西装上衣上，左侧的外胸袋除可以插入一块用以装饰的真丝手帕，不能再放其他任何东西，尤其不应当别钢笔、挂眼镜。内侧的胸袋，可用来别钢笔、放钱夹或名片夹，但不要放过大过厚的东西或无用之物。外侧下方的两只口袋，原则上以不放任何东西为佳。

在西装背心上，口袋多具装饰功能。除可以放置怀表之外，不宜再放别的东西。

在西装裤子上，两只侧面的口袋只能够放纸巾、钥匙包或者零钱包。其后侧的两只口袋，则应当不放任何东西。

（三）西装的搭配

熟知西装着装规范的人，大都听说过一句行话：“西装的韵味，不是单靠西装本身穿出来的，而是用西装与其他衣饰一道精心组合和搭配出来的。”西装与其他衣饰的搭配，对于成功地穿着西装特别重要！

以下就来分别介绍商界男士穿着西装时，衬衫、领带、鞋袜和公文包与之进行组合搭配的基本常识和技巧。

1. 衬衫

对商界男士而言，与西装为伍的衬衫，应当是正装衬衫。

正装衬衫的特征

一般而言，正装衬衫具备下述几个方面的特征：

（1）**面料**

正装衬衫，主要以高支精纺的纯棉、纯毛制品为主。以棉、毛为主要成分的混纺衬衫，亦可酌情选择。但不要选择以条绒布、水洗布、化纤布制作的衬衫，因为它们要么过于厚实，要么易于起皱，要么起球起毛。用真丝、纯麻做成的衬衫，其质地与外观均与西装不甚般配，故也不宜选择。

（2）**色彩**

正装衬衫，必须为单一色彩。在正规的商务应酬中，白色衬衫可谓商界男士的不二选择。除此之外，蓝色、灰色、棕色、黑色，有时亦可加以考虑。但是，多种色彩并列的杂色衬衫，或者红色、粉色、紫色、绿色、黄色、橙色等色彩过于鲜艳、亮丽的衬衫，则是不可取的。

（3）**图案**

正装衬衫，大体上以无任何图案为佳。印花衬衫、格子衬衫，以及带有人物、动物、植物、文字、数字、字母、符号、徽记、建筑物等图案的衬衫，均非正装衬衫。唯一的例外是，较细的竖条衬衫在一般性的商务活动中可以穿着。但是，必须禁止与之同时穿着竖条纹的西装。

（4）**衣领**

正装衬衫的衣领，多为方领、圆领和尖领。具体进行选择时，须兼顾本人的脸形、颈长以及将打的领带结的大小，千万不要使它们相互之间反差过大。扣领的衬衫，有时亦可选用。此外，立领、翼领、无领和异色领的衬衫，均不适合同正装西装相配套。

（5）**衣袖**

正装衬衫必须为长袖衬衫，短袖衬衫则大多具有休闲性质。若非制服，则正式场合切勿单穿短袖衬衫。以其袖口而论，衬衫有单层袖口与双层袖口之别。后者又称法国式衬衫，主要的作用是可以使用装饰性袖扣。装饰性袖扣又称链扣或袖链，使用它时如恰到好处，可为自己平添高贵而优雅的风度。在国外，它早已被视为商界男士在正式场合所佩戴的重要饰物了。但是，若将其别在单层袖口的衬衫上，就显得煞有介事了。

（6）**衣袋**

正装衬衫以无胸袋者为佳，免得有人在那里乱放东西。即便穿有胸袋的衬衫，也要尽量少往胸袋里塞东西。

正装衬衫与西装的搭配

穿着正装衬衫与西装相配套，有下述四点注意事项：

（1）系上衣扣

穿西装的时候，衬衫的所有纽扣都要一一系好。不论衣扣、领扣还是袖扣，概莫能外。只有在穿西装而不打领带时，才必须解开衬衫的领扣。

（2）袖长适度

穿西装时，衬衫的袖长最好长短适度。最美观的做法，是令衬衫的袖口恰好露出来2厘米左右。要是衬衫的袖口外露得过长，甚至被一卷再卷，直至翻卷到西装上衣的衣袖之上，不免会有些滑稽。不过若令其永远“不见天日”，则也是不符合礼仪的。必要的话，可使用袖子吊带。

（3）掖好下摆

穿长袖衬衫时，不论是否穿外衣，均须将其下摆均匀而认真地掖进裤腰之内。不要让它在与裤腰的交界之处皱皱巴巴，或者上下错位、左右扭曲。尤其是不应使之部分或全部露在裤腰之外“自由活动”，或动辄“外逃”。

（4）大小合身

除休闲衬衫之外，衬衫既不宜过于短小紧身，也不应当过分地宽松肥大、松松垮垮。选择正装衬衫时，要使之大小合身。特别要注意：其衣领与胸围要松紧适度，其下摆则不宜过短。

此外，还应指出：商界男士在自己的办公室里，可以暂时脱下西装上衣，直接穿着长袖衬衫并打着领带。但是，要以这种形象外出办事，就有失体统了。简言之，不穿西装上衣，而直接穿着长袖衬衫、打着领带去参加正式活动，是不合乎礼仪规范的。

领带的选择和打法

2. 领带

领带，可以说是商界男士穿西装时最重要的饰物。人们常说：“男人的领带，总是缺少一条。”在国际社会，领带则与手表和装饰性袖扣并列，称为“成年男子的三大饰品”。

领带的选择

作为西装的灵魂，领带的选择讲究甚多。商界男士在挑选领带时，至少要重视如下几点：

（1）面料

仅就其面料而论，最好的领带，应当是用真丝或者羊毛制作而成的。以涤丝制成的领带售价较低，有时也可以选用。除此之外，用棉、麻、绒、皮、革、塑料、珍珠等物制成的领带，在商务活动中均不宜佩戴。

（2）色彩

从色彩方面来看，领带有单色与多色之分。在商务活动中，蓝色、灰色、棕色、黑色、紫红色等单色领带都是十分理想的选择。商界男士在正式场合中，切勿使自己佩戴的领带多于三种颜色。同时，也应尽量少打浅色、艳色、花色或亮色的领带。它们与由三种以上的色彩所制成的领带一样，仅适用于社交或休闲活动之中。一般而言，领带的主色调应与西装套装的色彩保持一致。参加喜庆活动时，则可选择紫红色领带。

（3）**图案**

适用于商务活动之中佩戴的领带，主要是单色无图案的领带，或者是以条纹、圆点、方格等规则的几何形状为主要图案的领带。在涉外活动中，忌选带有斜条纹图案的领带。以人物、动物、植物、景观、徽记、文字、数字、字母、符号、绘画、卡通为主要图案的领带，则主要适用于社交或休闲活动之中。

（4）**款式**

领带的款式，往往受到时尚的左右。在这个问题上，商务人员主要应注意四个要点：一是领带有箭头与平头之分。一般认为，下端为箭头的领带，显得比较传统、正规；下端为平头的领带，则显得时髦、随意。二是领带有宽窄之别。除了要尽量与流行保持同步以外，根据常规，领带的宽窄最好与本人的胸围和西装上衣的衣领形成正比。三是忌用简易式领带。简易式的领带，如“一拉得”领带、“一挂得”领带等，均不适合在正式的商务活动中使用。四是慎用领结。领结，亦称蝴蝶结。依照常规，领结宜于同礼服、翼领衬衫搭配，并且主要适用于非常隆重的社交场合。

（5）**配套**

有时，领带与插在西装上衣左侧外胸袋里的装饰性手帕会被组合在一起成套销售。与领带配套使用的装饰性手帕，最好与其面料、色彩、图案完全相同。二者同时“亮相”，大多见于社交活动之中。

（6）**质量**

一条好的领带，必须具有良好的质量。其主要特征为：外形美观、平整，无跳丝、无疵点、无线头，衬里为毛料，不变形，悬垂挺括，较为厚重。宁可不打领带，也不要以次充好。

▌领带的打法

一条打得漂亮的领带，在穿西装的人身上会发挥画龙点睛的作用。而要打好领带，一定要注意场合、服装、性别、位置、结法、长度、配饰等几点。

（1）**场合**

按惯例，打领带有其适用的特定的场合。根据常规，打领带便意味着郑重其事，因此在上班、办公、开会或走访等执行公务的场合，以打领带为好。在参加庆典、仪式、宴会、音乐会时，为表示郑重其事，亦可打领带。在休闲场合，通常则是不必打领带的。

（2）**服装**

打领带，必须注意与之配套的服装。一般而言，穿西装套装是非要打领带不可的。穿单件西装时，领带则可打可不打。在非正式活动中穿西装背心时，可以打领带。不穿西装的时候，例如，穿风衣、大衣、夹克、猎装、毛衣、防寒服、运动服或短袖衬衫时，通常都是不宜打领带的。

（3）**性别**

严格地说，在商务活动中，领带仅适合男士佩戴。领带是商界男士的基本标志之一。由于男女有别，一般商界女士在正式活动中不宜打领带。若女士将其视为普通饰物，而在社交场合加以使用，则是允许的。

（4）**位置**

将领带打好后，须将其置于适当的位置。穿西装上衣与衬衫时，应将其置于二者之间，并令其自然下垂。在西装上衣与衬衫之间加穿西装背心或羊毛衫、羊绒衫时，应将领带置于西装背心、羊毛衫、羊绒衫与衬衫之间。切勿将领带夹在西装上衣与西装背心、羊毛衫、羊绒衫之间，尤其是不要在穿两件羊毛衫或羊绒衫时将领带掖在两者中间。

（5）**结法**

领带戴得漂亮与否，关键在于领带结打得如何。打领带结的基本要求是，要令其挺括、端正，并且在外观上呈倒三角形。领带结的具体大小，最好与衬衫衣领的大小形成正比。要想使之稍有变化，则可在它的下面压出一处小窝或一道小沟来，这是当今流行的领带结法之一。打领带时，最忌讳领带结不端正或者松松垮垮。在正式场合露面时，务必提前收紧领带结。千万不要为使自己爽快，而将其与衬衫的衣领“拉开距离”。

（6）**长度**

领带打好后，必须令其长短适度。最标准的长度，是领带打好之后，其下端的大箭头正好抵达皮带扣的上端。超过这一长度，搞不好领带就会像“肠子”一样暴露于上衣衣襟之外。而达不到这一长度的话，它就很有可能会时不时地从上衣衣襟里“蹦跳”出去。

（7）**配饰**

依照惯例，打领带时大可不用任何领带的配饰。在自己疾步行走时，领带在敞开的衣襟之外随风荡漾，岂不是很棒?！在商界，人们除了在有必要限制领带的“活动范围”或穿制服之外，大都不使用领带夹。即便使用领带夹，也不宜令其处于外人视野之内，而只宜将其夹在领带打好后的“黄金分割点”上，即标准衬衫自上而下的第四粒至第五粒纽扣之间。如果愿意，打领带时亦可使用领带针或领带棒等领带的配饰。前者应插在领带打好后偏上方的正中央，后者则只能用在与之配套的衬衫衣领上。应当强调的一点是，使用领带的配饰，数量上应以一件为限，千万不要同时使用多件，更不要滥用、乱用。

3. 鞋袜

穿西装时，商界男士所穿的鞋子与袜子均应符合既定的要求，并认真与之配套。对商界男士来说，鞋袜在正式场合亦被视作“足部的正装”。不遵守相关的礼仪规范，必定会令自己“足下无光”。

鞋子

与西装配套的鞋子，只能选择皮鞋。拖鞋、凉鞋、布鞋、球鞋、旅游鞋显然都是与西装并不般配的。

与西装配套的皮鞋，通常应当是真皮制品而非仿皮。一般来说，牛皮鞋与西装最是般配，羊皮鞋、猪皮鞋则不甚合适。至于以鳄鱼皮、鸵鸟皮、蟒蛇皮等稀有皮类制作的皮鞋，穿出去多有炫耀之嫌，一般都不宜选择。

需要说明的是，编织皮鞋、拼皮皮鞋、磨砂皮鞋、翻毛皮鞋大都属于休闲皮鞋，也不太适合与西装相配套。

与西装配套的皮鞋，按照惯例应为深色、单色。浅色皮鞋、艳色皮鞋、亮色皮鞋或多色皮鞋，例如，白色皮鞋、米色皮鞋、红色皮鞋、绿色皮鞋、蓝色皮鞋、金色皮鞋、银色皮鞋、拼色皮鞋等等，都不宜在穿西装时选择。人们通常认为，最适于同西装套装配套的皮鞋，只有黑色一种。就连棕色皮鞋，往往也会大受排斥。

在正式场合着装时，商界男士应自觉遵守“三一定律”，即应使自己皮鞋的颜色与腰带、公文包的颜色一致，并使这三者皆为黑色。

商界男士在正式场合所穿的皮鞋，应当没有任何的图案、装饰。打孔皮鞋、绣花皮鞋、拼图皮鞋、带有文字或金属扣的皮鞋等等，均不应予以考虑。

商界男士所穿皮鞋的款式，理当庄重而正统。根据这一要求，四对或五对鞋眼的系带式皮鞋是最佳之选。各类无带皮鞋，如船形皮鞋、盖式皮鞋、拉链皮鞋、皮凉鞋、皮拖鞋等等，都不符合这一要求。此外，在正式场合，男士穿厚底皮鞋、高跟皮鞋、坡跟皮鞋、高帮皮鞋或皮靴，也会显得不伦不类。

男士在商务活动中穿皮鞋时，有下列五点必须切记：

（1）鞋内无味

商务活动中所穿的皮鞋，必须确保没有异味。可能的话，皮鞋要勤换、勤晾，免得其味道过于浓重熏人。

（2）鞋面无尘

商务交往中所穿的皮鞋鞋面上，不应遍布灰尘。皮鞋必须天天上油上光，反复擦拭。不论鞋子是何种名牌，假如它“蒙尘”良久，自然不会给人以好感。

（3）鞋底无泥

商务交往中所穿的皮鞋鞋底上，不宜拖泥带水。每日擦皮鞋时，切勿忘记同时打理一下鞋底。雨天、雪天拜访他人时，则要在进门前再次检查一下鞋底是否“拖泥带水”，并采取适当的措施及时将其去除干净。

（4）鞋垫相宜

正式场合所穿的皮鞋，通常不宜使用鞋垫。若确有必要使用鞋垫时，一定要令其大小与皮鞋相适应。切勿使其动辄在自己行走之际显现在外。

（5）**尺码恰当**

正式场合所穿的皮鞋，其尺码大小必须合脚。如果其尺码小了，肯定会夹脚、磨泡；如果其尺码大了，则难免会不跟脚，走起路来踢踢踏踏，极不自然。

袜子

穿西装、皮鞋时所穿的袜子，最好是纯棉、纯毛制品，并以中筒、高筒为宜。有些质量较好的以棉、毛为主要成分的混纺袜子，也可以选用。但是，最好不要选择尼龙袜、丝袜。

与西装、皮鞋相配套的袜子，以深色、单色为宜，并且最好是黑色的。千万别穿与西装、皮鞋的色彩对比鲜明的白色袜子，也不要穿过分“扎眼”的彩袜、花袜或其他浅色的袜子。至于发光、发亮的袜子，则绝对不要穿。

在袜子上，允许出现以几何图案为主的庄重风格的图案。穿没有任何图案的袜子，则更为合适。

商界男士在穿袜子时，必须遵守下列四项基本的规则：

（1）**干净**

商界男士所穿的袜子一定要干净。袜子务必一天一换、洗涤干净，以防止其散发异味，令自己难堪，令他人难忍。

（2）**完整**

商界男士所穿的袜子一定要完整无缺。穿袜子之前，一定要检查一下它有无破洞、跳丝。如果发现有，切记及时更换。

（3）**成双**

商界男士所穿的袜子一定要成双成对。无论如何，穿袜子时都要穿成双的袜子。不要自行将原非一双的两只袜子随意穿在一起，尤其当二者色彩不同、图案各异时，更是不该这么做。

（4）**合脚**

商界男士所穿的袜子一定要合脚。在正式场合穿的袜子，其大小尤其要合脚。特别应当注意，别穿太小、太短的袜子。袜子太小，不但易破，而且容易从脚上滑下去。袜子太短，则时常会使脚踝外露出来。一般而言，搭配西装所穿的袜子的长度不宜低于自己的踝骨，并以长至小腿中部的袜子为佳。

最后，还须强调，赤脚穿皮鞋乃是失仪之举。商界男士绝对不可以那样做。

4. 公文包

公文包，被称为商界男士的“移动式办公桌”，是其外出之际须臾不可离身之物。对穿西装的商界男士而言，外出办事时手中若是少了一只公文包，未免会使其神采和风度大受损害，而且其身份往往也会令人怀疑。

公文包的选择

商界男士所选择的公文包，显然有许多特定的讲究。它的面料以真皮为宜，并以牛皮、羊皮制品最佳。一般来讲，棉、麻、丝、缎、锦、毛、绒、革以及塑料、尼龙、牛仔布制作的公文包，均难登大雅之堂。它的色彩以深色、单色为好，浅色、亮色、多色甚至艳色的公文包，均不适用于商界男士。在常规情况下，黑色、棕色的公文包，是最正统的选择。若是从色彩搭配的角度来说，公文包的色彩若与皮鞋的色彩一致，则看上去十分完美而和谐。除商标之外，商界男士所用的公文包在外表上不宜再带有任何图案、符号、数字、字母、文字，否则是有失自己的身份的。最标准的公文包，是手提式的长方形公文包。箱式、夹式、挎式、背式、双肩式等其他类型的皮包，均不可充当正式的公文包之用。

公文包的使用

使用公文包时，有如下四点基本要求：

（1）**带包不宜多**

外出办事，商界男士有时完全可以不带公文包。如果要带的话，则应以一只为限。不要连提带背，一下子携带数只皮包。

（2）**用包不张扬**

使用公文包前，必须先行拆去所附的真皮标志。在外人面前，切勿显示自己所用的公文包的名贵高档。这些要求，都是为了不使自己给人以张扬之感。

（3）**包内不乱装**

外出之前，随身携带之物均应尽量装在公文包里的既定之处。这样做自己使用时方便，而且不至于装在别处不好找。但应切记：无用之物千万别放在包里，尤其是别使之“过度膨胀”。包里的物品，一定要有条不紊地摆放整齐。

（4）**平时不乱放**

进入别人室内后，即应将公文包自觉地放在自己就座之处附近的地板上，或主人的指定之处，切勿将其乱放在桌、椅之上。在公共场所里亦须注意，不要把它放在有碍他人通行之处。

二、套裙的礼仪

郑小姐在国内的一家公司里工作。有一回，上级派她代表公司前往南方某城市，去参加一个大型的外贸商品洽谈会。为了给外商留下良好印象，郑小姐在洽谈会上专门穿上了一件粉色的无领上衣和一条蓝色的裙裤。然而，正是她新置的这身时尚的服装使不少外商对她敬而远之，甚至连与其正面接触一下都很不情愿。

问题原来在于，在国际社会，商务人员的着装一向讲究男女有别。许多崇尚传统的商务人员一直坚持认为：女士的无领上衣与包括裙裤在内的宽松式裤装属于休闲装，因此难登大雅之堂。换而言之，商界女士在正式场合的着装以裙装为佳，各种无领上衣与宽松式裤装都是不宜选择的。这种状况近年来虽稍有改变，但绝大多数人依旧持此观点。

不仅如此，商务人员还约定俗成地认为：在所有适合于商界女士在正式场合所穿着的裙式服装之中，套裙才是其最佳的选择。在一些人的脑海里，套裙甚至与商界的职业女装直接画上了等号。

套裙，是西装套裙的简称。其上身为一件女式西装，下身则是一条半截式的裙子。准确地说，女式西装，其实最早是由男式西装演变而来的。前者只不过是后者的一个“变种”而已。然而一旦将潇洒、刚健的西装上衣与柔美、雅致的代表女性化服装的裙子组合到了一起，二者便刚柔相济、相得益彰、大放异彩，套裙也就因此脱颖而出了。

裙装：职场女性正装首选

在日常生活里，将套裙穿在任何一位商界女士的身上，都无一例外地会使之立即精神倍增、神采奕奕。它不仅会使着装者看起来精明、干练、成熟、洒脱，而且能烘托出白领丽人所独具的神秘韵味，使之显得优雅、文静、娇柔和妩媚。穿着套裙，马上就可以让一位职业女性显得与众不同，并且能够恰如其分地展示她认真的工作态度和温婉的女性之美。不容置疑的是，在塑造商界女士的职业形象方面，套裙确实功不可没。迄今为止，就“包装”商界女士而言，还未见到其他任何一种女装能够与套裙相媲美。因此，套裙亦可视之为商界女士最正规的职业装。

（一）套裙的选择

平时，商界女士所穿着的套裙，大致上可以分成两种基本类型。

其一，“随意型”。它在此指的是用女式西装上衣同随便的一条裙子所进行的自由搭配与组合。

其二，“成套型”。它在此指的则是女式西装上衣和与之同时穿着的裙子为成套设计、制作而成，亦称为“标准型”。

正规而严格地讲，套裙指的仅仅是后一种类型。

顾名思义，任何一套套裙都应当以裙为主、成套穿着。也就是说，离开了裙子的套装不应当称作套裙，女式西装上衣与裙子不配套也不能算作套裙。

进而言之，每一套正宗的套裙，一般都是由一件女式西装上衣和一条半截裙所构成的两件套女装。有些时候，也可以见到三件套的套裙，即在女式西装上衣与半截裙以外，再加上一件背心。自从套裙问世至今，占主导地位者一直都是两件套套裙。

根据礼仪规范，一套经典的、可供商界女士在正式场合穿着的套裙，通常必须具备如下特色：它应当是由高档面料缝制的，上衣与裙子应当采用同一质地、同一色彩的素色面料。它在造型上讲究为着装者扬长避短，因此提倡量体裁衣、做工考究。它的上衣注重平整、挺括、贴身，较少使用饰物、花边进行点缀。裙子则应以窄裙为主，并且裙子不宜过短。

时至今日，套裙早已在商界大为普及，而且在许多著名的服装设计师手里花样翻新，渐渐地具有某种“时装化”的倾向。但从本质上看，它依旧万变不离其宗，事实上，与“古典化”套裙的诸多条条框框比较起来，变化并不多。以下，着重介绍商界女士在选择套裙时需要兼顾的七个基本问题：

面料

总的说来，女士所穿的套裙在面料上的选择余地，远远要比男士所穿的西装套装大得多。其主要的要求是：套裙所选用的面料最好是纯天然质地的上乘面料；上衣、裙子以及背心等等，应当选用同一种面料。在外观上，套裙所选用的面料讲究的是匀称、平整、滑润、光洁、丰厚、柔软、悬垂、挺括。它不仅弹性、手感要好，而且应当不起皱、不起毛、不起球。

通常，人们对于组成套裙的上衣、裙子以及背心的面料的一致性，是最为看重的。之所以如此，是由于做到了这一点，就可以使套裙浑然一体、朴素自然，而且会使穿着者看起来高雅、脱俗、美观、悦目。

目前，依照以上标准用来制作套裙的面料，除薄花呢、人字呢、女士呢、华达呢、舍味呢、凡立丁、法兰绒等纯毛面料之外，高档的丝绸、亚麻、麻纱、毛涤以及其他一些化纤面料，也在其选择之列。

在任何情况下，都不宜选择真皮或仿皮套裙，尤其是在对外交往中切勿穿着黑色皮裙。在境外许多地方，此乃“风尘女子”之可识别标志。

色彩

在色彩方面，套裙的基本要求是，应当以冷色调为主，借以体现出着装者的典雅、端庄与稳重。用常人的眼光来看，套裙的色彩应当清新、雅致而凝重。因此，不应为其选择鲜亮抢眼的色彩。与此同时，还须使之与当时正流行的各种“流行色”保持一定的距离，以示自己的传统与持重。

具体而言，标准而完美的套裙的色彩，不仅要兼顾着装者的肤色、形体、身高、年龄与性格，更要与着装者从事商务活动的具体环境协调一致。一般情况下，各种加入了一定灰色的色彩，例如藏青、炭黑、烟灰、雪青、茶褐、土黄、紫红等稍冷一些的色彩，往往都是商界女士可予考虑的。由此可知，同商界男士所穿的西装套装相比，商界女士所穿的套裙不一定非得是深色的不可，而且其选择范围也远远不止于蓝、灰、棕、黑等寥寥几种。

不仅如此，套裙的色彩有时还可以不受单一色彩的限制。以两件套套裙为例，它的上衣与裙子可以是一色，也可以采用上浅下深或上深下浅两种并不相同的色彩，使之形成鲜明的对比，强化其留给他人的印象。在上面所提及的两种套裙色彩的组合方法中，前者看起来庄重而正统，后者则富有活力与动感，二者各有千秋。

有时，即使穿着上衣下裙同为一色的套裙，也可以采用与其色彩所不同的衬衫、丝巾、围巾以及外套等衣饰来对其加以点缀，以便使之生动而活跃一些。此外，还可以采用不同色彩的面料来制作套裙的衣领、兜盖、前襟、下摆，这样一来，往往便可以"激活"套裙的色彩。

但是，商界女士应当切记：在正式场合亮相时，一套套裙的全部色彩至多不要超过三种，否则便显得杂乱无章了。

▌图案

选择套裙，讲究的是朴素而简洁。因此考虑其图案问题时，也必须兼顾到这一点。

按照常规，商界女士在正式场合穿着的套裙，可以不带有任何的图案。如果本人喜欢，以各种或宽或窄的格子、或大或小的圆点、或明或暗的条纹为主要图案的套裙，大都可以一试。其中，采用以方格为主体图案的格子呢所制成的套裙，穿在商界女士的身上，可以使人静中有动、充满活力。多年以来，它一直盛行不衰、大受欢迎。

一般认为，套裙不应以花卉、宠物、人物、文字、数字、字母、徽记、符号为主体图案。一名白领丽人假如穿着那样的套裙行走于商界，不但过于引人注目，而且看起来也会让人感到头晕目眩。总而言之，绘有此类图案的面料，在本质上与主要适用于套裙的风格是水火不相容的。

▌点缀

在一般情况之下，套裙上不宜添加过多的点缀，否则极有可能会使其显得琐碎、杂乱、低俗和小气。有的时候，点缀过多还会使穿着者失之于稳重、成熟。

一般而言，以贴布、绣花、花边、金线、彩条、扣链、亮片、珍珠、皮革等等加以点缀或装饰的套裙，穿在商界女士的身上，都不会有太好的效果，这一类的套裙往往并不为人们所接受。

不过，并非所有带有点缀的套裙均应遭到排斥。有些套裙上适当地采用了装饰扣、包边、蕾丝等点缀物，实际效果其实也不错。重要的是，套裙上的点缀宜少不宜多、宜精不宜糙、宜简不宜繁。

▌尺寸

从具体的尺寸上来讲，套裙可谓变化无穷。从根本上来讲，套裙在其整体造型上的变化，主要表现在它的长短与肥瘦两个方面。

第一，套裙的长短。一般说来，在套裙之中，上衣与裙子的长短是没有明确而具体的规定的。以前，在国际社会，商界女士的套裙曾被要求：上衣不宜过长，下裙不宜过短。比较而言，人们对于裙子的长度似乎关注得更多一些。传统的观点是：裙短则不雅，裙长则无神。裙子的下摆恰好抵达着装者小腿肚子上的最为丰满之处，乃是最为标准、最为理想的裙长。然而，在现实生活之中，依旧墨守此规定者，其实并不多见。目前，套裙之中的裙子，有的是超短式，有的是及膝式，有的则是过膝式。商界女士在选择时，主要考虑的是个人偏好、身材特点以及流行时尚。不过，裙子过短，尤其是短得过多地裸露大腿，肯定是不允许的。

应予强调的是，在套裙之中，虽然超短裙已被渐渐地接受，但出于自尊、自爱与职业道德、公序良俗等方面的缘故，商界女士仍须注意：套裙之中的超短裙并非越短、越“迷你”越好，过多地裸露自己的大腿无论如何都是不文明的。在一般情况之下，商界女士所穿着的套裙之中的超短裙，裙长不得短于膝盖以上15厘米。

在套裙的着装实践中，上衣与裙子的具体造型主要有上长下长式、上短下短式、上长下短式、上短下长式四种基本形式。只要选择恰当，它们穿着起来都能令人赏心悦目。

第二，套裙的肥瘦。显而易见，过肥或过瘦的套裙，均不宜选择。在套裙之中，由于背心需要内穿，不宜过于宽松肥大；由于裙子强调贴身为美，故此以瘦版居多；因而在套裙之中肥瘦的问题，实际上主要与上衣有关。

以肥瘦而论，套裙之中的上衣可分为紧身式与松身式两种。紧身式上衣的肩部平直、挺拔，腰部收紧或束腰，其长多不过臀部；整体上呈倒梯形造型，线条硬朗而鲜明。松身式上衣的肩部则大都任其自然，或稍许垫高一些；腰部概不收缩，衣长往往直至大腿，线条上讲究自然而流畅。一般认为：紧身式上衣显得较为正统，松身式上衣则看起来更加时髦一些。

版型

套裙的版型，亦即其整体造型，是指套裙的外观与轮廓。从总体上来讲，版型的基本轮廓可以大致上分为“H”型、“X”型、“A”型、“Y”型四种。

（1）“H”型

“H”型版型套裙的主要特点是：上衣较为宽松，裙子亦多为筒式。这样一来，上衣与下裙便给人以直上直下、浑然一体之感。它既可以让着装者显得优雅、含蓄和帅气，也可以为身材肥胖者修饰身型。

（2）“X”型

“X”型版型套裙的主要特点是：上衣多为紧身式，裙子则大都是喇叭式。实际上，它是以其上宽与下松来有意识地突出着装者的腰部的纤细。此种版型的套裙轮廓清晰而生动，可以令着装者看上去婀娜多姿、楚楚动人。

（3）“A”型

“A”型版型套裙的主要特点是：上衣为紧身式，裙子则为宽松式。

此种上紧下松的造型，既能体现着装者上半身的身材优势，又能适当地遮掩其下半身的身材劣势。不仅如此，它还能够在总体造型上显得松紧有致、富于变化和动感。

（4）“Y”型

“Y”型版型套裙的主要特点是：上衣为松身式，裙子多为紧身式，并且以筒式为主。它的基本造型，实际上就是上松下紧。一般来说，它意在遮掩着装者上半身的短处，同时表现出其下半身的长处。此种版型的套裙，往往会令着装者看上去亭亭玉立、端庄大方。

▍款式

套裙在款式上的变化，主要集中于上衣与裙子方面。一般来说，背心的变化往往不会太大。

套裙之中上衣的变化，主要表现在衣领方面。除了最为常见的平驳领、枪驳领、一字领之外，青果领、披肩领、燕翼领、蟹钳领、束带领或无领等领型，也是很常见的。

套裙之中上衣的另外一个主要变化，则体现在衣扣方面。它既有无扣式的，也有单排扣式、双排扣式的；既有明扣式的，也有暗扣式的。在衣扣的数目上，少则只有一粒，多则不少于10粒。就具体作用而论，有的纽扣发挥实际作用，有的纽扣则只起装饰作用。

除了领型、纽扣等方面的变化，套裙之中的上衣在其门襟、袖口、衣袋等方面，往往也会花样翻新、式样繁多。

作为套裙的主角，裙子的式样也不乏变化。就最常见者而言，西装裙、一步裙、围裹裙、筒式裙、折裥裙等等，看上去款式端庄、线条优美；百褶裙、旗袍裙、开衩裙、“A”字裙、喇叭裙等等，则显得飘逸洒脱、高雅漂亮。它们都是大受欢迎的式样。

与男士的西装相比，女士的套裙在其款式上千变万化，令人眼花缭乱。这种情况，是男士在选择西装时根本不会遇到的。选择套裙的具体款式时，往往讲究因人而异，而绝对不可一概而论。

（二）套裙的穿法

商界女士在正式场合要想显得衣着不俗，不仅要选择一身符合常规要求的套裙，而且更要注意的是，套裙的穿着一定要得法。在穿着套裙时，套裙的具体穿着与搭配的方法多有讲究。

在穿着套裙时，需要注意的大致有以下五个问题：

▍大小适度

一套做工精良的优质面料的套裙，穿在一位白领丽人的身上，无疑会为之平添魅力。但是，如果真的要想使穿在自己身上的套裙美丽而生动，就必须大小相宜。过大或过小、过肥或过瘦，尤其是过于紧身的套裙，通常都不宜贸然穿着。

通常认为，套裙之中的上衣最短可以齐腰，裙子最长则可以达到小腿的中部。但是，在一般情况下，上衣不可以再短，裙子也不可以再长。否则，便会给人以勉强或散漫的感觉。

特别应当强调，上衣的袖长以恰恰盖住着装者的手腕为好。衣袖如果过长，甚至在垂手而立时挡住着装者的大半个手掌，往往会使着装者看上去矮小而无神；衣袖如果过短，动不动就使着装者"捉襟见肘"，甚至将其手腕完全暴露，则会显得滑稽而随便。

还应注意：上衣或裙子均不可过于肥大或包身。如果说过于肥大的套裙易于使着装者显得萎靡不振的话，那么过于包身的套裙则往往会令着装者"原形毕露"，惹来不必要的麻烦。

穿着到位

在穿套裙时，必须依照其常规的穿着方法，将其认真穿好。尤其需要注意：上衣的领子要完全翻好，衣袋的盖子要拉出来盖住衣袋，双臂都要伸进衣袖之内；不允许将上衣披在身上，或者搭在身上；裙子要穿得端端正正，上下需要对齐之处务必好好对齐。

必须强调的是：商界女士在正式场合露面之前，一定要抽出一点儿时间仔细地检查一下自己所穿的衣裙的纽扣是否系好、拉链是否拉好。在大庭广众之下，如果上衣的衣扣没有逐一系好，或者裙子的拉链忘记拉上、稍稍滑开一些，都有损于着装者的形象。

按照规矩，商界女士在正式场合穿套裙时，上衣的衣扣必须全部系上。不允许将其部分或全部解开，更不允许当着别人的面随便将上衣脱下来。那种所作所为，不一定会使自己显得随和、泼辣，不一定会给人以"女强人"的印象，却必定会给人以大而化之、肆无忌惮之感。

适应场合

商界女士尽管与套裙非常般配，但这并不意味着置身于任何场合都可以身穿套裙应付下来。与任何服装一样，套裙自有其适用的特定场合。

商务礼仪规定：商界女士在各种正式的商务交往之中，一般以穿着套裙为好。在涉外商务活动之中，则务必应当这样去做。除此之外，大都没有必要非穿套裙不可。

商界女士在出席宴会、音乐会、团建活动、社交聚会时，可酌情选择与此类场合相协调的礼服、时装或民族服装。此刻依旧身穿套裙，则会使自己与现场"格格不入"，并且还有可能影响到他人的情绪。

外出观光旅游、逛街购物，或者进行健身锻炼时，商界女士一般以穿着休闲装、运动装等便装为宜。在这些场合还穿着套裙的话，不仅“劳而无功”，而且还会使他人觉得着装者煞有介事。

协调妆饰

高层次的穿着打扮，讲究的是着装、化妆与佩饰风格统一，并相辅相成。因此，在穿着套裙时，商界女士必须具有全局意识，将其与化妆、佩饰一道通盘加以考虑。忽略了这一点，往往就会使它们彼此矛盾、问题丛生。

（1）化妆的要求

就化妆而言，商界女士在穿套裙时的基本守则是：既不可以不化妆，也不可以化浓妆。穿套裙时，商界女士必须维护好个人的形象，因此是不能够不化妆的。而之所以要求不可以化浓妆，则主要是因为商界女士在工作岗位上要突出的是工作能力、敬业精神、服务态度，而非自己的性别特征和靓丽容颜。因此，应当只化淡妆，力求“妆成有却无”、恰到好处即可。

（2）佩饰的要求

就佩饰而言，商界女士在穿套裙时的主要要求是：以少为宜，合乎身份。在工作岗位之上，可以不佩戴任何首饰。如果要佩戴的话，则至多不应当超过三种，每种也不宜多于两件。不仅如此，穿套裙的商界女士在佩戴首饰时，还必须兼顾自己的职业女性这一身份。按照惯例，此刻不允许佩戴价值过于昂贵的珠宝首饰，不允许佩戴有可能过度地张扬自己的“女人味”的胸针、耳环、项链、手镯、脚链等首饰。

兼顾举止

虽说套裙最能够体现女性的柔美曲线，但是假如着装者举止不雅，在穿套裙时对个人的仪态毫无要求，甚至肆意而为，则依然不会将套裙自身的美感展现出来。

穿上套裙之后，商界女士站立的姿态要又稳、又直、又正。不可以双腿叉开，站得东倒西歪，或是随时倚墙靠壁而立。就座以后，务必检点姿态，切勿双腿分开过大，或是跷起一条腿来、脚尖抖动不已，更不可以脚尖挑鞋直晃，甚至当众脱下鞋来。

一套剪裁合身或稍微紧身一些的套裙，在行走时或取放东西时，有可能对着装者产生一定程度的制约。由于裙摆所限，穿套装者走路时不能够大步流星地奔向前去，而只宜以小碎步疾行。行进之中，步子以轻、稳为佳，不宜走得“嗵嗵”直响。需要去取某物，而其与自己相距较远时，可请他人相助，千万不要逞强，尤其是不要踮起脚尖、伸直胳膊费力地去够，或是俯身、探头去拿，免得暴露出自己身上不该暴露的部位，甚至使套裙因此而訇然开裂。

（三）套裙的搭配

在涉及套裙的搭配问题时，主要应当考虑衬衫、内衣、衬裙、鞋袜的选择是否适当。

▌衬衫

与套裙配套穿着的衬衫，有着不少的讲究。从面料上讲，主要要求其轻薄而柔软。故此真丝、麻纱、府绸、罗布、花瑶、涤棉、纯棉等等，都可以用作其面料。

从色彩上讲，则主要要求衬衫雅致而端庄，并且不失女性的妩媚。除了作为“基本色”的白色之外，其他各式各样的色彩，包括流行色在内，只要不是过于鲜艳，并且与同时所穿的套裙的色彩不相互排斥，均可用作衬衫的色彩。不过，还是以单色为其最佳之选。同时，还要注意，应使衬衫的色彩与同时所穿的套裙的色彩互相匹配，要么外深内浅，要么外浅内深，形成两者之间的深浅对比。

与套裙配套穿着的衬衫上，最好不要图案“繁花似锦”。选择无任何图案的衬衫最是得当。除此之外，顶多可以再选择带有条纹、方格、圆点、碎花或暗花的衬衫。假如在穿着带有图案的套裙时想穿带有图案的衬衫，则应使二者或是外简内繁，或是外繁内简，以示变化有致。

女式衬衫的款式甚多。其变化多体现在领型、袖管、门襟、轮廓、点缀等方面。应当说明的是，与套裙配套穿的衬衫不必过于精美，领型、袖管等细节上也不宜十分新奇夸张。那些样式极其精美、领型、袖管新奇夸张的衬衫，其实仅适合于单穿。

穿衬衫时，白领丽人须注意下述事项：第一，衬衫的下摆必须掖入裙腰之内，不得任其悬垂于外，或是将其在腰间打结。第二，衬衫的纽扣要一一系好。除最上端一粒纽扣按惯例允许不系外，其他纽扣均不得随意解开。倘若在他人面前露出一抹酥胸，乃是不雅之态。第三，衬衫在公共场合不宜直接外穿。按照礼仪规范，不可在外人面前脱下上衣，直接以衬衫面对对方；尤其是不宜身穿紧而透的衬衫面对对方。

▌内衣

内衣，被商界女士称为“贴身的关怀”。在穿着套裙时，按惯例，亦须对同时所穿的内衣慎加选择，并注意其穿法。

一套内衣往往由胸罩、内裤、衬裙以及腹带、吊袜带、连体衣等构成。就总体而言，内衣应当柔软贴身，并且起到支撑和烘托女性线条的作用。有鉴于此，选择内衣时，最关键的是要使之大小适当，既不能过于宽大晃悠，也不能过于窄小夹人。

内衣所用的面料，以纯棉、真丝等面料为佳。它的色彩可以是常规的白色、肉色，也可以是粉色、红色、紫色、棕色、蓝色、黑色。不过，成套的内衣最好同为一色，而且其各个组成部分亦为单色。就图案而论，着装者完全可以根据个人爱好加以选择。

内衣的具体款式甚多。在进行选择时，特别应当关注的是：穿上内衣以后，不应当使它的轮廓一目了然地在套裙之外凸显出来。

在内衣的穿着方面，商界女士必须注意如下四点：

（1）不许不穿内衣

无论如何，在工作岗位上不穿内衣的做法都是失礼的。在西方一些国家里所流行的不穿内衣，甚至不戴胸罩的做法，并不值得仿效。

（2）不宜外穿内衣

有人为了显示自己新潮，在穿着套裙时索性不穿衬衫，而直接代之以连胸式衬裙、文胸。更有甚者，甚至在套裙之内仅仅穿着胸罩。这样一来，它们都会暴露在他人视野之内。此种出格的穿法，是甚为不雅的。

（3）不得外露内衣

穿内衣之前，务必检查一下它与套裙是否大小相配套。若是无意之中在领口露出一条胸罩的带子，或是在裙腰外面露出一圈内裤或衬裙，都会给自身形象造成无可挽回的损失。

（4）不能外透内衣

选择与内衣一同穿着的套裙、衬衫时，应使三者厚薄有别。切勿令三者一律又薄又透，并且使它们的色彩反差甚大。那样的话，内衣就会被别人从外面看得清清楚楚。

衬裙

衬裙，特指穿在裙子之内的裙子。如上所言，它属于内衣的一种。一般而言，商界女士穿套裙时，是非穿衬裙不可的。穿套裙时，尤其是穿丝、棉、麻等薄型面料或浅色面料的套裙时，假如不穿衬裙，就很有可能会使自己的内裤动辄为外人所见。

选择衬裙时，可以考虑各种面料，但以透气、吸湿、单薄、柔软者为佳。过于厚重或过于硬实的面料，通常不宜用来制作衬裙。

在色彩与图案方面，衬裙的讲究是最多的。衬裙的色彩宜为单色，如白色、肉色等，但必须使之与外面套裙的色彩相互协调。二者要么彼此一致，要么外深内浅。不论怎么说，都不允许出现二者之间外浅内深的情况。在一般情况之下，衬裙上不宜出现任何图案。

从款式方面来看，衬裙亦须与套裙相配套。大体上来说，衬裙的款式应特别关注线条简单、穿着合身、大小适度三点。它既不能长于外穿的套裙，也不能过于肥大，而将外穿的套裙撑得变形。

穿衬裙时，有以下两点主要的注意事项：其一，衬裙的裙腰切不可高于套裙的裙腰，从而暴露在外。其二，应将衬衫下摆掖入衬裙裙腰与套裙裙腰二者之间，切不可将其掖入衬裙裙腰之内。否则行走的时间一长，或是动作过大时，它就有可能连累衬裙裙腰“重见天日”。

▌鞋袜

鞋袜，被称为商界女士的“腿部景致”或“足上风光”。因此，每一位爱惜自身形象者都切不可对其马虎大意。曾有服饰专家直言：“欲了解一位白领丽人的服饰品位，看一看她所穿的鞋袜即可。”这句话充分地说明了鞋袜之于商界女士的重要性。在此方面基本的要求是：鞋子要慎选；袜子必须穿。

第一，鞋袜的选择。选择鞋袜时，自当首先注意其面料。商界女士所穿的用以与套裙配套的鞋子，宜为制式皮鞋，即黑色高跟或半高跟的船型皮鞋，并以牛皮或羊皮制品为上品。与其同时所穿的袜子，则可以是尼龙丝袜或羊毛袜。

鞋袜的色彩，则有许多特殊的要求。与套裙配套的皮鞋，以黑色最为正统。此外，与套裙色彩一致的皮鞋亦可选择。但鲜红、明黄、艳绿、浅蓝、亮紫的鞋子，则最好别试。穿套裙时所穿的袜子，可有肉色、黑色、浅灰、浅棕等几种常规选择，只是它们宜为单色。多色袜、彩色袜，以及白色、红色、蓝色、绿色、紫色等色彩的袜子，都是不适宜的。

需要强调的是：穿套裙时，应有意识地关注鞋、袜、裙三者之间的色彩是否协调。一般认为，鞋、裙的色彩必须深于或略同于袜子的色彩。若是一位女士在穿白色套裙、白色皮鞋时穿上一双黑袜子，就只会非常明显地给人以长着一双“乌鸦腿”之感了。

不论鞋子还是袜子，其图案与装饰均不宜过多，免得“喧宾夺主”。穿着加了网眼、镂空、拼皮、珠饰、吊带、链扣、流苏、花穗的鞋袜，或印有时尚图案的鞋袜，只能给人以肤浅之感。一点图案与装饰都没有的鞋袜，有时穿起来效果反而更好。

鞋袜在与套裙搭配穿着时，其款式有着一定之规。与套裙配套的鞋子，除制式皮鞋外，盖式皮鞋、系带式皮鞋、丁字式皮鞋等等，都不宜采用。布鞋、拖鞋、凉鞋、运动鞋、绒毛鞋或皮靴，同样不应与套裙同时穿着。高筒袜与连裤袜，则是与套裙的标准搭配。中筒袜、低筒袜，绝对不宜与套裙同时穿着。

第二，鞋袜的穿着。穿套裙的商界女士在穿着鞋袜时，依照礼仪规范有下列五点需多加注意：

（1）**鞋袜切勿大小不当**

鞋子大了不跟脚，并且会露出脚趾缝；袜子大了则会松松垮垮，甚至还会往下掉。非要那么穿，无疑是失仪的。

（2）**鞋袜切勿残破不堪**

鞋子如果开线、裂缝、掉漆、破残，袜子如果有洞、跳丝，均应立即更换，不要打了补丁再穿。

（3）**鞋袜切勿当众脱下**

有些女士喜欢有空便脱下鞋子，或是处于半脱鞋状态。还有个别人经常将袜子撸下去一半，甚至当着外人的面脱去袜子。此类做法，都是极其有失身份的。

（4）**袜子切勿随意乱穿**

不允许同时穿两双袜子，也不许将健美裤、九分裤等裤装当成袜子来穿。网眼丝袜，尤其是黑色网眼丝袜，不允许与套裙进行搭配。

（5）**袜口切勿暴露于外**

袜口，即袜子的上端。将其暴露在裙子的下摆之外，是一种公认的既缺乏服饰品位又失礼的表现。此即所谓“三截腿”，即在裙袜之间露出一段腿肚子。商界女士不仅穿套裙时应自觉避免此种情形的发生，而且应当在穿开衩裙时注意，即使在走动之时，也不应当让袜口偶尔呈现于裙衩之处。

总之，商界女士穿套裙时，鞋子的选择失当是不礼貌的，而赤脚不穿袜子则是更不礼貌的。至于在正式场合趿拉着鞋子，或者袜子看上去松松垮垮，亦非淑女之所为。

三、制服的礼仪

目前，在国内外的不少公司、企业之中，员工在其工作时往往会身穿面料、色彩、款式整齐划一的服装，即制服。所谓制服，指的就是上班族在其工作岗位上按照规定所必须穿着的，由其所在单位统一制作下发的，面料、色彩、款式整齐划一的服装。对商务人员而言，制服其实是自己在工作岗位上按规定所必须穿着的上班装，或曰工作服。

在现代社会里，要求本单位的全体从业人员一律身穿制服上班，是许多公司、企业的理想目标。商务人员在其工作中身着式样统一的制服，至少有如下四项长处：

（1）**体现其职业特征**

为了实际工作的需要，不同的职业往往需要具有不同特征的制服。与军服、警服、消防服、铁路服、海员服、空乘服、邮政服、工商服、税务服彼此各具特色一样，从事不同类型的商务活动的商务人员所穿的制服，通常也各不相同。它们不仅适应着自己具体的工作性质，而且具有一些商务人员正式衣着的共同性特征。例如，庄重、保守、精致、可识别等等。

（2）**表明其等级差异**

在工作岗位上，商务人员的具体分工往往有所不同，制服对此通常是有所体现的。即便在同一个单位里，不同部门、不同级别、不同职务的人员，往往从其制服上就可以区别开来。这样做，既是为了分工明确、易于识别，也是为了增进着装者的荣誉感，并且争取社会舆论的监督。

（3）**实现其整齐划一**

从总体上讲，商务人员在自己

的工作岗位上是不允许过多地张扬个性的。身着样式一致的制服，不仅有助于体现出整个单位的共性、全体员工良好的团队意识以及合作性与凝聚力，而且便于本单位更为有效地对全体员工进行要求和管理。

（4）**树立其单位形象**

根据现代公共关系理论，要求全体员工身着统一式样的制服上班，实际上是建立某一企业用以树立自身形象的“企业形象可识别系统”的常规手法之一。换言之，要求全体员工在工作岗位上身穿制服，可以令人耳目一新。久而久之，便会使本单位的独特形象随之而深入人心。

由于商界所包容的具体职业不胜枚举，因此其制服亦可谓变化万千。有时，就是在同一个单位里，它往往也会异彩纷呈。虽则如此，在千变万化、形形色色的商界制服之中，仍然可以发现许多具有共性的、规律性的相同之处。这种相同之处，即为制服的礼仪规范。

供商务人员穿着的制服的礼仪规范，主要涉及其制作与穿着等两个具体方面。

（一）制服的制作

制服的制作，既与每一名必须穿着制服的商务人员相关，更取决于其所在单位的决策者的个人态度。鉴于此事与单位形象息息相关，故此每个单位的负责人均应亲自过问此事，不可将它交由办事人员自由经办。

制作一套可供商务人员穿着的制服，所要考虑的重点问题主要包括面料、色彩、款式、分类、做工等等。简言之，面料宜佳、色彩宜少、款式宜雅、分类宜准、做工宜精，是对商务人员所穿着的制服的基本要求。

▍面料宜佳

用来为商务人员制作制服的面料，应当尽可能地选择精良上乘之物。在一般情况之下，本着既经济实惠又美观体面的方针，应当优先考虑纯毛、纯棉、纯麻、棉毛、棉麻、毛麻、毛涤等面料。

纯毛、纯棉、纯麻等面料，不仅质地纯天然，而且吸湿、透气、贴身、舒适，外形美观，穿在身上显得较为高档。经济条件如能允许，应对此予以优先考虑。

棉毛、棉麻、毛麻、毛涤等等，皆属高档混纺面料。与前者相比，它们可以说是一种退而求其次的选择。它们大都悬垂、挺括、结实、耐折、耐磨，并且在价格上比较便宜，因而经济实惠。

有些时候，为了从事某些特殊工作或是适应某些特殊环境的需要，用以制作制服的面料，通常还会被要求具备某些比较特殊的功能。例如，防火、防水、防风、防尘、防辐射、防静电、防氧化、防高温、防低温、防高压、防低压等等。在选择制作此类特种用途的制服的面料时，要一丝不苟、精益求精、严格把关，绝对不允许放松标准，以次充好。

若非情况较为特殊的话，一般不应当选择涤纶、涤丝、尼龙、中长纤维等人造化学纤维面料来制作商务人员的制服。采用各种化纤制作的制服，在短时间之内，大都色泽鲜艳、免烫抗皱、坚牢耐穿，而且可以大大地降低制作成本。只是它们往往经不起时间的考验，穿的时间久了，通常都会被磨得发光发亮，表面上也往往会藏污纳垢、起毛起球，并且还极易跳丝或产生静电。那样一来，就令其给人以劣质低档之感，因此而被人们"打入另册"。所以，宁可不要求员工穿着制服，往往也比要其身穿低档劣质的化纤制服所留给社会各界的印象要好上百倍。

色彩宜少

统一制作制服时，切不可使其色彩过于繁多或过于杂乱。不然它看起来色彩杂乱无章，或者花里胡哨，无益于维护本单位的整体形象。所以，从总体上讲，制服的色彩宜少而不宜多。

具体来说，选择制服的色彩时，有以下三点应予重视：

（1）优先选择本单位的标志性色彩

在用来塑造单位形象的"企业形象可识别系统"之中，标志性色彩占据着重要的位置。它所指的是某一单位为了体现自身特色、表现自身理念，而特意选定某一种或数种色彩用以代表自己。在商务活动中，它被广泛地应用于本单位的标志、徽记、广告、标语、商标、旗帜、建筑等各个方面。以之作为员工制服的主色彩，亦为一种国际上通行的做法。

（2）力求色彩单一而偏深

如果与上一点不矛盾的话，则制服的色彩以单一而偏深为好。在一般情况下，在一套制服里，上衣、裤子或裙子最好采用同一种色彩。出于庄重、雅致、耐脏等等原因，制服通常不宜采用浅色、花色、亮色或艳色。根据常规，可为商界制服所选择的、符合如上要求的色彩，大体上仅有蓝、灰、棕、黑等几种。蓝色的制服表示严谨，灰色的制服表示稳重，棕色的制服表示文雅，黑色的制服则表示高贵。在世界各国，它们都是最为常用的商界制服的"基本色"。

（3）严格遵守 "三色原则"

在为制服进行色彩搭配时，在总体上通常也要参照"三色原则"。它的主要要求是：与制服一同穿着的衬衫、领带、帽子、鞋袜，包括制服本身在内，其色彩应在总量上被限定在三种以内。此种做法，可使配色的效果最佳。具体而言，商务人员在穿制服时，全身一色未必不可，全身两色不能算少，但是至多不宜超过三色。否则，全身的色彩就会乱套。穿制服时要求遵守"三色原则"，主要是为了体现出商务人员着装简洁大方的整体风格。具体进行操作时，有下列两点务请切记：第一，采用两色或三色时，最好使其中的一种色彩为白色。第二，不论采用双色还是三色，都不要按对比色进行搭配。

此外，除本单位的徽记或标志之外，制服上不宜出现任何图案或饰物。

款式宜雅

商界的制服，总的要求是雅致端庄。它既应当突出自己的实用性，又应当有意识地使之传统而保守；它既应当与众不同，又不宜一味追逐时尚，更不宜走在时尚之前；它既应当体现出本单位的特色，又不可为了标新立异而以奇装异服的面目出现。简言之，商务人员穿上制服后，应当显得精明干练、神气十足、文质彬彬、温文尔雅，而非令人瞠目结舌、避之不及。这些要求体现在制服的款式方面，就是应当以"雅"为本。

具体而言，制服目前多为两件套式，即由一件上装与一件下装所构成。由于行业不同、部门不同、工种不同、要求不同，制服的具体款式可谓变化多端，令人目不暇接。

制服之中的上装，有西装式、猎装式、夹克式、衬衫式、两用衫式等等。制服之中的下装，则有裤装式、裙装式、背带装式等等。此外，还有上装与下装合二为一的连体式制服。

不论商界制服具体采用哪一种款式，根据"款式宜雅"的总体要求，都必须使之力戒露、透、短、紧。此之谓"制服款式四戒"。

（1）戒露

制服务必戒露。此处的露，指的是过露。制服理应发挥服装为人体遮羞的基本功能，对商务人员在工作岗位上不宜裸露在外的躯体加以掩饰。通常认为，制服是不应当使着装者的肩部、胸部、腹部、背部、大腿在外"曝光"的。这五种不宜外露之处，通称为"制服五不露"。假如达不到这一要求，就会让着装者的乳沟、胸毛、腋毛、肚脐、大腿、脊背等处，甚至连同内衣一道裸露出来，极不文明。

（2）戒透

制服务必戒透。此处的透，指的是过透。制服即使极为色浅单薄，也绝对不应当是透明的。如果在上班时所穿的制服成了变相的"透视装"，令本属于着装者"绝对隐私"的背心、胸罩、内裤、腹带、衬裙等若隐若现，甚至赫然在目，犹如特意进行"公开陈列"一般，不但有碍观瞻，而且会使着装者失于自尊自爱。

（3）戒短

制服务必戒短。此处的短，指的是过短。商务人员的制服一定要合身。有些制服因为工作的需要，允许相对宽松肥大一些。但是，不应使之过分短小。不然，既显得小气，又会给人以不文明之感。在一般情况下，制服之中的上装不宜短于腰部，否则会露出内裤、裙腰甚至肚皮，成了改头换面的“露脐装”。裤装式的制服，一般不宜为短裤式样。裙装式的制服，则裙摆大都应长于膝盖。此种规定，对着装者其实也是一种保护，使之既工作安全，又减少被他人骚扰的机会。

（4）**戒紧**

制服务必戒紧。此处的紧，指的是过紧。必须明确的是：制服并非时装，因此不应使之过于紧身以凸显着装者的线条。通常，以高弹面料制作制服也是不合适的。不然的话，很可能会因此而使着装者“原形毕露”、身材的曲线令人一目了然，甚至还会使其内衣、内裤的轮廓一览无余。应当注意的是：正因为如此，欲体现本人的苗条身材而随意改动制服的做法，也是不可取的。

分类宜准

要使制服在商务活动中真正地发挥良好的作用，就必须在恪守上述几项规则的前提之下，对其进行必要的分类。在实际生活中，商界制服的分类有多种方式方法。然而，不论采用何种分类方法，都应当使之适应实际工作的需要，并且有助于维护本单位的形象，定位恰到好处。这就是所谓的分类宜准。

就目前而言，商界制服的分类最常采用的主要有下述四种方法：

（1）**按照性别分类**

总的来说，制服明显地具有“中性化”趋向。有时，制服甚至可以不分男女。但为了照顾男女的不同生理特点，并且在工作中使之得以分辨清楚，故此制服通常都有男式与女式的区别。

（2）**按照季节分类**

在我国，一年中的四季、寒暑不同，制服自然应当随之而有所变化。在四季分明的地区，制服往往被分为三类，即夏装、冬装与春秋装。而在一年只有冷暖两季的地区，制服则可分为暖季制服与冷季制服两类。在热带地区，由于四季皆为炎夏，所以制服实际上只存在夏装一种了。

（3）**按照用途分类**

制服被称为上班装，但是商务人员工作的具体岗位往往各不相同，因此制服依照其具体用途可以分为办公服、礼宾服与劳动服三类。办公服主要供坐办公室者穿着；礼宾服主要适合礼仪人员在其礼宾岗位上穿着；劳动服则仅仅适用于在劳作之时穿着。

（4）**按照职业等级分类**

在商界，讲究的是员工分工明确：管理者与被管理者有别，下级服从上级。这一特色，往往也会在制服上得到体现。在许多大型的公司、企业里，不同级别者的制服各不相同，不同部门的制服也区分得一清二楚。这样做的好处是：不仅方便了自己的交往对象，而且可以增强着装者的责任心与荣誉感。

▌做工宜精

出于维护着装者及其所在单位形象的考虑，制作制服不但要考虑节省费用，反对铺张浪费，而且更要务求其做工精细。绝对不允许对制服进行粗制滥造。要做到这一点，就必须严守制服的制作标准。没有制作标准与不遵守制作标准，同样都是有害的做法。特别应当切记：绝对不允许以任何借口在制作制服时偷工减料，使其看起来粗陋不堪、面目全非。也不允许在制作制服时粗枝大叶、马马虎虎。为此，在外加工、制作制服时，要严加监管、抽查与验收。

制服的做工宜精，是其美观耐用的前提，更与维护着装者和其所在单位的形象直接相关。为此，在检查一套制服的制作质量时，尤其需要注意下列细节：领子是否大小相当，衣袖、裤筒是否长短一致，衣袋是否端正而对称，肩线、裤缝、裙腰是否平直，衬里是否外露，纽扣、别针、挂钩、拉链、裤襻、裙襻是否钉得结实，纽扣与扣眼是否对应，拉链是否好用，等等。

除此之外，做工宜精，还应包括其制作应当量体裁衣、大小合身这层意思在内。

（二）制服的穿着

制服既然属于上班装，那么对身着制服上班的商务人员而言，穿着和搭配制服，就必须严格地遵守有关的礼仪规范和本单位的具体规定。

在穿着制服上班时，商务人员必须注意以下四个方面的问题。它们亦称“制服穿着四忌”。

▌忌脏

穿着制服，务必使之保持干净、整洁而清爽的状态。

上班所穿的制服难免会被搞脏，这一点并不值得大惊小怪。重要的是，对于制服的清洁与否，一定要时刻留意。一旦发觉它脏了，就应当马上进行换洗。换言之，对制服定期或不定期地进行经常性的换洗，应当成为每一位商务人员用以维护自我形象的自觉而主动的行为。不仅如此，除制服之外，与之同时配套穿着的内衣、衬衫、鞋袜，亦应定期换洗。

在外人面前，商务人员所穿的制服必须无异味、无异物、无异色、无异迹。若是其汗臭扑鼻，或是遍布油垢、汗迹、汤渍、漆色，不一定表明着装者勤劳辛苦，却往往会令人感到肮脏不堪。

▌忌皱

穿着制服，务必使之整整齐齐、外观平展。

由于制服所用的面料千差万别，并非所有的制服都能够做到悬垂挺括、线条笔直，但不使其皱皱巴巴、褶痕遍布，却是每一名商务人员均应做到的。无论从哪一个方面来说，身穿一套遍布褶皱制服的商务人员，都难以赢得他人的尊敬。除了窝囊邋遢、消极颓废、懒惰不堪、不修边幅这一类的评价之外，恐怕再也找不到适于对其加以评论的言辞了。

为了防止制服产生褶皱，必须采取一些必要的措施。例如，脱下来的制服应当挂好或叠好，切勿信手乱扔。洗涤之后的制服，通常要加以熨烫。穿制服时，不要随处乱倚、乱靠、乱坐等等。

忌破

穿着制服，务必确保其整体外观完好无损。

在工作之中，商务人员所穿的制服经常会在一定程度上造成破损。除了因公受损这一因素之外，制服穿着的时间久了，也会自然地出现残破，例如，开线、磨毛、磨破、纽扣丢失等等。

发现制服残破之后，商务人员应采取必要的补救措施，并且根据其具体情况分别加以对待。在一般情况之下，制服一旦在外观上发生明显的破损，例如，掉扣、开线或出现破洞等等，就不宜在工作岗位上继续穿着。在办公室里，特别是在某些“窗口”部门工作的商务人员，或是担负领导职务的商务人员，更是要注意到这一点。千万不可对此视而不见、听之任之。

对破残的制服，应分别进行处理。若其为劳动服，则经过认真修补后，仍然可以再穿。但不应对破残之处敷衍了事，在此贴胶布或别别针，都是不规范的。若其为办公服或礼宾服，破残之处经过修补后痕迹明显者，如需要打补丁或换上式样不配套的纽扣之类，则不宜再度在正式场合穿着。

忌乱

穿着制服，务必恪守其自身既定的搭配、穿着规则。

如果单位规定全体员工着制服上班，那么每一名商务人员都必须“从我做起”，认真遵守此项规定。不仅如此，商务人员还须注意，欲使制服真正发挥功效，穿着者还必须认真地依照着装规范行事。

在穿制服的单位里，最忌讳一个“乱”字。商务人员穿制服时所谓的“乱”，主要反映在如下两个方面：

（1）不按照规定穿制服

在某些要求穿制服的单位里，总有个别人以“忘记了”“不舒服”“不合身”“不喜欢”为由，拒绝穿着制服。他们甚至自以为美地将街市装、宴会装、卡通装、乞丐装、沙滩装、跑步装、暴汗装、卧室装穿到单位里来，不仅让别人疑惑他们是不是来上班的，而且会因此破坏单位的制度与秩序，让外人觉得其所在单位管理不严。

（2）穿制服时不守规矩

在有些单位里，一些人虽然按规定穿了制服，但是却自行其是、该穿不穿、“制便混穿”、随便乱穿。例如，敞胸露怀、不系领扣、高卷袖管、挽起裤筒、乱配鞋袜、不打领带、衬衫下摆不束在裤腰或裙腰之内，或者以制服与牛仔服、运动服甚至家居服配套，等等。如此种种做法，亦有损制服的整体造型。客观地讲，这些做法的危害性并不亚于不穿制服。

除去上装与下装这两大主体部分之外，商务人员往往还要按照有关规定，使自己其他部分的衣饰，与制服有机地、系统地组合搭配。

在一般情况下，商务人员在穿制服时，按规定要求与其配套使用的衣饰主要有衬衫、帽子、鞋袜、皮带以及胸牌等等。它们往往会与制服一起下发，在整体风格上与制服相一致。商务人员在穿着制服时，若是离开了它们，往往会令所穿制服失去其本应具有的神韵。因此，穿制服时，按规定应与其配套使用的衣饰一同使用。不准不用，也不得以其他非配套使用的衣饰代替。

制服穿着规则

即使穿制服时，其他部分的衣饰单位未作统一规定，亦不得滥用。在选用其他衣饰时，应将它们与制服协调与否的问题，置于首位予以考虑。

四、饰品的礼仪

在商务交往中，尤其是在某些较为隆重而正式的社交场合里，除去西装、套裙、制服等正装之外，商务人员通常还离不开某些重要的饰品。此时此刻，饰品的选择、搭配与使用等一系列的细节，往往更能充分、客观地反映出商务人员的素养。

饰品，通常又叫作饰物。所谓饰品，对商务人员而言，乃是指在其整体服饰中发挥装饰作用的一些配件。顾名思义，饰品主要具有装饰作用。然而，不少饰品在装扮其使用者的同时，往往还发挥着不可替代的实际功能。因此，在探讨商务人员的衣饰时，绝对不应忽略饰品。

首饰三不戴

下面，主要介绍首饰、手表、钢笔、皮具等几种最为常用的饰品的礼仪规范。

（一）首饰的规范

首饰，是人们平日使用最多的一种饰品。严格地说，它指的是那些功能专一的装饰品，诸如戒指、耳环、项链、胸针等等。有的时候，首饰往往被人们与饰品直接画上等号。

在一个人的穿着打扮中，首饰通常处于画龙点睛的位置。有鉴于此，商务人员在选用首饰时务必三思而后行。对下述几项有关首饰的礼仪规范，一定要认真遵守。

符合身份

在正式的商务交往中选戴首饰时，商务人员要使之与自己的身份相称。一般而言，在工作中，商务人员是要讲究“首饰三不戴”的：

（1）**有碍于工作的首饰不戴**

如果佩戴某些首饰会直接或间接地影响自己的正常工作，那么应当坚决不佩戴它们。

（2）**炫耀其财力的首饰不戴**

在工作场合佩戴过于名贵的珠宝首饰，难免会给人以炫耀财力、招摇过市、不务正业之感。

（3）**突出个人性别特征的首饰不戴**

胸针、耳环、项链、脚镯、脚链之类的首饰，因其佩戴于特定之处，间接地突出了佩戴者的性别特征，往往会引起异性过分的注意，在工作场合也不适宜佩戴。

男女有别

从某种意义上讲，首饰实际上属于女性所独享的“专利品”。除结婚戒指等极少数品种的首饰之外，男性通常是不宜在正式场合佩戴首饰的。这项社会上普遍通行的规则，对于商界男士同样适用。

与此相反，在佩戴首饰时，女性则往往有多种多样的选择。对于俗称“女性首饰基本款”的戒指，许多商界女性都是经常佩戴的。对于此点，社会上并无任何非议。

遵守成规

对商务人员特别是白领丽人来说，在上班时佩戴首饰，还须自觉遵守以下几项约定俗成的常规。

（1）**以少为佳**

在上班时即便可以佩戴首饰，但还是要限制其数量，以少为佳。一般而言，佩戴首饰时，总量上不宜多于三种，每种则不宜超过两件。

（2）**同质同色**

同时佩戴多种、多件首饰时，应尽量选择质地、色彩上都基本相同的首饰。至少，也要使其色彩相似。否则搞得五颜六色、不伦不类，往往会令人感到佩戴者粗俗不堪。

（3）**风格统一**

风格统一，在此既指同时佩戴的多种、多件首饰应当统一风格，也是指所佩戴的首饰应当与自己其他衣饰的风格协调一致。

（二）手表的规范

有道是："男人看表。"对广大商务人员尤其是商界男士来说，手表既是一种常用的计时工具，通常又被视为一种重要的饰品。

手表亦称腕表，这里它特指以表带佩戴于手腕上的计时工具。商务人员在佩戴手表时，主要应当在其款式、功能、戴法三个方面遵守常规。

手表的款式

选择手表的款式，实际上讲究甚多。商务人员在正式场合佩戴手表时，在其款式方面主要应考虑下述各点。

（1）**男女有别**

男款表与女款表，是手表在款式上最基本的区别。佩戴手表时，一般不允许男女不分、胡乱佩戴。

（2）**风格庄重**

在商务交往中所佩戴的手表，其风格以庄重、保守为佳。因此，商务人员在非常正式的场合大多喜欢佩戴比较传统的机械表，而很少选择式样时髦的石英表、电子表、运动表。

（3）**重视外观**

商务人员选择正式场合所佩戴的手表时，大都十分重视其外观，并且尤其关注下述两点：

第一，轮廓。一般而言，正圆、正方、椭圆、长方等形状的手表都是商务人员的适宜之选，而异形手表则不宜考虑。

第二，色彩。手表的表盘、表壳、表带的色彩均极有讲究。商务人员在正式场合中，往往应当优先考虑选戴"全黄表""全银表"与"全黑表"。有时，有人也喜欢表盘为乳白色，而表壳、表带为金色、银色、黑色的"两黄一白表""两银一白表"与"两黑一白表"。

手表的功能

手表的功能，在此指的是具体用途。在此方面，一般要求商务人员遵守如下"手表五不戴"。

（1）**广告表不戴**

广告表，此处是指以广告为其主要标识的手表。若非本单位的广告表，在正式场合中是不宜佩戴的。

（2）**时装表不戴**

时装表，此处是指用以搭配时装或追求时尚而设计的手表。时装表只宜用以与时装进行搭配，上班时穿着正式的套装、套裙、制服的商务人员显然不宜佩戴。

（3）**珠宝表不戴**

珠宝表，此处是指镶嵌了名贵珠宝的手表。上班时，任何人都不宜招摇过市，所以奢华抢眼的珠宝表不宜佩戴。

(4) **特种表不戴**

特种表，此处是指具有某些特种用途的手表，例如，太空表、潜水表、血压表、计步表、卡通表、纪念表、军用表、智能手表以及手表式手机等等，商务人员在较为正式的场合均不宜佩戴。

(5) **残损表不戴**

残损表，在此特指那些功能与外观均已遭受严重损害的手表。上班时佩戴这种表，无疑是缺乏自尊自爱的表现。

手表的戴法

佩戴、使用手表时，商务人员应注意下述三点：

(1) **不宜不戴手表**

在外人面前，不戴手表的商务人员通常会被视为时间观念不强的人。

(2) **不宜乱戴手表**

作为腕表，手表只宜戴于手腕之上。将其挂于胸前、腰带上，或装入口袋中，都显得不伦不类。

(3) **不宜滥用手表**

佩戴手表，意在查看并掌握时间，但在商务交往中，面对外人而频频看表、反复上弦，则是不允许的。因为那样做有逐客或心不在焉之嫌。

(三) 钢笔的规范

随着科技的进步，电脑已广泛地应用于商务场合。商务人员平时在互行文书时，已越来越多地采用了电脑。尽管如此，作为传统书写工具的典型代表钢笔的重要地位依旧是不可替代的。

在商界，钢笔历来被视为商务人员的必备之物。在选择与使用钢笔时，商务人员应认真遵守以下礼仪规范。

钢笔的选择

选择钢笔，实际上大有讲究。一般来看，选择钢笔时主要应对品牌、式样、功能、类别四个方面的具体问题给予重视。

(1) **品牌**

在选择钢笔时，商务人员特别是公司的高层人士往往对其品牌特别关注。在国外，人所共知的著名的钢笔品牌有万宝龙、威迪文、派克等等。在国内，英雄、永生等品牌的钢笔则有口皆碑。

(2) **式样**

商务人员所使用的钢笔，其式样应强调朴实、简单、大方。具体而言，它的色彩应当单一而又传统，并以黑色、灰色、红色、金色、银色为佳。其长度应在12～15厘米之间，其装饰亦应简洁。

(3) **功能**

在商务交往中，商务人员所使用的钢笔不仅具有实用功能，而且具备一定的装饰功能。但是其主要用途仍然是书写，因此，商务人员尽量不要选用附加功能过多的钢笔。

(4) **类别**

有些类别的笔具，例如，圆珠笔、签字笔、书法笔、荧光笔、记号笔、工艺笔、白板笔等等，通常有其特定用途。在一般情况下，若无特殊原因，商务人员不宜选用它们。

钢笔的使用

商务人员在使用钢笔时，有下列五个具体方面的注意事项。

(1) **随身携带钢笔**

平时，商务人员应养成随身携带钢笔的习惯。不随身携带钢笔的人，往往会在一些关键场合遇到尴尬的情况。

(2) **备有两支钢笔**

训练有素的商务人员，往往会在正式场合同时携带两支钢笔。这样一来，一支钢笔出现问题时，另外一支钢笔便可以及时救场。

(3) **确保墨水充足**

因公外出前，有经验的商务人员都会循例检查一下自己随身携带的钢笔，了解其墨水是否充足够用。

(4) **不宜借用钢笔**

在工作之中，商务人员通常是不宜向他人借用钢笔的。

(5) **置于适当之处**

在正式场合，商务人员随身携带的钢笔应被置于公文包、上衣口袋、笔袋等既定的规范之处。乱放钢笔，例如，夹在耳朵上、吊在脖子上、插在衣襟上、别在西装上衣外侧左上方的口袋上、放在裤兜内，都是不适宜的。

(四) 皮具的规范

皮具，在此特指以皮革制作的较高档次的工作与生活用品。对商务人员而言，皮具兼具实用与装饰之功效。要想发挥皮具的良好功效，首先就要注意选择适宜的皮具。选用皮具时，商务人员对以下五点应有所了解。

(1) **质地**

商务人员所选用的皮具，通常多为牛皮、羊皮制品。有时，亦可选用质地稍逊一筹的猪皮制品。但珍稀动物的皮革制品，则不宜选用。

(2) **颜色**

商务人员在正式场合使用的皮具，大多选用单色，并且往往优先考虑黑色与棕色。对杂色、花色、多色、艳色、金属色的皮具，则须谨慎选用。

（3）**形状**

根据惯例，商务人员在正式场合所使用的皮具，形状多为长方形、正方形、椭圆形、半圆形、六边形等较为规范的几何图案。

（4）**做工**

正规场合所使用的皮具，不论其具体式样如何、用途怎样，均应制作精良。粗制滥造的皮具，商务人员还是不使用为妙。

（5）**品牌**

在一些重要场合，尤其是在国际交往中，人们对商务人员所用皮具品牌的关注，往往甚于对其质地、颜色、形状等方面的关注。例如，路易威登、爱马仕、普拉达、香奈尔、古驰、戈雅等品牌，都是知名的国际皮具品牌。而金利来、万里马、七匹狼等国内知名皮具品牌，也有其众多的拥趸。

在日常工作与生活中，商务人员所使用的兼具实用性与装饰性功能的皮具主要有皮包、皮夹、皮带等等。

皮包

皮包，在此是指真皮制成的各类包袋。在日常工作与生活中，每一名商务人员均离不开对皮包的使用。对白领丽人而言，在正式场合讲究的则是“女人看包”。选用皮包时，对下述几点必须予以注意。

（1）**皮包的用途必须明确**

不同类型的皮包，往往用途不同。例如，旅行包用于差旅，公文包用于办公，电脑包用于放置电脑，肩包用于社交，腰包用于休闲。它们通常各司其职，切记不可混淆其具体用途而滥用一气。

（2）**选用皮包要讲究搭配**

正式场合使用的皮包，非常讲究与其使用者整体服饰的搭配，尤其是要重视以下几点：

第一，颜色的搭配。商务人员所使用的皮包的颜色，一般应当使之与自己整体服饰的主色调相似。有时，亦可令其与自己所穿着的服装的颜色呈对比色。在特别正式的商务交往中，有一个特别的讲究，那就是商务人员所使用皮包的颜色，最好要与其同时穿着的皮鞋的颜色一致。

第二，质地的搭配。使用皮包时，应有意识地使自己同时使用的各类包袋皆为皮质，并且最好脚穿皮鞋。不然的话，就会有碍服饰的和谐统一。

第三，款式的搭配。使用皮包时，还应同时使其与自己的其他服饰在款式上较为一致。要么都是商务款，要么都是社交款，要么则同为休闲款。

第四，整体的搭配。在任何情况下选用皮包时，皆应使其服从于自己服饰上的整体搭配。对于使用者的性别、年龄、身份、身高等等，均应予以考虑。

(3) **使用皮包应讲究内容分类**

有人曾经说过："了解一个人为人处世严谨与否的捷径，就是打开他的皮包，去看一看里面摆放的物品是否井然有序、各就各位。"因此，商务人员对正式场合使用的各类皮包，均应注意以下三点：

第一，减少内容。没有必要把自己有用没用的物品一股脑地塞入皮包之内。对用于正式场合的皮包，一定要提前对其内容进行删繁就简的整理，以求轻装上阵。

第二，分类摆放。在皮包里，常用之物均应分类放置。这样一来，使用时对其便会一目了然。

第三，固定位置。常用的物品在皮包之内既要分类放置，更要固定其摆放位置，以求使用时信手拈来。

(4) **皮包须携带有方**

携带皮包时，对一些基本的礼仪规范均应认真遵守。

第一，不宜乱用皮包。外出之际，该用什么样的皮包就一定要用什么样的皮包。诸如谈判时系腰包，逛街时拎皮箱，只会令人讥笑。

第二，不可乱拿皮包。旅行箱应当拉着，公文包应当提着，电脑包则应当背着。反其道而行之，通常是不允许的。

第三，不带多只皮包。若非外出旅行，随身携带的大型皮包不宜多于一只。必要时，宁肯选用一只更大一些的皮包。

第四，不要乱放皮包。上门做客时，皮包不应乱放。在一般情况下，可将其交由主人存放，存入专用的衣帽厅；也可以把它放在自己脚边的地板上。

皮夹

皮夹，在此特指某些较小的皮包。依据皮夹的用途，商务人员最为常用的皮夹有钱夹、零钱夹、钥匙夹、名片夹、卡片夹、便笺夹、票据夹、照片夹、护照夹等等。使用皮夹时，通常要求商务人员重视以下三点。

(1) **内容专一**

皮夹一般容积较小，因此其具体内容越专一越好。以钱夹为例，其中只宜放置纸币。若是里面既放硬币又放名片，再加上多种多样的信用卡、会员卡，则显得乱七八糟、有碍观瞻。

(2) **外形美观**

皮夹虽小，但因使用较多，故备受瞩目。正式场合使用的皮夹，若外观上出了问题，如褪色、残破、缺损、开线等，最好不再使用。

(3) **放置到位**

在正常情况下，商务人员所使用的皮夹，应存放在公文包或办公桌内。在其他地方乱摆乱放，均属不当。即使有时将其放在衣服口袋内，也不甚合适。

皮带

平时，皮带又叫腰带。除了可以束腰，系住裤子与裙子之外，皮带有时亦可作为饰品。比较而言，在商务人员身上，皮带所发挥的装饰作用尤其突出。

选用皮带时，商务人员一般应注意皮带的颜色、图案、尺寸、环扣与系法等几点。

（1）皮带的颜色

商务人员使用于正式场合的皮带，在颜色上有三点讲究。

第一，宜为单色。使用多色、彩色皮带，通常是不允许的。

第二，宜选深色。商务人员所使用的皮带，一般应为深色，并且以黑色、棕色皮带为首选。

第三，宜讲搭配。众所周知，皮带的颜色，宜与同时所使用的皮鞋、皮包的颜色保持一致。

（2）皮带的图案

除商标之外，正式场合所使用的皮带应当没有任何图案。在外观上，它宜为光面，而非压花、磨砂之类。

（3）皮带的尺寸

在尺寸上，皮带主要有下述两个方面的具体要求：

第一，宽度。皮带的宽度，讲究男女有别。正式场合所使用的皮带，男士宜宽 3 厘米，女士宜宽 2.5 厘米。皮带过宽或过窄，都是不允许的。

第二，长度。皮带的长度，应为系好之后长过皮带环扣 10 厘米左右。

（4）皮带的环扣

皮带的环扣，亦称皮带扣。环扣是皮带上最醒目之处，它一般为金属制品，并且多为单一的金色、银色或黑色。除商标之外，皮带环扣上不宜出现其他任何文字、数字、字母、符号、徽记或其他图案。商务人员所使用的皮带环扣上的商标，通常也不宜过大、过于夸张。

（5）皮带的系法

系皮带时，下述各点均为既定之规，商务人员应予以遵守：

第一，自右而左。一般而言，系皮带时，皮带头大都应当自右而左。

第二，穿入襻带。系皮带时，大都应当认真将其穿入裤子、裙子上的每一个襻带之内。

第三，勿挂他物。在正规场合，商务人员所系的皮带上不宜挂放诸如手机、打火机、记步器、钥匙链、汽车钥匙等任何物品。

五、美发的礼仪

某集团公司的卫华董事长有一回要接受电视台的采访。为了郑重起见，事前卫董事长特意向公司为自己特聘的个人形象顾问咨询有无特别需要注意的事项。对方专程赶来之后，仅仅向卫董事长提了一项建议：换一个较为儒雅而精神的发型，并且一定要剃去鬓角。对方的理由是：发型对一个人的上镜效果至关重要。

果不其然，改换了发型之后的卫董事长在电视上亮相时，形象确实焕然一新。他的新发型使他显得更加精明强干，他的得体谈吐则使他显得非常深刻稳健，令电视观众纷纷为之倾倒。

由此可见，发型对商务人员的个人形象发挥着非常重要的甚至是不可替代的作用。有鉴于此，系统地学习一些美发的礼仪，是极为必要的。

美发，一般是指对人们的头发所进行的护理与修饰。其目的在于使之更加美观大方，并且适合自身的特点。美发礼仪，指的就是有关人们头发的护理与修饰的礼仪规范。美发礼仪，是装束礼仪之中不可或缺的重要组成部分。在正常情况下，人们观察一个人往往是"从头开始"的。位居于头顶之处的头发，自然不会被错过，并且会给他人留下十分深刻的印象。因此，曾有一位商务礼仪专家指出："每当人们与一位商务人员陌路相逢时，最注意对方的，大都是其发型、化妆、着装、饰品等几点。正因为如此，一名商务人员假如不想使本人形象受损，就不能够在外出应酬时不重视上述各点。"

从可操作的角度来讲，美发礼仪主要分为护发与做发两部分。前者主要与头发的护理有关，后者则重点关注头发的修饰。每一位商务人员对美发礼仪均应认真地学习和遵守。

（一）护发的要求

护发礼仪，所关注的主要是头发的维护问题。护发礼仪的基本要求是：商务人员的头发，必须保持健康、秀美、干净、清爽、卫生、整齐的状态。要真正达到以上要求，就必须注意头发的洗涤、梳理、养护。

任何一个健康的人，头发都会随时产生各种分泌物。此外，它还会不断地吸附灰尘，并且使之与其分泌物或汗液混杂在一起，甚至产生不雅的气味。此类情况一旦出现，无疑便会影响到头发的外观。请设想一下，若是一名商务人员的头发看上去脏兮兮的，甚至成缕成片莫名其妙地黏在一起，何人会对他产生好感呢？

保持头发干净、清洁的基本方法是：对它按时进行认真的洗涤。洗涤头发，最好是每日一次，并且贵在自觉坚持。即使一时难以做到，也不宜拖得过久。

洗涤头发，通常有下述作用：一是为了去除灰垢；二是为了清除头屑；三是为了防止异味；四是为了使头发条理分明。此外，它还有助于保养头发。

要洗好头发，有如下三点必须予以注意：

（1）**水温与水质的选择**

洗涤头发，宜使用摄氏40°左右的温水。水温过低或过高，都对头发有害而无益。此外还要注意水质，各种矿泉水，包括含碱或含酸过多的矿泉水，均不宜用来洗头。

（2）**洗发剂的正确使用**

目前，人们洗头时大都会采用一些洗发剂。在选用洗发剂时，除了要使之适合自己的发质外，还应使之具有去污性强、使头发滋养柔顺、刺激性小、易于漂洗、符合环保要求等优点。采用洗发剂洗头，一定要将其漂洗干净。

（3）**头发干燥的最佳方法**

洗头之后，最好令其自然晾干。此种做法，最有益于保护头发。若打算令头发迅速变干，可以用电吹风将其吹干。但其温度不宜过高，否则会毁伤头发。

要使一个人的头发看上去整洁秀美、清爽悦目，则应将其认真梳理整齐，令其线条分明、层次清晰。不论从哪一个方面来讲，在正常情况下，一个人的头发蓬乱如草、凌乱不堪，都会使其难以为他人所接受。正因为如此，每一名商务人员都必须将梳理整齐自己的头发视作自己每天都必须认真操练并经常自查的一项“基本功”。

就梳理自己的头发来讲，商务人员有必要注意下列三点：

（1）**选择适当的工具**

梳理头发，不宜直接使用手指抓挠，而应当选用专用的头梳、头刷等梳理工具。其关键之点，是不会伤及头发、头皮。在外出上班时，商务人员最好随身携带一把发梳，以备不时之用。

（2）**掌握梳理的技巧**

梳理头发，不但是为了将其理顺，使之成型，而且也是为了促进头部的血液循环与皮脂分泌，提高头发与头皮的生理机能。要做到这一点，就必须掌握必要的梳理技巧。例如：梳头时用力要适度，不宜过重过猛；梳子与头发可形成一定的角度，以促使头发的形状起伏变化；应使梳子向某一个方向同向运动等，但不宜来来回回地进行梳理。

（3）**避免公开的操作**

梳理头发，是一种私人性质的活动。令他人看到的，应当是其结果而不是过程。若是“当众理云鬓”，在外人面前梳理自己的头发，使残发、头屑纷纷飘落的情景被他人尽收眼底，是极不理智的。

身为炎黄子孙，绝大多数中国人都具有“黑头发、黑眼睛、黄皮肤”等共同的种族特征。按照常人的审美标准，每一个人都理当拥有一头浓密的乌发青丝。可是，这并非人人都能够办得到。

商务人员如果要想做到这一点，就必须重视头发的养护问题。养护头发，其实是标本兼治的。

养护头发之中的“护”，指的是对头发的保护。要保护好头发，就要有意识地使之免于接触强碱或强酸性物质，并尽量防止对其长时间曝晒。洗头时使用洗发剂之后，会使头发的养分受到一定的损失，致使其干燥、分叉、断裂甚至脱落。为此，可在洗头之后，酌情采用适量的护发剂。此外，一些品质较好的发乳、发露、发油、发胶以及生发水、亮发蜡等等，只要使用得法，也会产生一定的护发作用。

养护头发之中的“养”，则指的是头发的营养。如果说“护”是治标之法，那么“养”则重在治本。要真正养护好头发，关键还是要从营养的调理与补充等方面着手。一般认为，辛辣刺激之物若食用过量，将有损于头发。烟、酒对头发的危害则尤为严重。如欲减少发屑，应少吃油性大的食物，多吃含碘丰富的食品。欲使头发乌黑发亮，则适宜多吃蛋白质和富含维生素、微量元素的食物，尤其是要多吃核桃一类的坚果，或黑芝麻一类的“黑色食品”。

（二）做发的技巧

做发礼仪，所涉及的主要是有关头发的修剪、造型等方面的问题。对商务人员来讲，做发礼仪的基本要求是：经过修饰之后的头发，必须以庄重、简约、典雅、大方为其主导风格。不论修剪头发，还是为其选择一定的造型，商务人员都必须严格遵守如上要求。

头发的修剪

头发的修剪俗称理发，指的是对头发进行适当的修整，并以将其剪短一定程度为主要特征。在正常情况下，每个人的头发会不断生长。因此，每到一定的时间，人们就必须理发。

商务人员在修剪自己的头发时，有三个方面的问题应当引起重视：

（1）定期进行理发

根据头发生长的一般规律，常人在每半个月左右理一次头发是最为恰当的。至少，每次理发的间隔也不宜长于一个月。如果经年累月拒绝理发，个人的形象必将惨不忍睹。在某些特殊的时候，例如，参加重要的庆典、宴会，出席重要的仪式、活动，或会见重要的客人时，为显示自己郑重其事，特意临时去理一次发，也是非常必要的。

（2）慎选理发方式

具体说来，理发又分为推、剪、刮、洗、染、焗、吹、烫等各种不同的方式。商务人员对其具体方式可以根据个人爱好，进行自由选择。但对某些方式，则需要三思而行。例如，有身份的商务人员在理发时，打算把自己的头发染得更黑一些，是比较正常的。因为它既是“人之常情”，也符合中国人传统的审美习惯。然而若是执意把自己的黑头发染成黄、红、绿、蓝等颜色，甚至将其染成数色并存的彩色，则与自己的身份未免不相符。在正式场合抛头露面或窗口岗位工作者，一般不宜将自己的头发染成黑色之外的其他颜色，或染彩发。

(3) **留意头发长度**

前面业已指出，理发是以剪短头发为其主要特征的。那么，商务人员在理发时应将自己的头发修剪到多短为好，就不能够不予以讨论。实际上，对于商务人员头发的标准长度，商界已有成规。一般的要求是：既不宜理成光头，也不宜将头发留得过长。为了显示出商务人员的精明干练，同时也是为了方便其工作，通常提倡商务人员修剪头发以短为宜。具体而论，在商界男士中，“长发男儿”是不受欢迎的。不仅如此，在理短发时，还必须做到：前发不覆额；侧发不掩耳；后发不及领；并且面不留须。在商界女士中，提倡剪短发，并且一般要求其在工作岗位上头发的长度不宜超过肩部，更不允许将一头秀发随意披散开来。那样做尽管会让自己“女人味”倍增，但却是商务交往中所不允许的。这并不是说商界女士在工作中绝对不可以留披肩发，而是建议其对披肩发稍加处理，例如，可暂时将其盘起来、挽起来，或者束起来。

发型的选择

头发的造型，通常称为发型，有时亦称发式。一个人在美发的时候，首先要面对的问题就是如何塑造自己的发型。将发型视为美发的关键环节，其实一点也不过分。在实际生活中，商务人员必须认识到：发型不仅反映着自己的个人修养与艺术品位，而且是自己个人形象的核心组成部分之一。

发型的要求

商务人员在为自己选定发型时，除了受到个人品位和流行时尚的左右之外，往往还必须对本人的性别、年龄、发质、脸形、身材、职业、地位等因素重点加以考虑。

(1) **性别**

在日常生活之中，发型一向被作为区分男女性别的重要“分水岭”之一。虽然近几年来，发型的选择逐渐地呈现出日益多元化的倾向，明星人物和新潮青年在选择自己的发型时，纷纷地“敢为天下先”：成年男子要么留披肩发，要么梳起小辫；妙龄少女则或者理“板寸”，或者剃光头。此类做法甚至一时蔚然成风，但素来以恪守传统而著称的商务人员依旧应当不为所动、不去仿效。以发型而分男女，在商界依旧应当是一种人人所必须遵守的惯例。

(2) **年龄**

商务人员在为自己选择发型时，必须客观地正视自己年龄的实际状况，切勿“以不变应万变”，从而使自己的发型与自己的年龄相去甚远，彼此抵触。举例来说，一位青年妇女若是将自己的头发梳成“马尾式”或是编成一条辫子，自可显现出自己的青春和活力；可若是一名人过中年的女士做出此种选择的话，则不但有装嫩之嫌，而且会因为与自己的年龄极不协调而见笑于人。

(3) **发质**

发质，一般是指头发的性质。选择发型之前，必须首先了解自己的发质，看其有无塑造的可能性。中国人的发质，通常被分成硬发、绵发、沙发、卷发四类。它们各具自己的特点，对发型的选择也有互不相同的要求。

第一，硬发。硬发的特点是头发又粗又硬，稠密并富有弹性。尽管硬发可以塑造多种发型，但因其往往粗壮茂密，所以在塑造发型时应重点对其“删繁就简”。

第二，绵发。绵发俗称软发，其特点是头发既软又细，不很稠密，弹性也不大。它在造型上难度较大，尤其不宜塑造外观平直的发型，但却适于展示头发的律动之美。例如，这种发质的女士若选择“波浪式”发型，往往效果绝佳。

第三，沙发。沙发的主要特点是头发干涩稀疏，灰暗无光，并且常呈蓬乱之状。由于此类发质缺陷较多，使头发的直观效果往往欠佳，故切勿以之塑造中、长类型的发型。

第四，卷发。卷发又叫作“自来卷”，其主要特点是长短不一，但却自然地呈现出弯曲之态。这种具有天然之美的发质，几乎可以塑造任何发型。

(4) **脸形**

人的头发生长在头顶，下垂到脸旁，因而发型与脸形相辅相成。选择恰当的发型，既可以为自己的脸形扬长避短，更可以体现发型与脸形的和谐之美。

具体来讲，不同脸形的人在为自己选定发型时，往往会有一些不同的要求。

圆脸形的人，五官集中，额头与下巴偏短，双颊饱满，可选择垂直向下的发型。顶发若适当丰隆，可使脸形显长。宜侧分头缝，以不对称的发量与形状来减弱脸形扁平的特征。面颊两侧不宜隆发，不宜留头帘。

方脸形的人，面部短阔，两腮突出，轮廓较为平直。在设计其发型时，应重点侧重于以圆破方，以发型来增长其脸形。可采用不对称的发缝、翻翘的发帘来增加发式变化，并尽量增多顶发。但勿理寸头，耳旁头发不宜变化过大，额头不宜暴露，不宜采用整齐划一的发廓线。

长脸形的人，往往会给人以古典感，脸形较美。为其设计发型时，应重在抑“长”。可适当地保留发帘，在两侧增多发容量，削出发式的层次感，顶发不可高隆，垂发不宜笔直。

“由”字形脸的人，额窄而腮宽，俗称三角形脸。在设计其发型时，应力求上厚下薄、顶发丰隆。双耳之上的头发可令其宽厚；双耳之下的头发，则可限制其发量；前额亦不宜显露在外。

“甲”字形脸的人，额宽而颚窄，俗称倒三角形脸。在做发时，宜选短发型，并露出前额。双耳以下发容量宜适当增多，但切勿过于丰隆或垂直。选择不对称式的发型，效果通常不错。

菱形脸的人，主要特征是颧骨突出。做发时宜避免直发型，并遮掩颧骨。在做短发时，要强化头发的柔美，并挡住太阳穴；做长发时，则应以“波浪式”为主，令发廓轻松丰满。

(5) **身材**

身材有高、矮、胖、瘦之别。身材不同的人，在选择发型时，往往会有许多不同的考虑。一般说来，身材高大者，在发型方面往往可以有比较多的选择。他们可以去做直短发，甚至可以理寸头，也可以长发披肩，或是做成“波浪式”。由于具有身材方面的优势，他们所做的发型大多会令其敏捷、精神，而无笨重、迟钝之感。身材矮小者，在选择发型时往往会受到一定的限制。聪明的话，最好是为自己选择短发型，以便利用他人的视觉偏差使自己“增高”，千万不要去做长发型，尤其是女士们不要去做长过腰部的披肩发，否则只会令自己显得更加矮小。身材高而瘦者，可适当地利用某些发型，例如，直发、长发或“波浪式”卷发，让自己显得丰盈一些。不要总是将头发削得又少又短，或是将其盘在头顶，那样只会使自己越发显瘦。身材矮而胖者，一般不宜留长发，更不应该将头发做得蓬松丰厚。有可能的话，应做短发型，并且最好露出自己的双耳。那样一来，非但可使自己看上去更高一些，而且可以使自己的身材不过分地醒目。

(6) **职业**

在职业形象方面，商界对从业人员的基本要求是：庄重、典雅、低调和保守。这些基本要求，在商务人员为自己设计发型时亦须得以贯彻落实。平心而论，时下社会上所流行的一些新潮发型，例如，“烫字式”“梦幻式”“碎盖式”“爆炸式”“多穗式”“迷乱式”“仿蛇式”“羊毛卷”“杀马特”以及“不对称式”等，或华丽美艳，或出奇制胜，对于他人都有着强劲的吸引力，然而它们却绝对不适合商务人员。假如商务人员在正式场合以此类的“前卫”发型亮相，只会被人等同于不守本分、缺乏主见之辈，而绝对不会为自己赢得好评。

(7) **地位**

在各自的工作单位里，商务人员的具体职务、地位往往有所不同。选定自身发型时，有必要据此进行斟酌，通常自不待言。此处不再赘述。

在设计与制作发型时，商务人员若能对以上几个方面的问题全盘考虑，则必然会使自己的发型既符合惯例，也易于得到他人的认可。

最后，有一点需要说明：商务人员不论为自己选定了何种发型，在工作岗位上都绝对不允许在头发上滥加装饰之物。在一般情况下，不宜使用彩色的发蜡、发胶、发膏。男士不宜使用任何发饰。女士在有必要使用发卡、发绳、发带或发箍时，应使之朴实无华。其色彩宜为蓝、灰、棕、黑，并且不带任何花饰。绝不要在工作岗位上佩戴彩色、艳色或带有文字、数字、字母、符号、徽记、卡通、动物、花卉图案的发饰。

若非与制服配套，商务人员在工作岗位上是不允许戴帽子的。各种意在装饰的帽子，诸如贝雷帽、公主帽、学士帽、棒球帽、发卡帽，或是用以装饰的裹头巾，戴在正在上班的商务人员的头上，与之都是很不协调、很不相称的。

六、化妆的礼仪

在工作岗位上，商务人员纵横捭阖、日理万机，其辛苦自不待言。然而，商务人员为了体现自己的敬业精神，为了更好地维护自己所在单位的形象，同时也是为了对自己的交往对象表现出应有的友好与敬重之意，在商务交往中必须始终保持精神焕发、神采奕奕。显然，商务人员在其工作岗位上显得无精打采、蓬头垢面是非常不合适的。

基于这一原因，在商界，很多工作环境许可的单位，都要求自己的职员，不分男女老幼，在工作岗位上必须做到化妆上岗。

化妆，是一种通过对美容用品或美容手段的使用来修饰自己的仪容、美化自我形象的行为。简单地说，化妆就是有意识、有步骤地为自己美化容颜。严格地讲，除修饰面部的美容外，润扶、美发、祛味亦属化妆。

对一般人来讲，化妆最实际的目的，是对自己容貌上的某些缺陷进行弥补，以期扬长避短，使自己更加美丽，更为光彩照人。经过化妆之后，人们大都可以拥有良好的自我感觉，身心愉快、振奋精神，促使来自外界的种种压力得到缓解，而且可以在人际交往中表现得更开朗阳光、更自尊自信、更潇洒自如。

对商务人员而言，化妆虽然可以使人自尊、自信、自爱，但它却并不是用来要求商务人员必须重视化妆的根本原因。否则的话，化妆就可以完全被理解为仅与个人相关的一己之私事，而不必由单位出面做统一的要求。

对商务人员来说，化妆上岗最重要的功能有二：

（1）**塑造形象**

化妆上岗，有助于体现单位的令行禁止和统一性、纪律性，有助于使其单位形象更为鲜明、更具特色。一句话，这样做乃是塑造单位形象之必需。

（2）**体现尊重**

化妆上岗，意在向商界的交往对象表示尊重之意。也就是说，在商务交往中化妆与否，绝非个人私事，而是被交往对象作为一个尺度来判定商务人员对其尊重的程度。在对外商务交往中，这一点表现得更为明显。在国外的许多地方，参加商务活动而不化妆，就会被交往对象不由分说地理解为蔑视对方，或是一种侮辱。

鉴于化妆在商务交往中与维护单位形象、对交往对象尊重与否这两件大事有关，每一位商务人员对本人的化妆问题都绝对不可以掉以轻心。

以下，简单介绍商务人员所必须掌握的有关化妆的基本礼仪规范。

进而言之，要学会化妆，并且在这方面具有一定的造诣，首先必须对化妆品的种类、化妆的重点、化妆的规则有一定程度的认识。

(一) 化妆品的种类

从理论上来讲，化妆品可以划分为四种类型，它们各有自己独特的功能，而不可混淆滥用。

(1) 润肤类化妆品

化妆品的类型之一，润肤品。润肤类化妆品的主要功能，是护理面部、手部以及身体其他部位的皮肤，使之更为细腻、柔嫩、滋润。这类化妆品常见的品种，有香脂、乳液、爽肤水、润肤霜、润肤蜜、雪花膏等等。

(2) 美发类化妆品

化妆品的类型之二，美发品。美发类化妆品的主要功能，是保护头发、止痒去屑，以及为头发塑造出种种美妙动人的造型。香波、润丝、发蜡、发乳、发油、发胶、摩丝、焗油膏、冷烫液、染发水、生发水等等，都属于这一类型。

(3) 芳香类化妆品

化妆品的类型之三，芳香品。芳香类化妆品的主要功能，是溢香祛臭、芬芳宜人；有时它往往还兼有护肤、护发和防止蚊虫叮咬等作用。香水、香精、香粉、香粉蜜、花露水等等，都是这一类型的以气味芳香为主要特征的化妆品。

(4) 修饰类化妆品

化妆品的类型之四，修饰品。修饰类化妆品的主要功能，是通过在面部适当部位的着色来为化妆者扬长避短，使其看起来更加靓丽。最常见的修饰型化妆品，有粉饼、唇膏、腮红、眼影、眉笔、唇线笔、睫毛膏等。由于绝大多数这一类型的化妆品都以其“特色”见长，所以它又被人们叫作着色型化妆品、美容型化妆品或彩妆用品。

(二) 化妆的重点

在日常生活中，商务人员的化妆不仅有其基本的程序，而且亦有其妆饰的重点。商务人员化妆的重点，一般包括护肤、美发、修眉、画眼、饰唇、护手等等。

(1) 护肤

平时，商务人员应当对自己面部与手部的皮肤百倍爱护。除多加清洗和使用适当的化妆品外，有条件的人还应定期进行皮肤按摩。油性、干性、暗疮性或过敏性皮肤的人，在选择润肤品时，一定要首先考虑它是否符合本人的特点，不要“病急乱投医”。务必使自己的皮肤保持清爽、卫生、光洁、细腻、柔嫩的状态，不要听任其积垢、生疮、长疖、暴皮、干裂、松弛、老化、粗糙。

（2）美发

在美发方面，应强调爱护头发。不要因为疏于护理，而让它发干、发黄、发脆、开叉，或是不断地脱发。对绝大多数的中国人而言，一头乌黑发亮的黑发与黑眼睛、黄皮肤一样，都是自己应当为之自豪的民族特色。因此，商务人员在正式场合不允许将自己的一头乌发染成其他颜色，如红色、金色、亚麻色或多种色彩并存，也不允许戴其他色彩的假发套。

（3）修眉

不论男士还是女士，不少人的眉形都有一定的缺陷。例如，眉毛稀疏、眉棱不清、眉毛残缺、眉毛褪尽等等。有一些人，因眉毛过分高扬，看上去十分凶狠；还有人天生一对“倒八字眉”，让人觉得城府颇深。必要的话，商务人员应对眉毛进行修剪或补描。一般来说，对男士的眉毛尽量不要描画。女士可以描眉，但最好不要文眉。女士在修眉或描眉时，不要把眉毛修得过细或过粗、过短或过长、过弯或过直，也不要夸张地使之下拖或上吊。切记不要因为修眉或描眉不当，而使自己显得低俗、妖冶或刁钻。

（4）画眼

画眼，即美化眼部，一般只限于女士。如在正式场合露面，商界女士在画眼时，只需画眼线、涂眼影、上睫毛膏。画眼线时，不宜过于浓重。涂眼影时，切勿使用仅适用于西方人的蓝色眼影。上睫毛膏时，则不要过量，以免睫毛黏成一撮，未见其美，反显其脏。

（5）饰唇

饰唇，即修饰唇型。男士可使用无色唇膏或润唇膏，以保持嘴唇的丰满柔润。女士用彩色唇膏的话，宜先用唇线笔画出轮廓。不要一上去就乱涂一气，也不要轻易“吃”唇膏。在正式场合露面时，商界女士宜选红色、橙色、紫色或无色的唇膏，但忌用其他艳色唇膏。

（6）护手

护手，即护理手部。护理手部，重点是要使之干净、光洁、细腻，既非粗糙不堪，又不要修饰得过分艳丽。究其原因，是要敦促他人多去关注其应当关注之处——自己的面容，而不要为其他部位所分神。

（三）化妆的规则

化妆的规则

商界对于员工的化妆，尤其是对于女员工的化妆，往往有着一定的规范和具体的要求。目前，大多数公司、企业都要求自己的职员在工作中化妆上岗。也就是说，要求职员上班时必须按规范化妆。

商务人员在其化妆上岗时，通常必须遵守如下几项规则：

应当化以淡妆为主的工作妆

化妆与化淡妆，其实是并不完全重合的两个概念。倘若对此不加深究，仅仅要求商务人员只要化妆就行，其后果有时会让人大吃一惊。

化妆，通常有晨妆、晚妆、上班妆、社交妆、舞台妆、宴会妆、少女妆、主妇妆、结婚妆等多种形式。它们在浓淡的程度和化妆品的选择使用方面，都存在一定的差异。要求商务人员在工作岗位上应当化淡妆，实际上就是限定其在工作岗位上不仅要化妆，而且只宜选择工作妆这一化妆的具体形式。因此，有人将这一规定简洁地称作“淡妆上岗”。

工作妆，亦称上班妆。对商务人员而言，工作妆的主要特征是：简约、清丽、素雅，并具有鲜明的立体感。它既要给人以深刻的印象，又不容许显得脂粉气十足、夸张、另类。总的来说，就是要清淡而又传神。

男士所化的工作妆，一般包括：美发定型；清洁面部与手部，并使用护肤品进行保护；使用无色唇膏与无色指甲油，保护嘴唇与手指甲；使用香水；等等。在此基础上，女士所化的工作妆还需要使用相应的化妆品略施粉黛、淡扫蛾眉、轻点红唇，恰到好处地强化可以充分展现女性风采与魅力的面颊、眉眼与唇部。换言之，女性工作妆的重点，是饰面、描眉与涂唇。

应当特别强调：与晨妆的明朗、晚妆的亮丽、社交妆的美艳、舞台妆的浓郁、宴会妆的醒目、少女妆的妩媚、主妇妆的柔美、结婚妆的喜庆俱不相同，工作妆只强调一个“淡”字。它要求：化妆者化妆后若有若无，自然而然，好似天生如此。实际上，不仅工作妆与其他类型的化妆在总体要求上有所不同，而且在化妆品的具体选择上它们也不甚一致。就举唇膏为例，虽然鲜红的唇膏最容易吸引异性的注意，但商界的白领丽人在化工作妆时，还是要优先选择与肤色接近的棕色、橙色的唇膏、高雅庄重的深红色唇膏或无色唇膏。

目前，社会上颇为流行美瞳。所谓美瞳，此处是指装饰性彩色平光隐形眼镜的佩戴。它一经问世，就受到了时尚一族尤其是时尚女性的欢迎。但此种“重彩浓抹”显然并不适合于商界女性。

工作妆要求以“淡”为主，目的在于不至于过分地突出商务人员的性别特征，不使其过分地引人注目。如果一位商界女士的工作妆化得过于浓艳，往往会使人觉得过分招摇和格调不高。

避免过量使用浓香型化妆品

在工作岗位上，任何化妆品都不能使用过量。就浓香型化妆品，尤其是这一类型的代表——香水而言，更应当铭记这一点。化妆与为人处世一样，都需要低调、含蓄一些才有魅力、有味道。

实际上，当人们过量地使用香水，对自己周身上下胡乱“扫射”一通之后公开露面时，不但有可能使人觉得自己的表现欲望过于强烈，而且有可能因此而“摧残”他人的嗅觉，并引起对方的反感或不快。在商务交往中，有许多地方空气流通不畅，如写字间、会议室、会客室、谈判室、电梯间、轿车内。在此类地方的人群里，如果出现了一颗“香弹”，可就成为“害群之马”了。

除此之外，过量地使用香水，还有可能引起别人的误解。因为香气过分扑鼻的人，很有可能是利用香水来替自己扬长避短，即用香水浓郁的香气来遮掩自己身上不雅的体臭。

通常认为，与他人相处时，自己身上的香味在 1 米以内能被对方闻到，不算是过量。如果在 3 米开外，自己身上的香味依旧能被对方闻到，则肯定是过量使用香水了。

要使自己在工作岗位上使用的香水恰到好处，应注意以下两个问题：其一，应选择适当类型的香水。像清香型、淡香型、微香型的香水都比较合适。而诸如浓香型等本身香味过于浓烈厚重的香水，在工作岗位上都不大适用。其二，使用香水的剂量不宜过大。有道是：香水用得多，不如用得精、用得准。所谓用得精、用得准，是说香水有当用之处，也有不当用之处。将香水用在当用之处，即便只是一两滴，亦能见效。通常认为，若同时使用几种香水则容易“串味”，所以在某一段时间内只能使用同一品种。凡身上容易出汗的地方，例如，发际、腋窝、脊背、膝弯等处，均不可涂抹香水，否则汗味与香味混合掺杂在一起，会产生难闻的气味。

使用香水的正确位置，通常有以下两处：一是脉搏跳动比较明显的地方，如手腕、耳根、颈侧、肘窝、膝部、踝部等处；二是既不会污损面料又容易扩散出香味的服装上的某些部位，如衣领、口袋、裙摆的内侧，以及西装上所用的插袋巾的下端。

避免当众进行化妆或补妆

尽管商务人员的时间并不宽松，尽管商务人员对自己的化妆应当认真对待、一丝不苟，但是这不等于说，商务人员可以随时随地为自己化妆或补妆。

常常可以见到一些女士，不论置身于何处，只要稍有闲暇，便会掏出化妆盒来，一边“顾影自怜”，一边“发现问题，就地解决”，旁若无人地“大动干戈”，替自己扑一点香粉，涂两下唇膏，描几笔眉形。她们珍惜自我形象这一点固然正确，但若当众表演化妆术，尤其是在工作岗位上当众这样做，则是很不庄重的，而且会使人觉得她们对待工作用心不专，只把自己当成了一种令人关注的“摆设”或是“花瓶”。

化妆宜避人

并非不允许商务人员在工作岗位上进行必要的化妆或补妆，只是不允许商务人员当众这样做。此项要求，在礼仪上称作“修饰避人”。许多单位都设有专门的化妆间，它实际上就是为有必要随时化妆或补妆的人而预备的。

特别需要提到的一点是：活跃于商界的女士千万不要当着一般关系的异性的

面，为自己化妆或补妆。在国外出差或旅行时，务必要重视这一点。

避免与他人探讨化妆问题

现在，有不少人，尤其以女性居多，对化妆颇有兴趣。虽然如此，在工作岗位上，也不允许商务人员擅自“越位”，随便与他人一起切磋化妆术。对于这种人，谁都会觉得其不务正业。

不允许在工作岗位上介绍自己化妆的心得，也不允许到处兜售自以为高明的化妆技巧，甚至借机推广某种化妆品。

不允许评价、议论他人化妆的得失。每个人的审美观未必一样，所以不值得在此方面替别人“忧心忡忡”，否则很可能“费力不讨好”。

避免自己的妆面出现残缺

在工作岗位上，假如自己化了妆，那么就要有始有终，努力维护其妆面的完整性。对于用唇膏、眼影、腮红、指甲油等化妆品修饰过的地方，尤其要时常检查。用餐之后、饮水之后、休息之后、运动之后、洗脸或洗手之后，一定要及时地为自己补妆。若商务人员的妆面一时深浅不一、残缺不堪，必然会给他人造成十分不好的印象。为妆面的残缺寻找任何借口，恐怕都难以让人接受。

妆面一旦出现残缺，不仅会直接有损于自身的形象，更重要的是，它还会使自己在他人眼中显得做事得过且过、缺乏条理、为人懒惰、邋里邋遢、不善自理。

发现妆面出现残缺后，需要及时采用必要的措施，重新进行化妆，或者对妆面进行修补。否则时间越久，对自己形象的不良影响就越大。

思考题

1. 为何要求商务人员认真地维护个人形象？
2. 选择西装时，应兼顾哪些主要的细节？
3. 穿西装时，有什么重要的注意事项？
4. 应如何选择与西装搭配的衬衫、领带和鞋袜？
5. 套裙有几种主要的类型？
6. 穿套裙时有什么需要注意的重点问题？
7. 商务人员穿制服有何必要性？
8. 对制服有哪些基本的要求？
9. 穿制服时有何主要禁忌？
10. 佩戴首饰时应掌握哪些礼仪规范？
11. 选择发型时应考虑哪些相关因素？
12. 化妆有何主要目的？
13. 化妆时必须遵守哪些主要规则？

第二章 仪式礼仪规范

仪式礼仪，在此是指有关商界各类典礼的具体行为规范。遵守仪式礼仪与否，直接关系到商务人员公众形象的好坏。本章所讲授的内容，包括有关签约、开业、剪彩、交接、庆典等方面的礼仪。

学习目的

- 规范商务活动中的各种仪式。
- 掌握基本的仪式礼仪及其具体的运作程序。
- 能够筹备与运作常规的仪式。
- 在各类仪式上表现自如。
- 防止在仪式上失礼于人。

本章要点

- 本章所讲授的是仪式礼仪规范，它具体是指有关商界各类庆典的具体的行为规范。遵守仪式礼仪与否，直接关系到商务人员公众形象的好坏。
- 第一部分讲授的是有关签约的礼仪，具体涉及草拟合同、签署合同等。
- 第二部分讲授的是有关开业的礼仪，具体涉及仪式的筹备、开业的运作等。
- 第三部分讲授的是有关剪彩的礼仪，具体涉及剪彩的准备、剪彩的人员、剪彩的程序、剪彩的做法等。
- 第四部分讲授的是有关交接的礼仪，具体涉及仪式的准备、交接的程序、活动的参加等。
- 第五部分讲授的是有关庆典的礼仪，具体涉及庆典的组织、庆典的参加等。

如果仅仅从字面上来理解，“礼仪”一词可以被分解为“礼节”与“仪式”。而在人类社会的初始阶段“礼仪”这个词刚刚出现时，人们的确也是如此对其进行运用的。仅仅从这一点上就可以看出，仪式在礼仪之中占有多么重要的位置。不论从哪一个方面来说，商务人员在系统地学习商务礼仪时，对仪式礼仪都是绝对不应该忽略的。

仪式，准确地讲，通常是指人们在人际交往中，特别是在一些比较盛大、比较庄严、比较隆重、比较热烈的正式场合里，为了激发起出席者的某种情感，或者为了引起其重视，而郑重其事地参照合乎规范与惯例的程序，按部就班地举行的某种活动的具体形式。仪式礼仪的实际操作，往往就是行礼如仪，即按照既定程序进行。在现实生活里，商务人员所接触到的仪式甚多，例如，签字仪式、开业仪式、剪彩仪式、交接仪式、庆典仪式等，许多商务人员都亲历过不止一次。

在商务交往之中，仪式经常发挥着难以被替代的重要功能。它可以树立商务人员所在单位的良好形象，可以有助于提高商务人员所在单位的知名度、美誉度、认同度，可以培养商务人员所在单位全体成员的自信心、凝聚力、自豪感、归属感和集体荣誉感，可以表达商务人员对待自己的交往对象尤其是自己的合作对象的诚心与诚意，可以表达本单位与外单位进行商务合作的积极态度和关注之心，可以借此机会引起社会各界对于本单位的重视，并且使社会公众加深对本单位的了解。一句话，在商务活动中恰到好处地举行仪式，可以从许多方面使商务人员及其所在单位获益。

有时，商务仪式的举行往往又称为典礼。仪式礼仪，一般指的就是典礼的正规做法与标准要求。仪式礼仪规定：典礼举行之时，必须认真恪守如下三项礼仪原则。

典礼宜适度

典礼适度，通常具有双重含义：一方面，它要求仪式宁缺毋滥，不到必要时不要轻易搞典礼，更不可以使其经常化、普遍化、庸俗化。另一方面，它又要求典礼的具体形式与规模应与本单位的具体情况相符合，切不可脱离现状，一味地贪大求多。

典礼宜隆重

典礼最重要的作用，如上所言，在于它既可以唤起本单位全体员工的自信心与自豪感，又能吸引外界对于本单位的重视。所以典礼通常不搞则已，搞就要搞得郑重其事、有模有样，并且富于新意。换言之，典礼宜隆重。只有这样做了，才有可能借此机会令本单位成为社会各界所关注的焦点。

典礼宜俭省

子曰："礼，与其奢也，宁俭。"因此商界举行有关仪式时，不仅要尽可能地使之热烈而隆重，而且要精打细算、勤俭节约。必须充分认识到：这是一个事关本单位整体形象的重大问题。因此，在操办仪式时，应当节约为本、俭省为要、量力而行，切勿肆意挥霍、铺张浪费、动辄兴师动众、大把花钱。在力求俭省的同时，各种仪式的操作还应坚持节能减排、绿色低碳，并符合有关环保的各项法律法规。总之，典礼宜俭省，并且应当务实不务虚。提倡简化仪式，勤俭办仪式。有些可有可无的项目、活动可以不搞；有些无关宏旨、意义不大的程序可以省略；有些与相关仪式关系不大甚至并无任何关系的人士则完全不必邀请其到场。

一、签约的礼仪

签约，即合同的签署。在商务交往中，它被视为一项标志着有关各方的相互关系取得了更大的进展，以及为消除彼此之间的误会或抵触而达成了一致性见解的重大成果。因此，它极受商务人员的重视。

在商务交往的实践中，尽管君子协定、口头承诺、"说话算数"在一定程度上有所作用，但更为有效的取信于人、让交往对象心安理得的，则是"口说无凭，立此为据"的文字性合同。

商务合同，是指有关各方之间在进行某种商务合作时，为了确定各自的权利和义务，而正式依法订立的并且经过公证的、必须共同遵守的条文。在许多情况下，合同又被叫作合约。而在另外一些时候，人们所说的合约则是指条文比较简单的合同。在商务往来中，带有先决条件的合同，如等待律师审查、有待正式签字、需要落实许可证的合同，被叫作准合同。严格地说，准合同是合同的前身，也是最终达成合同的一个步骤。

为了省事，在一般场合，商务人员往往将合同、合约与准合同混为一谈，把它们统统都叫作合同。这样做虽不甚精确，但也有助于大家"删繁就简"、减少麻烦。

根据仪式礼仪的规定：签署合同这一类称得上有关各方的关系发展史上"里程碑"式的重要仪式，应当严格地依照礼仪规范而行。为郑重其事，在具体签署合同之际，往往会依例举行一系列的程式化的活动，此即所谓的签约仪式。在具体操作时，它又分为草拟阶段与签署阶段两部分。

（一）合同的草拟

在现实生活中，商务人员所接触到的商务合同的种类繁多。根据《中华人民共和国民法典》的规定，常见的合同就有买卖合同、赠与合同、借款合同、保证合同、租赁合同、融资租赁合同、保理合同、承揽合同、建设工程合同、运输合同、技术合同、保管合同、仓储合同、委托合同、物业服务合同、行纪合同、中介合同、合伙合同等等。以下，先来介绍合同草拟的正规做法。

从格式上讲，合同的写作有着一定之规。它的首要要求是：目的要明确，内容要具体，用词要标准，数据要精确，项目要完整，书面要整洁。违反了上述各项要求中的任何一项，都有可能会给自己带来麻烦。

从具体的写法上来说，合同大体上有条款式与表格式两类。所谓条款式合同，指的是以条款形式出现的合同。所谓表格式合同，则是指以表格形式出现的合同。

条款式合同与表格式合同，在写法上都有其各自的具体规范，对此在实践中只能够遵守，不可以明知故犯。一般来说，标的、费用与期限被称作合同具体内容的三大要素。在任何一份合同中，都应当三者齐备、缺一不可。如果从具体的条款撰写上来讲，则一份合同至少需要具备标的、数量、质量、价款或酬金、履约的期限与地点及其方式、违约责任等几项基本内容。对于这种规范，商务人员必须自觉地遵照执行。

在草拟合同时，除了在格式上要标准、规范之外，同时还必须兼顾遵守法律、符合惯例、合乎常识、顾及对方等方面的关键问题。

▍遵守法律

《中华人民共和国民法典》规定："依法成立的合同，受法律保护。"

在商务交往中，所有正式的合同都具有法律约束力，一旦订立，任何一方都不得擅自变更或解除。因此，商务人员必须熟悉国家的有关法律、法规，以便充分地运用法律、法规来维护自身的正当权益。

从操作中的实际状况来看，商务人员在拟定合同时所必须遵守的有关法律、法规，主要涉及商品生产、商品质量、技术管理、外汇管制、税收政策、商检科目以及合同的订立与履行等几个方面。

在草拟涉外商务合同时，还必须遵循我国法律以及国际法与国际惯例。遵循我国法律，是国家主权原则的体现，也是为了不损害我国的社会公共利益。遵循国际法与国际惯例，则是为了在对外交往中更好地与国际社会接轨，在国际经济合作中少走弯路。

▍符合惯例

在草拟合同时，必须优先遵守法律、法规，尤其是必须优先遵守我国的法律、法规。与此同时，《中华人民共和国民法典》还明确规定，"法律没有规定的，可以适用习惯，但是不得违背公序良俗"。

所谓商务交往中的国际惯例，是指那些为国际社会所普遍接受的、行之有效的、约定俗成的常规做法。例如，在商务交往中政治与经济应当分开，不允许借商务往来之便干涉他国的内部事务，或是伺机影响他国的内政。

又如，买方在签署合同后，应当按照合同规定的期限，向银行开立信用证。开立信用证，应填写申请书，在银行同意接受后，将依交易金额收取一定比例的开证费，并根据客户的资信收取一定数额的押金，然后按进口方的要求向出口方开出信用证。信用证一经开出，对方往往会要求进行某种程度的改动。只有确系开证时疏漏之处，方可同意修改。反之，是不宜贸然应允的。

一般而言，国际惯例是维系商务交往正常化、秩序化的一大基石。商务人员在草拟合同时，是应当以它来协调自己的行动的。对此不甚了了而贸然行事，必定会吃大亏。

合乎常识

在草拟合同时，商务人员有必要使合同的一切条款合乎常识，坚决不要犯常识性的错误。

商务人员在草拟合同时应当具备的常识，是指与其业务有关的专业技术方面的基本知识，它们包括商品知识、金融知识、运输知识、保险知识和商业知识等等。

商品知识，其实是一个整体性的概念。它包括有关产品的生产过程和管理的知识，以及产品本身的一切知识。金融知识，是指与货币的发行、流通、回笼有关的一切知识。具体来说，它主要是指货币、汇率、信贷等知识。运输知识，包括运输具体方式的选择、运输中商品形态的具体要求、运输的特殊条件以及运输的责任方等知识。它们与仓储一样，都是必须考虑的。保险知识，包括险别、选择以及办理程序等知识。它对商务方面的交易是意义重大的保证。商业知识，则是指与商品流通各环节有关的知识。它对合同的草拟也有一定的帮助。

具备上述各方面的常识，将有助于商务人员在工作中得心应手，并且更好地为交往对象所敬重。显而易见，在商务交往中，没有相关的知识就等于没有实力可言。

顾及对方

正式合同的一大特征，是有关各方面必须协商一致，并且各自心甘情愿。反之，如果一方恃强凌弱、仗势欺人，把自己的意志强加于他方，强迫他人与自己订立“城下之盟”，那么合同即使勉强签署，事后亦必不断地发生纠纷，那样做对有关各方都没有什么好处。

因此，商务人员在草拟合同的具体条款时，既要“以我为中心”，优先考虑自己的切身利益，又要替对方多多着想，要顾全对方的体面，并且尽可能照顾对方的利益，这是促使合同为对方所接受的最佳途径。

在进行与合同有关的谈判时，商务人员在具体条款上不仅要讲究原则性，而且要讲究灵活性。在坚持根本利益的前提下，灵活地变通，适当地让步，比“君子一言，驷马难追”，“闭着眼睛走到黑”，恐怕获益只会多，不会少。

（二）合同的签署

通常，合同的成立生效需要履行一定的手续。《中华人民共和国民法典》规定："当事人采用合同书形式订立合同的，自当事人均签名、盖章或者按指印时合同成立。""当事人采用信件、数字电文等形式订立合同要求签订确认书的，签订确认书时合同成立。"

此种规定，实际上有双重含义：一方面，我国只承认书面的合同；另一方面，唯有经过有关当事人正式签字，合同才正式成立并生效。由此可见，签字好比胎儿出世时的出生证，是正式合同的一种不能缺少的"批准书"。

仪式礼仪规定：为了使有关各方重视合同、遵守合同，在签署合同时应举行郑重其事的签字仪式。此即所谓签约。

准备工作

在商务交往中，人们在签署合同之前，通常都应尽力做好以下几个具体步骤的准备工作：

（1）**布置好签字厅**

签字厅，即正式签约时所使用的处所。它有常设专用的，也有临时以会议厅、会客室、贵宾室、谈判室来代替的。布置签字厅的总原则是：庄重、整洁、清静。

一间标准的签字厅，应当室内铺满地毯。除了必要的签字用桌椅外，其他一切的陈设都不需要，尤其是切勿在签字厅的桌上、墙上、地上摆放或悬挂与签字仪式毫无关系的照片、锦旗、瓷器、字画、画毯、假山、兽首等。正规的签字桌应为长桌，其上最好铺设深绿色的台呢。

按照仪式礼仪的规范，签字桌应当横放于室内。在其后，可摆放适量的座椅。签署双边性合同时，可放置两张座椅，供双方的签字人就座。签署多边性合同时，可以仅放一张座椅，供各方签字人签字时轮流就座；也可以为每位签字人各自提供一张座椅。签字人在就座时，一般应当面对正门。

在签字桌上，循例应事先放好待签的合同文本以及签字笔、吸墨器等签字时所使用的文具。

与外商签署涉外商务合同时，还应在签字桌上插放有关各方的国旗。插放国旗时，在其位置与顺序上，必须按照礼宾序列而行。例如，签署双边性涉外商务合同时，有关各方的国旗须插放在该方签字人座椅的正前方，或者插放在该方签字人座椅后的地面上。届时，各国国旗的具体位置应恪守以面对房间正门为准的"右高左低"的国际惯例。

（2）**安排好签字时的座次**

在正式签署合同时，各方代表对于己方所受到的礼遇均非常在意。因此，商务人员对于在签字仪式上最能体现礼遇高低的座次安排，应当认真对待。

签字时各方代表的座次，通常是由主方代为先期排定的。其合乎礼仪的做法有二：

其一，签署双边性合同。在签署双边性合同时，以各方签字人签字时的面向为准，应请客方签字人在签字桌右侧就座，主方签字人则应同时就座于签字桌左侧。双方各自的助签人，应分别站立于各自一方签字人的外侧，以便随时对签字人提供帮助。双方其他的随员，可以按照一定的顺序在己方签字人的正对面就座。也可以依照职位的高低，依次自左至右（客方）或是自右至左（主方）地列成一行，站立于己方签字人的身后。当一行站不完时，可以按照以上顺序并遵照“前高后低”的惯例，排成两行、三行或四行。原则上，双方随员人数应大体上相近。

其二，签署多边性合同。在签署多边性合同时，一般仅设一把签字椅。各方签字人签字时，须依照有关各方事先同意的先后顺序，依次上前签字。他们各自的助签人则应随之一同行动。在助签时，以签字人签字时的面向为准依“右高左低”的惯例，助签人应站立于签字人的左侧。与此同时，有关各方的随员，应按照一定的序列，面对签字桌就座或站立。

（3）预备好待签的合同文本

依照商界的习惯，在正式签署合同之前，应由举行签字仪式的主方负责准备待签合同的正式文本。

举行签字仪式，是一桩严肃而庄重的大事，因此不能将“了犹未了”的“半成品”合同交付其使用；或是临近签字时，有关各方还在为合同的某些细节而纠缠不休。在决定正式签署合同时，就应当拟定合同的最终文本。它应当是正式的，不再进行任何更改或变动的标准文本。

负责为签字仪式提供待签合同文本的主方，应会同有关各方一道指定专人，共同负责合同的定稿、校对、印刷与装订。按照常规，应为在合同上正式签字的有关各方均提供一份待签的合同文本。必要时，还可再向各方提供一份副本。

签署涉外商务合同时，比照国际惯例，待签的合同文本应同时使用有关各方法定的官方语言，或是使用国际上通行的英文、法文。此外，亦可同时并用有关各方法定的官方语言与英文或法文。使用外文撰写合同时，应反复推敲、字斟句酌，不要望文生义或词不达意地错用、滥用词汇。

待签的合同文本应以精美的白纸印制而成，按大八开的规格装订成册，并以高档质料如真皮、锦缎、绒布、软木等作为其封面。

（4）规范好签字人员的服饰

按照规定，签字人、助签人以及随员在出席签字仪式时，应当穿着具有礼服性质的深色西装套装、中山装套装或西装套裙，并且配以白色衬衫与深色皮鞋。男士届时还必须系上单色、深色的领带，以示正规。

在签字仪式上露面的礼仪人员、接待人员，可以穿自己的工作制服，或是旗袍、汉服一类专用的礼仪性服装。

签字程序

签字仪式是签署合同的高潮，它的持续时间不长，但其程序规范，气氛庄重而热烈。签字仪式的正式程序一共分为四项，它们分别如下：

（1）**签字仪式宣告正式开始**

有关各方人员进入签字厅，在既定的位次上各就各位。签字仪式随即正式开始。

（2）**签字人正式签署合同文本**

签字人正式签署合同文本通常的做法，是首先签署己方保存的合同文本，再接着签署他方保存的合同文本。

仪式礼仪规定：每一位签字人在由己方保留的合同文本上签字时，按惯例应当名列首位。因此，每一位签字人均应首先签署己方保存的合同文本，然后再交由他方签字人签字。

这一做法，在礼仪上称为“轮换制”。它的含义是：在位次排列上轮流使有关各方均有一次机会居于签字时的首位，以显示彼此机会均等、各方平等。

（3）**签字人正式交换有关各方已经正式签署的合同文本**

签字完成后，签字人应正式交换有关各方业已签署的合同文本。此时，各方签字人应热烈握手，互致祝贺，并相互交换各自一方刚才使用过的签字笔，以志纪念。届时，全场人员应当鼓掌，表示祝贺。

（4）**共饮香槟酒互相道贺**

交换已签的合同文本后，有关人员，尤其是签字人当场干上一杯香槟酒，是国际上所通行的用以增添喜庆色彩的做法。

在一般情况下，商务合同在正式签署后，应提交有关方面进行公证，此后才正式生效。

应该说明的是：签字仪式并不一定非搞不可，尽管它可以制造声势、扩大影响。

二、开业的礼仪

在商界，任何一个单位的创建、开业，或是本单位所经营的某个项目、工程的完工、落成，例如，公司建立、商店开张、分店开业、写字楼落成、新产品问世、新桥通车、新船下水等，都是一种来之不易、可喜可贺的成功，故此它们一向备受有经验的商家的重视。按照惯例，在这种情况之下，当事者通常都要特意为此而专门举办一次开业仪式。

开业仪式，是指在单位创建、开业，项目完工、落成，某一建筑物正式启用，或是某项工程正式开始之际，为了表示庆贺或纪念，而按照一定的程序所隆重举行的专门仪式。有时，开业仪式亦称作开业典礼。

在商界，开业仪式一直颇受人们的青睐。究其原因，并非仅仅是商家要为自己讨上一个吉利，而且是因为通过它可以因势利导，对商家自身事业的发展裨益良多。一般认为，举行开业仪式，至少可以起到下述五个方面的作用：

（1）它有助于塑造出本单位的良好形象，提高自身的知名度、美誉度与认同度。

（2）它有助于扩大本单位的社会影响，吸引社会各界的重视、理解、支持与关心。

（3）它有助于将本单位的成立或成就“广而告之”，借以为自己招徕顾客。

（4）它有助于让支持过自己的社会各界与自己一同分享成功的喜悦，进而为日后的进一步合作奠定良好的基础。

（5）它有助于增强本单位全体员工的自豪感、荣誉感与责任心，从而为自己创造出一个良好的开端，或是开创一个新的、更高的起点。

就其具体操作而言，开业的礼仪则指的是在开业仪式筹备与运作的具体过程中应当遵从的规范与惯例。一般而言，它通常包括开业仪式的筹备、开业仪式的运作。

（一）仪式的筹备

开业仪式尽管进行的时间极其短暂，但要营造出现场的热烈气氛，取得彻底的成功，却绝非一桩易事。由于它牵涉面甚广、影响面巨大，不能不对其进行认真的筹备。筹备工作认真、充分与否，往往决定着一次开业仪式能否真正地取得成功。主办单位对于此点务必给予高度重视。

指导原则

筹备开业仪式，首先在指导思想上要遵循“热烈”“节俭”与“缜密”三项基本的原则。

（1）**“热烈”**

所谓“热烈”，在此是指主办方应想方设法在开业仪式的进行过程中营造出一种欢快、喜庆、隆重而令人激动的氛围，而不应令其沉闷、冷清、乏味。有一位曾在商界叱咤风云多年的知名人士说过：“开业仪式理应删繁就简，但却不可以缺少热烈、隆重。与其平平淡淡、草草了事，或者偃旗息鼓、灰溜溜地走上一个过场，反倒不如索性将其略去不搞。”

（2）**“节俭”**

所谓“节俭”，在此是要求主办单位勤俭持家，在举办开业仪式以及为其进行筹备工作的整个过程中，在经费的支出方面量力而行，在人力与物力上厉行节约，尽力节制、俭省，并积极反对铺张浪费、暴殄天物。该花的钱要花，不该花的钱就绝对不要白花。

（3）**“缜密”**

所谓“缜密”，在此是指主办单位在筹备开业仪式时，既要遵行礼仪惯例，又要具体情况具体分析，认真策划，注重细节，分工负责，并且一丝不苟。总之，应当力求周密、细致，并且谨小慎微，严防百密一疏、临场出错。

准备工作

具体而论，筹备开业仪式时，对于舆论宣传、来宾约请、场地布置、接待服务、礼品馈赠、程序拟定六个方面的工作，尤其需要事先做好安排。

（1）舆论宣传

有道是："传播力决定影响力。"既然举办开业仪式的主旨在于塑造本单位的良好形象，那么就要对其进行必不可少的舆论宣传，"发出本单位的好声音""讲述本单位的好故事""传播本单位的正能量"，以吸引社会各界对自己的注意，争取社会公众对自己的认同。为此要做的常规工作有：第一，选择有效的大众传播媒介，进行集中性的广告宣传。其内容多为：开业仪式举行的日期、开业仪式举行的地点、开业之际对社会的回报、开业单位的经营特色等等。第二，邀请有关的大众传播界人士在开业仪式举行之时到场进行采访、报道，以便其对本单位进行进一步的正面宣传。

（2）来宾约请

开业仪式影响的大小，实际上往往取决于来宾身份的高低与其数量的多少。在力所能及的条件下，要力争多邀请一些来宾参加开业仪式。地方领导、上级主管部门与地方职能管理部门的领导、合作单位与同行单位的领导、社会团体的负责人、社会贤达、媒体人员，都是邀请时应予优先考虑的重点。为慎重起见，用以邀请来宾的请柬应认真书写，并应装入精美的信封，由专人提前送达对方手中，以便对方早做安排。

（3）场地布置

开业仪式大多在开业现场举行，其场地可以是现场主建筑正门之外的广场，也可以是正门之内的大厅。按惯例，举行开业仪式时宾主一律站立，故一般不布置主席台或座椅。为显示隆重与敬客，可在来宾尤其是贵宾站立之处铺设红色地毯，并在场地四周悬挂横幅、标语、气球、彩带、宫灯。此外，还应当在醒目之处摆放来宾赠送的花篮、牌匾。来宾的签到簿、本单位的宣传材料、待客的饮料等亦须提前备好。对于音响、照明、空调、通风设备，以及开业仪式举行时所需使用的用具及设备，必须事先认真进行检查、调试，以防其在使用时出现差错。

（4）接待服务

不论接待来宾，还是为其进行服务，务必要依礼敬人。孔子说过："不敬无礼，无礼不立。"此点至关重要。在举行开业仪式的现场，一定要有专人负责来宾的接待服务工作。除了要教育本单位的全体员工在来宾的面前人人都要以主人翁的身份热情待客、有求必应、主动相助之外，更重要的是要分工负责，各尽其职。在接待贵宾时，须由本单位主要负责人亲自出面。在接待其他来宾时，则可由本单位的礼宾人员负责此事。若来宾较多时，须为来宾准备好专用的停车场、休息室，并应为其安排饮食。

（5）**礼品馈赠**

举行开业仪式时赠予来宾的礼品，一般属于宣传性传播媒介的范畴。若能选择得当，必定会产生良好的效果。根据常规，届时向来宾赠送的礼品，应具有如下四大特征：第一，宣传性。可选用本单位的产品，也可同时在礼品袋内装入本单位简介或其主打产品的介绍等。第二，荣誉性。要使之具有一定的纪念意义，并且使拥有者对其珍惜、重视，并为之感到光荣和自豪。第三，独特性。此种礼品应当与众不同，具有本单位的鲜明特色，使人一目了然，并且可以令人过目不忘。第四，便携性。一般而言，此刻赠送于人的礼品应当体积较小，不易破损，并且易于携带。

（6）**程序拟定**

总体而言，开业仪式大都由开场、过程、结局三大基本程序所构成。第一，开场。它包括：奏乐，邀请来宾就位，宣布仪式正式开始，介绍主要来宾。第二，过程。它是开业仪式的核心内容，通常包括本单位负责人讲话、来宾代表致辞、启动某项开业标志等等。第三，结局。它包括开业仪式结束后，宾主一道进行现场参观、联欢、座谈等，是开业仪式必不可缺的尾声。

为使开业仪式顺利进行，在筹备时必须认真草拟具体的程序，并选定好称职的仪式主持人。

（二）仪式的运作

站在仪式礼仪的角度来看，开业仪式其实只不过是一个统称。在不同的场合，它往往会采用其他一些具体的名称，例如，开幕仪式、开工仪式、奠基仪式、破土仪式、竣工仪式、下水仪式、通车仪式、通航仪式等等。它们的共性，都是要以热烈而隆重的仪式，为本单位的发展创造一个良好的开端；它们的个性，则体现在仪式的具体运作上存在着不少的差异，需要有所区别。

以下，将从仪式运作方面简要介绍各种常见的开业仪式的主要特征，以供商务人员在工作实践中有所参照。

▌开幕仪式

在名目众多的各种开业仪式之中，商务人员平日接触最多的要首推开幕仪式了。出于这种原因，在不少人的认识里，开业仪式与开幕仪式往往被画上了等号。

严格地讲，开幕仪式仅仅是开业仪式的具体形式之一。通常它是指公司、企业、宾馆、商店、银行正式启用之前，或是各类商品的展示会、博览会、订货会正式开始之前举行的相关仪式。每当开幕仪式举行之后，公司、企业、宾馆、商店、银行将正式营业，有关商品的展示会、博览会、订货会将正式接待顾客与观众。

依照常规，举行开幕式需要较为宽敞的活动空间，诸如现场主建筑门前广场、展厅门前、室内大厅等处，均可用作开幕仪式的举行地点。

开幕仪式的主要程序，共有以下七项：

（1）仪式宣布开始。全体肃立，介绍来宾。

（2）奏国歌；随后奏唱本企业歌曲（厂歌），若无则罢。

（3）邀请专人揭幕、启动或剪彩。揭幕的具体做法是：揭幕人行至彩幕前恭立，礼仪小姐双手将开启彩幕的彩索递交对方。揭幕人随之目视彩幕，双手拉启彩索，令其展开彩幕。全场目视彩幕，鼓掌并奏乐。

（4）在主人的亲自引导下，全体到场者依次进入幕门。

（5）主人致辞答谢。

（6）来宾代表发言祝贺。

（7）主人陪同来宾进行参观。开始正式接待顾客或观众，对外营业或对外展览宣告开始。

开工仪式

所谓开工仪式，实际上是工厂准备正式开始生产产品、矿山准备正式开采矿石等时刻专门举行的庆祝性、纪念性活动。

为了使出席开工仪式的全体人员均能耳濡目染、身临其境，比照惯例，开工仪式大都应当在生产现场举行。即以工厂的主要生产车间、矿山的主要矿井等处作为举行开工仪式的场所。

除司仪人员按惯例应着礼仪性服装之外，东道主一方的全体职工均应穿着干净而整洁的工作服出席仪式。

开工仪式的常规程序，主要有以下六项：

（1）宣布仪式开始。全体起立，介绍各位来宾，奏乐。

（2）奏国歌；随后奏唱本企业歌曲（厂歌），若无则罢。

（3）在司仪的引导下，本单位的主要负责人陪同来宾行至开工现场肃立。例如，站在机器开关、按钮或电闸附近。

（4）正式开工。届时应请本单位职工代表或来宾代表来到机器开关或电闸旁，首先对其躬身施礼，然后再动手启动机器、按动按钮或合上电闸。全体人员此刻应鼓掌致贺，并奏乐。

（5）全体职工各就各位，上岗进行操作。

（6）在主人的带领下，全体来宾参观生产现场。

奠基仪式

奠基仪式，通常是一些重要的建筑物，例如，大厦、场馆、厂房、亭台、楼阁、园林、纪念碑等，在其动工修建之初正式举行的庆贺性活动。

奠基仪式现场的选择与布置，通常都有一些独特的规矩。奠基仪式举行的地点，一般应选择在动工修筑的建筑物的施工现场。而奠基的具体地点，则按常规应选择在主建筑物正门的右侧。在一般情况下，用以奠基的奠基石应为一块完整无损、外观精美的长方形石料。在奠基石上，通常文字应当自上而下地进行书写。在其右上款，应刻有建筑物的正式名称。在其正中央，应刻有"奠基"两个大字。在其左下款，则应刻有奠基单位的全称以及举行奠基仪式的具体年月日。奠基石上的字体，通常应以楷体字刻写，并且最好是白底金字或黑字。

在奠基石的下方或一侧，还应安放一只密闭完好的铁盒，内装与该建筑物相关的各项资料以及奠基人的姓名。届时，它将同奠基石一道被奠基人亲自培土掩埋于地下，以志纪念。

通常，在奠基仪式的举行现场应设立彩棚，安放该建筑物的模型或设计图、效果图，并使各种建筑机械就位待命。

奠基仪式的程序，大体上共分五项：

(1) 仪式正式开始。介绍来宾，全体起立。

(2) 奏国歌；随后奏唱本企业歌曲（厂歌），若无则罢。

(3) 主人对该建筑物的功能以及规划设计进行简介。

(4) 来宾致辞道贺。

(5) 正式进行奠基。此时，应锣鼓喧天，或演奏喜庆乐曲。首先由奠基人双手持握系有红绸的新锹为奠基石培土。随后，再由主人与其他嘉宾依次为之培土，直至将其埋没为止。

破土仪式

破土仪式，亦称破土动工。它是指在道路、河道、水库、桥梁、电站、厂房、机场、码头、车站等正式开工之际而专门为此举行的动工仪式。

破土仪式举行的地点，大多应当选择在工地的中央或其某一侧。举行仪式的现场，要事先进行过认真的清扫、平整、装饰。至少，也要防止将来出现道路坎坷泥泞、飞沙走石，或者蚊蝇扑面的状况。

倘若来宾较多，尤其是当高龄来宾较多时，最好在现场附近临时搭建一些以供休息的帐篷或活动房屋，使来宾免受风吹、日晒、雨淋，并稍事休息。

破土仪式的具体程序，一般有以下五项：

(1) 宣布仪式开始。介绍来宾，全体肃立。

(2) 奏国歌。

(3) 主人致辞以介绍和感谢为其发言的重点。

(4) 来宾致辞祝贺。

(5) 正式破土动工的常规做法是：第一，由众人环绕于破土之处周围肃立，并且目视破土者，以示尊重。第二，破土者须双手执系有红绸的新锹垦土三次，以示相关项目良好的开端。第三，全体在场者一道鼓掌，并演奏喜庆音乐，或燃放鞭炮。

一般而言，奠基仪式与破土仪式在具体程序方面大同小异，而其适用范围亦大体相近。故此，这两种仪式不宜同时于一处举行。

竣工仪式

竣工仪式，有时又称落成仪式或建成仪式。它是指本单位所属的某一建筑物或某项设施建设、安装工作完成之后，或者是某一纪念性、标志性建筑物诸如纪念碑、纪念塔、纪念堂、纪念像、纪念雕塑等建成之后，以及某种意义特别重大的产品生产成功之后，专门举行的庆贺性活动。

举行竣工仪式的地点，一般应以现场为第一选择。例如，新建成的厂区之内、新落成的建筑物之外，以及刚刚建成的纪念碑、纪念塔、纪念堂、纪念像、纪念雕塑的旁边。

应予重视的是，在竣工仪式举行时，全体出席者的情绪必须与仪式的具体内容相适应。比方说，在庆贺工厂、大厦落成或重要产品生产成功时，应当表现得欢快而喜悦。在庆祝纪念碑、纪念塔、纪念堂、纪念像、纪念雕塑建成时，则须表现得庄严而肃穆。

竣工仪式的基本程序，通常有以下七项：

(1) 宣布仪式开始。介绍来宾，全体起立。

(2) 奏国歌；随后奏唱本企业歌曲（厂歌），若无则罢。

(3) 本单位负责人发言。以介绍、回顾、感谢为主要内容。

(4) 进行揭幕或剪彩。

(5) 全体人员面向竣工仪式的“主角”——刚刚竣工或落成的建筑物，郑重其事地恭行注目礼。

(6) 来宾致辞。

(7) 进行参观。

下水仪式

所谓下水仪式，自然是指在新船建成下水之时所专门举行的仪式。准确一些讲，下水仪式乃是造船厂在吨位较大的轮船建造完成、验收完毕、交付使用之际，为其正式下水起航而特意举行的庆祝性活动。

按照国际上目前通行的做法，下水仪式通常都是在新船所停泊的泊位上举行的。届时，应对现场进行一定程度的美化。例如，在船坞门口与干道两侧，应饰有彩旗、彩带。在新船所在的泊位附近，应设置专供来宾观礼或休息之用的彩棚。

对下水仪式的主角新船，亦须认真进行装扮。一般要在船头扎上由红绸结成的大红花，并且在新船的两侧船舷上扎上彩旗，系上彩带。

下水仪式的主要程序，共有以下五项：

（1）宣布仪式开始。介绍来宾，全体起立，乐队奏乐，或锣鼓齐奏。

（2）奏国歌；随后奏唱本企业歌曲（厂歌），若无则罢。

（3）由主人简介新船的基本状况，例如，船名、吨位、马力、长度、高度、吃水、载重、用途、工价等等。

（4）由特邀掷瓶人行掷瓶礼。砍断缆绳，新船正式下水。

（5）来宾代表致辞祝贺。

按照惯例，掷瓶礼在下水仪式上不可或缺。掷瓶礼，是下水仪式上独具特色的一个项目。它在国外由来已久，并已传入我国。其目的，是要渲染出喜庆的气氛。它的具体做法是：由身着礼服的特邀嘉宾双手持握一瓶正宗的香槟酒，用力将瓶身向新船的船头投掷，使香槟酒瓶在新船船头撞破之后酒香四溢、酒沫飞溅。在嘉宾掷瓶以后，全体到场者须面向新船行注目礼，并随即热烈鼓掌。此时，还可在现场再度奏乐，或演奏锣鼓、施放气球、放飞信鸽，并且在新船上撒彩花、落彩带。

通车仪式

通车仪式，大都是在重要的交通建筑完工并验收合格之后，正式举行的启用仪式，例如，公路、铁路、地铁、轻轨以及重要的桥梁、隧道等等，在正式交付使用之前，均会举行一次以示庆祝的通车仪式。有时，通车仪式又叫作开通仪式。

举行通车仪式的地点，通常为公路、铁路、地铁新线路的某一端，新建桥梁的某一头，或者新建隧道的某一侧。

在现场附近以及沿线两旁，应当适量地插上彩旗、挂上彩带。必要时，还应设置彩色牌楼并悬挂横幅。在通车仪式上，被装饰的重点应当是用以进行“处女航”的汽车、火车、地铁、高铁或轻轨列车。在车头一般应系上红花。在车身两侧则可酌情插上彩旗、系上彩带，并且悬挂上醒目的大幅宣传性标语。

通车仪式的主要程序，一般共有六项：

（1）宣布仪式开始。介绍来宾，全体起立。

（2）奏国歌；随后奏唱本企业歌曲（厂歌），若无则罢。

（3）主人致辞。其主要内容是，介绍即将通车的新线路、新桥梁或新隧道的基本情况，并向有关方面谨致谢意。

（4）来宾代表致辞祝贺。

（5）正式剪彩。

（6）首次正式通行车辆。届时，宾主及群众代表应一起登车而行。有时，还须由主人所乘坐的车辆行进在最前方开路，或邀请主宾、群众代表与主人一起乘坐于列车的第一节车厢。

通航仪式

通航仪式，又称首航仪式，是指飞机或轮船在正式开通某一条新航线之际所举行的庆祝性活动。一般而言，通航仪式除去主要的角色为飞机或轮船之外，在其他方面，尤其是在具体程序的操作上，往往与通车仪式大同小异。因此，在此对其不再赘述。对其进行实际操作时，一般均可参照通车仪式的具体做法进行。

三、剪彩的礼仪

20 世纪初叶，在美国的一个乡间小镇上，有一家商店的店主独具慧眼，从一次偶然发生的事故中得到启迪，并以它为模式开一代风气之先，为商家创立了一种崭新的庆贺仪式——剪彩仪式。

事情的原委是这样的：当时，这家商店即将开业，店主为了阻止闻讯之后蜂拥而至的顾客在正式营业前耐不住性子，争先恐后地闯入店内，将用以优惠顾客的便宜货争购一空，而使守时而来的人们得不到公平的待遇，便随便找来一条布带子拴在门框上。谁曾料到这项临时性的措施竟然更加激发起了挤在店门之外的人们的好奇心，促使他们更想早一点进入店内，对行将出售的商品先睹为快。

事也凑巧，正当店门之外的人们的好奇心上升到极点，显得有些迫不及待的时候，店主的小女儿牵着一条小狗突然从店里跑了出来，那只“不谙世事”的可爱的小狗若无其事地将拴在店门上的布带子撞落在地。店外不明真相的人们误以为这是该店为了开张志喜所搞的“新把戏”，于是立即一拥而入，并大肆抢购。让店主转怒为喜的是，他的这家小店在开业之日的生意居然红火得令人难以置信。

向来有些迷信的他便追根溯源地对此进行了一番“反思”，最后他认定：自己的好运气全是由那条被小女儿的小狗撞落在地的布带子所带来的。因此，此后在他旗下的几家“连锁店”陆续开业时，他便将错就错地如法炮制。久而久之，他的小女儿与小狗无意之中的“发明创造”，经过他和后人不断地“提炼升华”，逐渐成为一整套的仪式。它先是在全美，后是在全世界流传开来。在流传的过程中，它自己也被人们赋予了鼎鼎大名——剪彩。

剪彩，在从一次偶发的“事故”发展为一项重要的活动程序，进而演化为一项隆重而热烈的仪式的过程之中，其自身也在不断地吐故纳新，有所发展，有所变化。例如，剪彩者先是由专人牵着一条小狗来充当，让小狗故意去撞落店门上所拴着的布带子。接下来，改由儿童担任，让他单独去撞落店门上所拴着的一条丝线。再后来，剪彩者又变成了千娇百媚、闭月羞花的妙龄少女。她的标准动作，就是要勇往直前地去当众撞落拴在店门上的大红缎带。到了最后，也就是现在，剪彩则被定型为邀请社会贤达手持剪刀剪断由众多佳丽手中所持的大红缎带。

根据历史记载，剪彩的第一次亮相是在 1912 年，而那位因发明剪彩仪式而一时出尽风头的店主名叫威尔斯。时至今日，了解这一切的人不一定很多，可是知道剪彩仪式的人却肯定不会太少。

从剪彩的发展过程中可以看到，它最初只不过是人们用以促销的一种手段，到了后来，才渐渐地演变为商务活动中的一项重要仪式。

剪彩仪式，严格地讲，目前通常指的是商界为了庆贺公司设立、企业开工、宾馆落成、商店开张、银行开业、大型建筑物启用、道路或航线开通、展销会或博览会开幕等而隆重举行的一项礼仪性程序。因其主要活动内容是约请专人使用剪刀剪断被称为"彩"的红色缎带，故此被人们称为"剪彩"。

一般情况下，在各式各样的开业仪式中，剪彩都是一项极其重要的、不可或缺的程序。尽管它往往也可以被单独地分离出来，独立成项，但在更多的时候，它是附属于开业仪式的。这是剪彩仪式的重要特征之一。

剪彩仪式有众多的惯例、规则必须遵守，其具体的程序亦有一定的要求。剪彩的礼仪，就是对此行为的基本规范。

目前，虽然剪彩自身在内容、形式、步骤等方面日趋简化，并逐渐地得以革新，但在实际的商务活动之中，绝大多数商务人员却依旧坚持认为：剪彩是不宜被取消，不能被替代的。

具体而言，剪彩一直长盛不衰并且仍然被业内人士看好，主要是基于如下三方面的原因：

（1）剪彩活动热热闹闹、轰轰烈烈，既能给主人带来喜悦，又能令人产生吉祥如意之感。

（2）剪彩不仅是对主人既往成绩的肯定和庆贺，而且可以对其进行鞭策与激励，促使其再接再厉、锐意进取。

（3）剪彩可借此良机，向社会各界通报与此相关的项目的面世，以引起各界人士对它的关注。

在上述三个原因之中，最后一个至关重要。正因为如此，商务人员才可以理直气壮地向外界解释说：规模适度的剪彩，其实是一种例行的业务宣传活动，而并非铺张浪费、毫无收益。在剪彩活动中，量力而行地进行适当的投入，绝对是得大于失的。

当然，在组织剪彩仪式时，没有必要一味地求新、求异、求大、求轰动，而脱离了自己的实际能力。勤俭节约，无论何时何地都是商务人员所应当铭记在心的。

从操作的角度来讲，目前所通行的剪彩的礼仪主要包括剪彩的准备、剪彩的人员、剪彩的程序、剪彩的做法四个方面的内容。

（一）剪彩的准备

与举行其他仪式相同，剪彩仪式也有大量的准备工作需要做好。其中主要涉及场地的布置、环境的卫生、灯光与音响的准备、媒体的邀请、人员的培训等等。在做这些准备工作时，必须认真细致、精益求精。

除此之外，尤须对剪彩仪式上所需使用的某些特殊用具，诸如红色缎带、新的剪刀、白色手套、大型托盘以及红色地毯，仔细地进行准备。

（1）**红色缎带**

红色缎带，即剪彩仪式之中的“彩”。作为此项仪式的主角，它自然颇受瞩目。按照传统做法，缎带应当由一整匹未曾使用过的红色绸缎在中间结成数朵花团而成。目前，有些单位为了节约而代之以长度为两米左右的细窄的红色缎带，或者以红布条、红线绳、红纸带作为变通，也是可行的。一般来说，红色缎带上所结的花团不仅要生动、硕大、醒目，而且其具体数目往往还同现场剪彩者的人数直接相关。循例，红色缎带上所结的花团的具体数目有两种模式可依：其一，花团的数目较现场剪彩者的人数多一个。其二，花团的数目较现场剪彩者的人数少一个。前者可使每位剪彩者总是处于两朵花团之间，尤显正式；后者则不同常规，亦有新意。

（2）**新的剪刀**

新的剪刀，是专供剪彩者在剪彩仪式上正式剪彩时所使用的。按照惯例，每位剪彩者均应人手一把剪刀，而且剪刀必须崭新、锋利而顺手。事先一定要逐把检查一下：将被用以剪彩的剪刀是否已经开刃、好不好使用。务必确保剪彩者在正式剪彩时，可以“手起刀落”，一举成功，而非再三再四地补剪。在剪彩仪式结束后，主办方可将每位剪彩者所使用的剪刀经过包装之后，送给对方以资纪念。

（3）**白色手套**

白色手套，是专为剪彩者所准备的。在正式的剪彩仪式上，剪彩者剪彩时最好每人戴上一副白色薄纱手套，以示郑重其事。在准备白色薄纱手套时，除了要确保其数量充足之外，还须使之大小适度、崭新平整、洁白无瑕。有时，亦可不准备白色薄纱手套。

（4）**大型托盘**

在剪彩仪式上，大型托盘是托在礼仪小姐手中，专门用来盛放红色缎带、新的剪刀、白色手套的。在剪彩仪式上所使用的托盘，最好是大型、崭新、洁净的，并且应首选银色的不锈钢制品。为了显示正规，可在使用时上铺红色绒布或绸布。就其数量而论，在剪彩时，可以一只托盘依次向各位剪彩者提供剪刀与手套，并同时盛放红色缎带；也可以为每一位剪彩者配置一只专为其服务的托盘，同时让红色缎带专由一只托盘盛放。后一种方法，显得更加正式一些。

（5）**红色地毯**

在剪彩仪式上，红色地毯主要用于铺设在剪彩者正式剪彩时的站立之处。其长度可视剪彩者人数的多寡而定，其宽度则应在1米以上。

在剪彩现场铺设红色地毯，主要是为了提升其档次，并营造出一种喜	庆的气氛。有时，它亦可不予以铺设。

（二）剪彩的人员

在剪彩仪式上，最为活跃的当然是人而不是物。因此，对剪彩人员必须认真地进行选择。

除主持人之外，剪彩的人员主要由剪彩者与助剪者两部分人员构成。以下，分别简介对于他们各自的具体要求。

剪彩者

剪彩者，即在剪彩仪式上手持剪刀剪彩之人。在剪彩仪式上担任剪彩者，是一种很高的荣誉。剪彩仪式档次的高低，往往同剪彩者的身份高低密切相关。因此，在选定剪彩的人员时，最重要的是要选择好剪彩者。

根据惯例，剪彩者可以是一个人，也可以是几个人，但一般不宜人数过多。通常，剪彩者多由上级领导、合作伙伴、社会名流、员工代表与客户或消费者代表所担任。

确定剪彩者名单，必须是在剪彩仪式正式举行之前。名单一经确定，即应尽早告知对方，使其有所准备。在一般情况下，确定剪彩者时，必须尊重对方个人的意见，切勿勉强对方。需要由数人同时担任剪彩者时，应分别告知每位剪彩者届时他将与何人同担此任。这样做，是对剪彩者的一种尊重。千万不要“临阵磨枪”，在剪彩开始前方才强拉硬拽，临时找人凑数。

必要时，可在剪彩仪式举行前将剪彩者集中在一起，告知对方有关的注意事项并稍事排练。按照常规，剪彩者应着套装、套裙或制服等正装，并将头发梳理整齐。届时，不允许戴帽子、戴墨镜，也不允许穿着便装。

若剪彩者仅为一人，则其剪彩时居中而立即可。若剪彩者不止一人，则其同时上场剪彩时位次的尊卑就必须予以重视。一般的规矩是：中间高于两侧，右侧高于左侧，距离居中站立者越近位次便越高、越远位次便越低。其中最重要的要求是：主剪者应居于中央的位置。需要说明的是，之所以规定剪彩者的位次“右侧高于左侧”，主要是因为这是一项国际惯例，剪彩仪式理当遵守。其实，当剪彩仪式并无外宾参加时，执行我国“居中为大”“以左为大”的现行做法，亦无不可。应予明确的是：此时所谓的左右，均应以剪彩者剪彩时的面向为准。

助剪者

助剪者，即在剪彩者剪彩的一系列过程中从旁为其提供帮助的人员。一般而言，助剪者多由东道主一方的女职员担任。目前，商界对她们的常规称呼是礼仪小姐。

具体而言，在剪彩仪式上服务的礼仪小姐，又可以具体分为迎宾者、引导者、服务者、拉彩者、捧花者、托盘者。迎宾者的任务，是在活动现场负责迎来送往。引导者的任务，是在进行剪彩时负责带领剪彩者登台或退场。服务者的任务，是为来宾尤其是剪彩者提供饮料，安排休息之处。拉彩者的任务，是在剪彩时展开、拉直红色缎带。捧花者的任务，是在剪彩时手托花团。托盘者的任务，则是在现场手捧托盘为剪彩者提供剪刀、手套等剪彩用品。

在一般情况下，迎宾者与服务者应不止一人；引导者既可以是一个人，也可以为每位剪彩者各配一名；服务者具体人数的多少，应视来宾的多寡而定；拉彩者通常应为两人；捧花者的人数则需要视花团的具体数目而定，一般应为一花一人；托盘者可以为一人，亦可为每位剪彩者各配一人。有时，礼仪小姐亦可身兼数职。

礼仪小姐的基本条件是：相貌姣好，身材颀长，年轻健康，气质高雅，音色甜美，反应敏捷，机智灵活，心态阳光，性格开朗，善于交际。礼仪小姐的最佳装束应为：化淡妆，盘起头发，穿款式、面料、色彩统一的单色旗袍，配肉色连裤丝袜、黑色高跟皮鞋。除戒指、耳钉外，不宜再佩戴其他任何首饰。有时，礼仪小姐身穿深色或单色的套裙、肉色丝袜、黑色高跟皮鞋亦可。但是，她们的穿着打扮必须尽可能地整齐划一。必要时，可向社会上的礼仪公司临时聘请礼仪小姐。

（三）剪彩的程序

在正常情况下，剪彩仪式应在行将启用的建筑、工程项目或者展销会、博览会的现场举行。主建筑正门外的广场、正门内的大厅，都是可予以优先考虑的。在活动现场，可略作装饰。在剪彩之处悬挂写有剪彩仪式的具体名称的大型横幅，或者使用显示上述内容的电子显示屏，则更是必不可少的。

一般来说，剪彩仪式宜紧凑、忌拖沓，在所耗时间上越短越好。它短则一刻钟即可，长则别超过半小时。

按照惯例，剪彩既可以是开业仪式中的一项具体程序，也可以独立出来，由一系列程序所组成。独立的剪彩仪式，通常应包含如下六项基本程序：

（1）**邀请来宾就位**

在剪彩仪式上，通常只为剪彩者、来宾和本单位的负责人安排座席。在剪彩仪式开始时，即应敬请大家在已排好顺序的座位上就座。在一般情况下，剪彩者应就座于前排。若不止一人，则应使之按照剪彩时的具体顺序就座。

（2）**宣布仪式正式开始**

在主持人宣布仪式开始后，乐队应演奏音乐，全体到场者应热烈鼓掌。此后，主持人应向全体到场者介绍到场的重要来宾。

（3）**演奏国歌**

奏国歌时，须全场起立。随后可奏唱本企业歌曲（厂歌），若无则罢。

（4）**宾主发言**

宾主的发言，在剪彩仪式上不可或缺。发言者依次应为：东道主单位的代表、上级主管部门的代表、地方政府的代表、合作单位的代表、客户或消费者代表等等。其内容应言简意赅，每人不超过3分钟，发言重点应分别为介绍、道谢与致贺。

（5）**开始剪彩**

宣布剪彩后与剪彩进行期间，全体人员应热烈鼓掌，必要时还可奏乐或燃放鞭炮。在剪彩前，须向全体到场者介绍剪彩者。

（6）**进行参观**

剪彩之后，主人应陪同来宾参观被剪彩的具体项目。仪式至此宣告结束。随后，东道主单位可向来宾赠送纪念性礼品，并以自助餐款待全体来宾。

（四）剪彩的做法

进行正式剪彩时，剪彩者与助剪者的具体做法必须合乎规范，否则就会使剪彩效果大受影响。

当主持人宣布进行剪彩之后，礼仪小姐即应率先登场。在上场时，礼仪小姐应排成一行行进。届时，从两侧同时登台或从右侧（此时应以礼仪小姐登台后的面向为准）登台均可。登台之后，拉彩者与捧花者应当站成一行：拉彩者处于两端拉直红色缎带，捧花者各自双手捧着一朵花团。托盘者须站立在拉彩者与捧花者身后1米左右，并且自成一行。

在剪彩者登台时，引导者应在其左前方进行引导，使之各就各位。剪彩者登台时，宜从右侧（此时应以剪彩者剪彩时的面向为准）出场。当剪彩者均已到达既定位置之后，托盘者应前行一步，到达前者的右后侧，以便为其递上剪刀、手套。

剪彩者若不止一人，则其登台时应列成一行，并且使主剪者行进在前。在主持人向全体到场者介绍剪彩者时，后者应面含微笑向大家欠身或点头致意。

剪彩者行至既定位置之后，应向拉彩者、捧花者含笑致意。当托盘者递上剪刀、手套时，亦应微笑着向对方道谢。

在正式剪彩前，剪彩者应首先向拉彩者、捧花者示意，待其有所准备后，再集中精力，右手手持剪刀，左手扶握身前的红色缎带，然后神态庄重地将其一刀剪断。若多名剪彩者同时剪彩时，其他剪彩者应关注主剪者的动作，主动与其协调一致，力求大家同时将红色缎带剪断。

按照惯例，剪彩以后，红色花团应准确无误地落入托盘，切勿使之坠地。为此，需要捧花者与托盘者的合作。剪彩者在剪彩成功后，可以右手刀尖向上地举起剪刀，面向全体到场者致意。然后将剪刀、手套置于托盘之内，并举手鼓掌。接下来，可依次与主人握手道喜，并列队在引导者的引导下退场。退场时，一般宜从原上台的方向，即右侧下台。

待剪彩者退场后，其他礼仪小姐方可列队由剪彩者退场的方向，即右侧退场。

不论剪彩者还是助剪者在上下场时，都应当井然有序、步履稳健、神态自然。在剪彩的具体过程中，则更是要表现得不卑不亢、落落大方。

四、交接的礼仪

商务交往，历来推崇合作共赢。在商务交往之中，伙伴之间合作的成功，是最值得有关各方庆幸与庆贺的一桩大事。实事求是地说，在激烈的竞争环境之中、泾渭分明的利益关系之下以及变幻莫测的商界风云之内，商务伙伴之间的成功合作的确来之不易。因此，它备受有关各方的高度重视。举行热烈而隆重的交接仪式，就是在商务往来中通常用以庆贺伙伴们彼此之间合作成功的一种常见的活动形式。

交接仪式，在商界一般是指施工单位依照合同将已经建设、安装完成的工程项目或大型设备，例如，楼宇、厂房、商厦、宾馆、机场、港口、车站，或飞机、轮船、火车、机械、设备、物资等等，经验收合格后正式移交给使用单位之时，所专门举行的庆祝典礼。

举行交接仪式的重要意义在于：它既是商务伙伴们对于所进行过的成功合作的庆贺，是对给予过自己关怀、支持、帮助和理解的社会各界的答谢，又是接收单位与施工、安装单位巧妙地利用时机，为双方各自提高知名度、美誉度、认同度而进行的一种公关宣传活动。

交接的礼仪，一般是指在举行交接仪式时所须遵守的有关礼仪规范。它通常包括交接仪式的准备、交接仪式的程序、交接仪式的参加三个方面的主要内容。

（一）交接仪式的准备

准备交接仪式，具体应当关注下列三件事：来宾的邀约、现场的布置、物品的预备。

▌来宾的邀约

来宾的邀请，通常应由交接仪式的东道主——施工、安装单位负责。在具体拟定来宾名单时，施工、安装单位亦应主动征求自己的合作伙伴——接收单位的意见。接收单位对于施工、安装单位所草拟的名单不宜过于挑剔，但亦可对此酌情提出自己的某些合理建议。

在一般情况下，参加交接仪式的人数自然越多越好。如果参加者太少，难免会使仪式显得冷冷清清。但是，在宏观上确定参加者的总人数时，必须兼顾场地条件与接待能力，切忌贪多。

从原则上来讲，交接仪式的出席人员应当包括：施工、安装单位的有关人员，接收单位的有关人员，上级主管部门的有关人员，当地政府的有关人员，行业组织、社会团体的有关人员，各界知名人士，新闻界人士，以及协作单位的有关人员，等等。

在上述人员之中，除施工、安装单位与接收单位的有关人员之外，对于其他所有的人员，均应提前至少半个月送达或寄达正式的书面邀请，以示对对方的尊重之意。

邀请上级主管部门、当地政府、行业组织的有关人员时，虽不必勉强对方，但却必须努力争取，并表现得心诚意切。因为利用举行交接仪式这一良机，使施工、安装单位，接收单位与上级主管部门、当地政府、行业组织进行多方接触，不仅可以宣传自己的工作成绩，而且有助于有关各方之间今后进一步地实现相互理解和相互沟通。

若非涉密，或暂且不宜广而告之，在举行交接仪式时，东道主既要争取多邀请新闻界的人士参加，又要为其尽可能地提供一切便利。对于不邀而至的新闻界人士，亦应尽量地来者不拒。至于邀请海外的媒体人员参加交接仪式的问题，则必须认真遵守有关的外事规则与外事纪律，并事先履行必要的报批手续。

现场的布置

举行交接仪式的现场，亦称交接仪式的会场。在对其进行选择时，通常应视交接仪式的重要程度、全体出席者的具体人数、交接仪式的具体程序与内容，以及是否要求对其进行保密等几个方面的因素而定。

根据常规，一般可将交接仪式的举行地点安排在已经建设、安装完毕并已验收合格的工程项目或大型设备所在地的现场。有时，亦可将其酌情安排在东道主单位本部的会议厅，或者由施工、安装单位与接收单位双方共同认可的其他场所。

将交接仪式安排在业已建设、安装完毕并已验收合格的工程项目或大型设备所在地的现场举行，最大的好处是可使全体出席仪式的人员身临其境，深化对被交付使用的工程项目或大型设备的直观而形象的了解，掌握较为充分的第一手资料。倘若在交接仪式举行之后随即安排来宾进行参观，则更为方便可行。不过，若是在现场举行交接仪式，往往进行准备的工作量较大。在现场忙里忙外，绝非轻而易举之事。此外，由于将被交付的工程项目或大型设备归接收单位所有，故此东道主事先要征得对方的首肯，事后还需取得对方的配合。

将交接仪式安排在东道主单位本部的会议厅举行，则可免除大量的准备工作，会场的布置也十分便利。特别是在将被交付的工程项目、大型设备不宜为外人参观，或者暂时不方便外人参观的情况下，以东道主单位本部的会议厅作为举行交接仪式的现场，亦不失为一种较好的选择。此种选择的主要缺陷是：全体来宾对于将被交付的工程项目或大型设备缺乏身临其境的直观感受。

如果将被交付的工程项目或大型设备的现场条件欠佳，或是东道主单位的本部不在当地，以及将要出席仪式的人员较多等其他原因，经施工、安装单位提议，并经接收单位同意之后，交接仪式亦可选择其他场所举行。诸如宾馆的多功能厅、外单位出租的礼堂或大厅等处，都可用来举行交接仪式。在其他场所举行交接仪式，尽管开支较高，但可省去大量的安排、布置工作，而且往往可以提升仪式的档次。

▍物品的预备

在交接仪式上，有不少需要使用的物品应由东道主一方提前进行准备。其中所必不可少的，是作为交接象征之物的有关物品。一般而言，它们主要包括验收文件、一览表、钥匙等等。验收文件，此处是指已经公证的由交接双方正式签署的接收证明性文件。一览表，是指即将交付给接收单位的全部物资、设备或其他物品的名称、数量明细表。钥匙，则是指用来开启被交接的建筑物或机械设备的钥匙。在一般情况下，因其具有象征性意味，故预备一把即可。

除此之外，主办交接仪式的单位还需为交接仪式的现场准备一些用以烘托喜庆气氛的物品，并应为来宾各备一份薄礼。

在交接仪式的现场，可临时搭建一处主席台。必要时，应在其上铺设一块红地毯。至少，也要预备足量的桌椅。在主席台上方，应悬挂一条红色巨型横幅或使用大型电子显示屏，上书交接仪式的具体名称，如“某某工程交接仪式”，或“热烈庆祝某某工程正式交付使用”。

在举行交接仪式的现场四周，尤其是在正门入口之处、干道两侧、交接物四周，可酌情悬挂一定数量的彩带、彩旗、彩球，并放置一些色泽艳丽、花朵硕大的盆花，用以美化环境。

若来宾所赠送的祝贺性花篮较多，可依照约定俗成的顺序，诸如“先来后到”“不排名次”等等，将其呈一列摆放在主席台正前方，或是分成两行摆放在仪式现场入口处门外的两侧。在此两处同时摆放，也是可以的。不过，若是来宾所赠的花篮甚少，则不必将其公开陈列在外。

在交接仪式上用以赠送给来宾的礼品，应突出其简约性、纪念性、宣传性。被交接的工程项目、大型设备的微缩模型，或以其为主角的书签、磁贴、画册、明信片、纪念章、领带针、钥匙扣、笔记本等等，皆为上佳之选。

（二）交接仪式的程序

交接仪式的程序，具体指的是交接仪式进行时的各个步骤。不同内容的交接仪式，其具体程序往往各有不同。主办单位在拟定交接仪式的具体程序时，必须注意以下两个方面的重要问题：其一，必须在总体上参照惯例执行，尽量不要标新立异、另搞一套。其二，必须实事求是、量力而行，在具体的细节方面不必事事贪大求全。一般而言，几乎所有的交接仪式都少不了下述五项基本程序：

（1）主持人宣布交接仪式正式开始

此刻，全体与会者应当进行较长时间的鼓掌，以热烈的掌声来表达对东道主的祝贺之意。在此之前，主持人应邀请有关各方人士在主席台上就座，并以适当的方式暗示全体人员保持安静。

（2）奏国歌，并演奏东道主的企业歌曲（厂歌）

此前，全体与会者必须集体肃立。安排这一程序，往往会使交接仪式显得更为庄严而隆重。

（3）由施工、安装单位与接收单位正式进行有关工程项目或大型设备的交接

它的主要做法是：由施工、安装单位的代表，将有关工程项目、大型设备的验收文件、一览表或者钥匙等象征性物品，正式递交给接收单位的代表。此时，双方应面带微笑，双手递交、接收有关物品。在此之后还应热烈握手。至此，标志着有关的工程项目或大型设备已经被正式地移交给了接收单位。假如条件允许，在该项程序进行的过程之中，可在现场演奏或播放节奏欢快的喜庆乐曲。

在有些情况下，为了进一步营造出一种热烈而隆重的气氛，这一程序亦可由各界名流、上级主管部门或地方政府的负责人为有关的工程项目、大型设备的启用而剪彩所取代。

（4）各方代表发言

按惯例，在交接仪式上，须由有关各方的代表发言。他们依次应为：施工、安装单位的代表，接收单位的代表，来宾的代表，等等。这些发言，一般均为礼节性的，并以喜气洋洋为主要特征。它通常宜短忌长，只需要点到为止的寥寥数语即可。原则上来讲，每个人的此类发言应以3分钟为限。

（5）宣告交接仪式正式结束

交接仪式宣告结束后，通常应当安排全体来宾进行参观或观看文娱表演。交接仪式宣告结束时，全体与会者应再次进行较长时间的热烈鼓掌。

按照仪式礼仪的总体要求，交接仪式同其他仪式一样，在所耗费的时间上也是宜短不宜长的。在正常情况下，每一次交接仪式从头至尾所用的时间，大体上不应当超过1个小时。为了做到这一点，就要求交接仪式在其具体程序上讲究少而精。正因为如此，一些原本应当列入正式程序的内容，例如，进行参观、观看文娱表演、举办宴会等，均被视为正式仪式结束之后所进行的辅助性活动而另行安排。

如果方便的话，正式仪式一旦结束，东道主与接收单位即应邀请各方来宾一道参观有关的工程项目或大型设备。东道主一方应为此专门安排好富有经验的陪同、解说人员，使各方来宾通过现场参观进一步深化对有关的工程项目或大型设备的认识。

若出于某种主客观原因，不便邀请来宾进行现场参观，也可以通过组织其参观有关的图片展览或向其发放宣传资料的方式来适当地满足来宾的好奇心。不论布置图片展览，还是印制宣传资料，在确保不泄密的前提条件下，均应尽可能地使之条理清晰、内容翔实、资料充足、图文并茂。通常，它们应当包括：有关工程项目或大型设备的建设背景，主要功能，具体规格，基本数据，开工与竣工的日期，施工、安装、设计、接收的单位的概况，与国内外同类项目、设备的比较，等等。为使之更具说服力，不妨多采用一些准确的数据来进行说明，即“用数据说话”。有时，还可安排来宾观看利用视频设备播放的、介绍相关项目或设备的、制作精良的影视短片。

在仪式结束后，若不安排参观活动，还可为来宾安排一场综艺类的文娱表演，以助雅兴。表演者可以是东道主单位的员工，也可以邀请专业人士。表演的主要内容，则应为轻松、欢快、娱乐性强的节目。

特别需要说明的是：有关的工程项目或大型设备的交接，自然是与其完工验收相互衔接的。对于交付接收单位验收的工程项目、大型设备，施工、安装单位理当精心设计、精心施工、精心安装、保质保量地如期完成任务。而接收单位也应当公事公办、严把质量关，切不可为图一己之私利而手下留情，致使后患无穷。由于验收工作极其严肃复杂，而且颇耗时日，所以不应为了赶时间、走过场、凑内容，而将其列为交接仪式上的一项正式程序。

换言之，验收工作与交接仪式由于性质不同，故应有所区分、分别而论。正式的验收工作，通常应当安排在交接仪式举行之前进行，而交接仪式则必须安排在验收工作全部完成之后举行。这主要是因为，交接仪式一旦举行之后，有关的工程项目或大型设备即被正式交付给了接收单位。此后它们倘若出现了质量问题，当然就不如在验收过程之中解决起来那么容易。

（三）交接仪式的参加

参加交接仪式时，不论东道主一方还是来宾一方，都存在一个表现是否得体的问题。假如有人在仪式上表现失当，往往就会使仪式黯然失色。有时，甚至还会因此而影响到有关各方的相互关系。

▌对东道主的要求

对东道主一方而言，参加交接仪式时需要注意的主要问题有：

（1）**仪表整洁**

东道主一方参加交接仪式的人员，不仅应当是对外重点进行推介的“精兵强将”“有功之臣”，而且应当使之能够代表本单位的良好形象。为此，必须要求其妆容规范、服饰得体、举止有方。

（2）**保持风度**

在交接仪式举行期间，不允许东道主一方的人员东游西逛、交头接耳、把玩手机、闭目养神或打打闹闹。在为发言者鼓掌时，不允许厚此薄彼。当来宾向自己道喜时，喜形于色无可厚非，但切勿嚣张放肆、得意忘形。

（3）**待人友好**

不论自己是否专门负责接待、陪同或解说工作，东道主一方的全体人员都应当自觉地树立起主人翁意识。当来宾提出问题或需要帮助时，都要鼎力相助。不允许一问三不知、借故推脱、拒绝帮忙，甚至胡言乱语、大说风凉话。即使自己力不能及，也要向对方说明原因，并且及时地向有关方面进行反映。

对来宾的要求

对于来宾一方而言，在应邀出席交接仪式时，主要应当重视如下四个方面的问题：

（1）**致以祝贺**

接到正式邀请后，被邀请者即应尽早地以单位或个人的名义发出贺电、贺信或表示恭喜的电子邮件，向东道主表示热烈祝贺。有时，被邀请者在出席交接仪式时，将贺电或贺信面交东道主也是可行的。不仅如此，被邀请者在参加仪式时，还须郑重其事地与东道主一方的主要负责人一一握手，再次口头道贺。

（2）**略备贺礼**

为表示祝贺之意，可向东道主一方赠送一些贺礼，例如，花篮、牌匾、贺幛等。目前，以赠送花篮最为流行。它一般需要在花店订制，用各色鲜花插装而成，并且应在其两侧悬挂特制的红色缎带，右书“恭贺某某交接仪式隆重举行”，左书本单位的正式全称。它可由花店代为先期送达，亦可由来宾在抵达现场时面交主人。

（3）**预备贺词**

假若自己与东道主关系密切，则还须提前预备一份书面贺词，供被邀请代表来宾发言之用。其内容应当简明扼要，主要是为了向东道主一方道喜祝贺。

（4）**准点到场**

若无特殊原因，接到邀请后，务必牢记在心，并须正点抵达现场。若不能出席，则应尽早通知东道主，以防在仪式举行时来宾甚少，使主人因“门前冷落车马稀”而难堪。

五、庆典的礼仪

庆典，是各种庆祝仪式的统称。在商务活动中，商务人员参加庆祝仪式的机会是很多的，既有可能奉命为本单位组织一次庆祝仪式，也有可能应邀前去出席外单位的某一次庆祝仪式。

就内容而论，商界所举行的庆祝仪式大致可以分为以下四类：

（1）本单位成立周年庆典。通常，周年庆典都是逢五、逢十进行的。即在本单位成立五周年、十周年，以及它们的倍数时进行。

（2）本单位荣获某项荣誉、嘉奖的庆典。当单位本身荣获了某项荣誉称号、单位的“拳头产品”在国内外重大展评中获奖之后，通常都会为此而举行庆典。

（3）本单位取得重大业绩的庆典。例如，千日无生产事故、生产某种产品的数量突破 1 000 万件、经销某种商品的销售额达到 1 亿元人民币等等，这些来之不易的成绩，往往都是要庆祝的。

（4）本单位取得显著发展的庆典。当本单位建立集团、确定新的合作伙伴、兼并其他单位、海内外成功上市时，自然都值得庆祝一番。

就形式而论，商界各单位所举行的各类庆祝仪式都有一个最大的特色，那就是务实而不务虚。若能由此而增强本单位全体员工的凝聚力与荣誉感，并且使社会各界对本单位加深了解、刮目相看，那么任何理智、精明的商家都会不惜大张旗鼓地举行庆典，多进行一些人、财、物的投入。反之，若是对于宣传本单位的新形象、增强本单位全体员工的自豪感没有任何益处，那么举行一次庆典即使花不了几个钱，也完全没有必要。

对商务人员来讲，组织庆典与参加庆典时，往往会有多方面的不同要求。庆典的礼仪，即有关庆典的规则，就是由组织庆典、参加庆典两项基本内容所组成的。

（一）组织庆典

组织筹备一次庆典，如同进行生产和销售一样，先要为此而制订一个总体的计划。商务人员如果受命完成这一任务，需要记住两大要点：一要体现出庆典的主要特色；二要安排好庆典的具体内容。

毋庸多言，庆典既然是庆祝活动的一种形式，那么它就应当以庆祝为中心，把每一项具体活动都尽可能组织得热烈、欢快而隆重。不论举行庆典的具体场合、庆典进行过程中的某个具体场面，还是全体出席者的情绪、表现，都要体现出红火、热闹、欢愉、喜悦的气氛。只有这样，庆典的宗旨——塑造本单位的形象、显示本单位的实力、扩大本单位的影响，才能够真正地得以贯彻落实。

庆典所具有的热烈、欢快、隆重的特色，应当在其具体内容的安排上得到全面的体现。

如果站在组织者的角度来考虑，庆典的内容安排，至少应着重关注确定出席者、来宾的接待、环境的布置以及庆典的程序四大问题。

确定好出席人员名单

确定庆典的出席者，不应当滥竽充数，或是让对方勉为其难。确定庆典的出席者名单时，始终应当以庆典的宗旨为指导思想。一般来说，庆典的出席者通常应包括如下人士：

（1）**上级领导**

地方党政领导、上级主管部门的领导，大都对单位的发展给予过支持、关心、指导。邀请他们参加，意在表示感激之心。

（2）**社会名流**

根据公共关系学中的“名人效应”原理，社会各界的名人对于公众颇有吸引力。能够邀请到他们，无疑将有助于更好地提高本单位的知名度。

（3）**大众传媒**

有道是：“传播即媒介。”在现代社会中，报纸、期刊、电视、广播、互联网等大众媒介，在海外被称为仅次于立法、行政、司法三权的社会“第四权力”。邀请它们，并主动与它们合作，将有助于它们更全面、更公正地介绍本单位的成就，进而有助于加深社会对本单位的了解和认同。

（4）**合作伙伴**

在商务活动中，合作伙伴经常是彼此同呼吸、共命运的。邀请他们来与自己一起分享成功的喜悦，不仅是完全应该的，而且是绝对必要的。

（5）**社区关系**

社区关系，在此是指那些与本单位共居于同一区域、对本单位具有种种制约作用的社会实体。例如，本单位所在地的居民委员会、街道办事处、医院、学校、幼儿园、养老院、商店以及周边的其他单位等。请它们参加本单位的庆典，会使对方进一步了解本单位、尊重本单位、支持本单位，或是给予本单位更多的方便。

（6）**单位员工**

员工是本单位的主人。本单位每一项成就的取得，都离不开他们的兢兢业业和努力奋斗。所以在组织庆典时，是绝不容许将他们完全“置之度外”的。

以上人员的具体名单一旦确定，就应尽早发出邀请或通知。鉴于庆典的出席人员甚多、牵涉面极广，故不到万不得已，均不宜随意地将庆典取消、改期或延期。

做好来宾的接待工作

与一般的商务交往中来宾的接待相比，对出席庆祝仪式的来宾的接待，更应突出礼仪性的特点。届时，不但应当热心细致地照顾好全体来宾，而且应当通过主办方的接待工作，使来宾感受到主人真挚的尊重与敬意，并且想方设法使每位来宾都能够心情舒畅。

最好的办法，是庆典一经决定举行，即成立对此全权负责的筹备组。筹备组成员通常应当由主办单位各方面的有关人士组成，他们应当是能办事、会办事、办实事的人。

在庆典的筹备组之内，应根据具体的需要，下设若干专项小组，在公关、礼宾、财务、会务、报道、安保等各方面“分兵把守”，各管一段。其中负责礼宾工作的接待小组，大都不可缺少。

庆典的接待小组，原则上应由年轻、精干、性格爽朗、身材与形象较好、口头表达能力和应变能力较强的男女青年组成。

接待小组成员的具体工作，主要有以下几项：

（1）**来宾的迎送**

来宾的迎送，即在举行庆祝仪式的现场迎接或送别来宾。

（2）**来宾的引导**

来宾的引导，即由专人负责为来宾带路，将其接送到既定的地点。

（3）**来宾的陪同**

来宾的陪同，即对于某些年事已高或非常重要的来宾，应安排专人陪同始终，以便关心与照顾。

（4）**来宾的招待**

来宾的招待，即指派专人为来宾送饮料、上点心以及提供其他方面的服务。

凡应邀出席庆典的来宾，绝大多数人对本单位是非常关心和友好的。因此，当他们光临时，主人没有任何理由不让他们受到热烈而合乎礼仪的接待。在来宾的接待上若得过且过、马马虎虎，是会伤害来宾的自尊心的。

布置好庆祝仪式的现场

举行庆祝仪式的现场，是庆典活动的中心地点。对它的安排、布置是否恰如其分，往往会直接关系到庆典留给全体出席者的印象的好坏。依据仪式礼仪的有关规范，商务人员在布置举行庆典的现场时，需要通盘思考的主要问题有以下四个：

（1）**地点的选择**

在选择具体地点时，应结合庆典的规模、影响力以及本单位的实际情况来决定。本单位的礼堂、会议厅，本单位内部或门前的广场，以及外借、外租的大厅等均可相机予以选择。不过在室外举行庆典时，切勿因地点选择不慎，从而制造噪声，妨碍交通或治安。

（2）**环境的美化**

在反对铺张浪费的同时，应当量力而行，着力美化庆典举行现场的环境。为了烘托出热烈、隆重、喜庆的气氛，可在现场张灯结彩，悬挂彩灯、彩球、彩带，张贴一些宣传标语，并且张挂标明庆典具体内容的大型横幅，或启用有着同样内容的电子显示屏。如果有能力，还可以邀请本单位员工组成的乐队、锣鼓队届时演奏音乐或敲锣打鼓，热闹热闹。但此类活动应当适度，不要热闹得过了头，成为胡闹，或者“喧宾夺主”。千万不要约请少先队员来扮演这类角色，不要有劳孩子们为此类与他们无关之事而影响其学业。

（3）**场地的大小**

在选择举行庆祝仪式的现场时，并非越大越好。从理论上说，现场的大小应与出席者人数的多少成正比。也就是说场地的大小，应同出席者人数的多少相适应。人多地方小，必定拥挤不堪，会使人心烦意乱。人少地方大，则会让来宾对本单位产生人脉不旺的错觉。

（4）**音响的调试**

在举行庆典之前，一定要把音响调试好。尤其是要认真检查专供来宾们讲话时使用的麦克风和传声设备，在关键时刻，绝不允许它们临阵失声或噪声频出，让主持人手忙脚乱、大出洋相。在庆典举行前后，播放一些喜庆、欢快的乐曲，只要不抢占“主角”的位置，通常都是可以的。但是对于播放的乐曲，应先期进行审查。切勿届时让工作人员自由选择，随意播放背离庆典主题的乐曲，甚至是那些凄惨、哀怨、让人心酸和伤心落泪的乐曲，或是那些南辕北辙的、不够庄重的诙谐乐曲和爱情歌曲。

拟定好庆典的具体程序

一次庆典举行的成功与否，与其具体的程序不无关系。仪式礼仪规定，拟定庆典的程序时，有两项原则必须坚持：其一，时间宜短不宜长。举办庆典，大体上应以1小时为其极限。这样做既是为了确保其效果良好，也是为了尊重全体出席者，尤其是为了尊重来宾。其二，程序宜少不宜多。程序过多，不仅会加长庆典的举办时间，而且会分散出席者的注意力，并给人以庆典内容过于繁杂、凌乱之感。总之，不要使庆典成为内容乱七八糟的“马拉松”。

依照常规，一次庆典大致上应包括下述几项程序：

第一，邀请来宾就座，恳请出席者保持安静，介绍嘉宾。

第二，宣布庆典正式开始，全体起立，奏国歌，并奏唱本企业歌曲（厂歌）。后者或无则罢。

第三，本单位主要负责人致辞。其内容是对来宾表示感谢，介绍此次庆典的缘由，等等。其重点，则应是报捷的可“报”之处或庆典的可“庆”之处。

第四，嘉宾讲话。大体上讲，出席此次的上级主要领导、协作单位及社区关系单位，均应有代表讲话或致贺词。但嘉宾的讲话应当提前约定好，不要当众推来推去。对外来的贺电、贺信等，可不必一一宣读，但其署名单位或个人则应当公布。在进行公布时，可依照其“先来后到”为序，也可依照其具体名称汉语拼音的先后为序，或者依照其具体名称简体汉字笔画的多少进行排列。

第五，安排文艺演出。这项程序可有可无，如果准备安排，应当慎选内容与演员，并且不要有悖于庆典的主旨。

第六，邀请来宾进行参观。如有可能，可安排来宾参观本单位的有关展览或车间等。当然，此项程序有时亦可省略。

在以上几项程序中，前四项必不可少，后两项则可以酌情省去。

（二）参加庆典

参加庆典时，不论主办单位的人员还是外单位的人员，均应检点自己临场之际的举止表现。其中，主办单位人员的临场表现尤为重要。

▍对本单位人员的要求

在举行庆祝仪式之前，主办单位应当对本单位的全体员工进行必要的礼仪教育。对于本单位出席庆典的人员，还须规定好有关的注意事项，并要求大家在临场之时务必严格遵守。在这一问题上，单位的负责人，尤其是出面迎送来宾和上主席台的人士，只能够“身先士卒”，而绝不允许有任何例外。道理非常简单，在庆祝仪式上，真正令人瞩目的，还是东道主方面的出席人员。假如这些人在庆典中精神风貌不佳，穿着打扮散漫，举止行为失当，很容易对本单位的形象进行“负面宣传”。

按照仪式礼仪的规范，作为东道主的商务人员在出席庆典时，应当重视以下七个具体方面的问题：

（1）**仪容整洁**

所有出席本单位庆典的人员，事先都要洗澡、理发，男士还应剃去胡须。无论如何，届时都不允许本单位的人员蓬头垢面、胡子拉碴、浑身汗臭，因而有意无意地给本单位的形象“抹黑”。

（2）**服饰规范**

拥有统一式样制服的单位，应要求以制服作为本单位人士的庆典着装。没有制服的单位，应要求届时出席庆典的本单位人员必须穿着礼仪性服装。即男士应穿深色的中山装套装，或穿深色西装套装，配白衬衫、素色领带、黑色鞋袜。女士应穿深色西装套裙，配长筒肉色丝袜、黑色高跟鞋，或者穿深色的西裤，或是穿花色素雅的连衣裙。绝不允许本单位的庆典参加者在服饰方面随其自然、自由放任，把一场庄严隆重的庆典，搞得像一场万紫千红的时装或休闲装的“博览会”。倘若有可能，将本单位出席者的服饰统一起来，则是最好的。

（3）**遵守时间**

遵守时间，是最基本的仪式礼仪规范之一。对本单位庆典的出席者而言，更是不得小看这一问题。上到本单位的最高负责人，下到级别最低的员工，届时都不得姗姗来迟、无故缺席或中途退场。如果庆典的起止时间已有规定，则应当准时开始、准时结束。要打算向社会证明本单位的言而有信，此其时也。

（4）**表情庄重**

在庆典举行期间，不允许嬉皮笑脸、嘻嘻哈哈，或是愁眉苦脸、一脸晦气、唉声叹气，否则会使来宾产生极其不好的想法。在举行庆典的整个过程中，都要表情庄重、全神贯注、聚精会神。假若庆典之中安排了升国旗、奏国歌、奏唱本企业歌曲（厂歌）的程序，一定要依礼行事：起立，脱帽，立正，面向国旗或主席台行注目礼，并且认认真真、表情庄严肃穆地和大家一起唱国歌、唱本企业歌曲（厂歌）。此刻，不可以不起立、不脱帽、东张西望、玩弄手机、不唱或乱唱国歌与本企业歌曲（厂歌）。在起立或坐下时，把座椅搞得乱响，一边脱帽一边梳头，或是在此期间走动和找人交头接耳，都会严重地危害本单位形象。

（5）**态度友好**

态度友好，此处所指的主要是对来宾态度要友好。遇到来宾要主动热情地问好。对来宾提出的问题要立即予以友善的答复。不要围观来宾、指点来宾，或是对来宾充满歧视、敌意。当来宾在庆典上发表贺词，或是随后进行参观时，要主动鼓掌表示欢迎或感谢。在鼓掌时，不要在对象上“挑三拣四”，不要“欺生”或是“杀熟”。即使个别来宾在庆典中表现得对主人不甚友善，也不应当场“仗势欺人”，或是非要跟对方“讨一个说法”不成。不论来宾在台上台下说了什么话，主方人员都应当保持克制，不要吹口哨、“鼓倒掌”、敲打桌椅、胡乱起哄。不允许打断来宾的讲话；不得向其提出挑衅性质疑，与其进行大辩论，或是对其进行人身攻击。

（6）**行为自律**

既然参加了本单位的庆典，主方人员就有义务以自己的实际行动来确保它的顺利与成功。至少也不应当因为自己的举止失当，而使来宾对庆典做出不好的评价。在出席庆典时，主方人员在举止行为方面应当注意的问题有：不要“想来就来，想走就走”，或是在庆典举行期间到处乱走、乱转；不要找周围的人说“悄悄话”、开玩笑，或是朝自己的“邻居”甚至主席台上的人挤眉弄眼、出怪样子；不要有意无意地做出对庆典毫无兴趣的姿态，例如，看报纸、读小说、听音乐、拨电话、刷微信、摔扑克、玩游戏、打瞌睡、织毛衣。不要让人觉得自己心不在焉，例如，手机“一鸣惊人”、探头探脑、东张西望、一再看手表，或向别人打听时间。当本单位的会务人员对自己有所要求时，需要“有则改之，无则加勉”。不要一时冲动，做出不合时宜的事来。

（7）**发言简短**

倘若商务人员有幸在本单位的庆典中发言，则务须谨记以下四个重要的问题：一是上下场时要沉着冷静。走向讲坛时，应不慌不忙，不要急奔过去，或是慢吞吞地“起驾”。

在开口讲话前，应平心静气，不要气喘吁吁、面红耳赤、满脸是汗、急得讲不出话来。二是发言期间要讲究礼貌。在发言开始，勿忘说一句“大家好”或“各位好”。在提及感谢对象时，应目视对方。在表示感谢时，应郑重地欠身施礼。对于大家的鼓掌，则应以自己的掌声来回礼。在讲话结束时，应当说一声“谢谢大家”。三是发言一定要在规定的时间内结束。届时，务必令自己的发言宁短勿长，不要随意发挥，信口开河。四是应当少做手势。含义不明的手势、毫无意义的手势、易于令人产生误会的手势等等，尤其在发言时坚决不宜采用。

对外单位人员的要求

外单位的人员在参加庆典时，同样有必要“既来之，则安之”，以自己最佳的临场表现，来表达对于主人的敬意与对庆典本身的重视。倘若在此时此刻表现欠佳，是对主人的一大伤害。所以宁肯坚辞不去，也绝不可去而失礼。

外单位的人员在参加庆典时，若是以本单位代表的身份前来，而并不仅仅代表自己个人的话，则更是特别需要约束自己的临场表现，丝毫不可对自己的所作所为自由放任、听之任之。

思考题

1. 什么是仪式礼仪？
2. 筹划仪式时，应遵循哪些礼仪原则？
3. 在草拟合同时，须注意什么问题？
4. 签字厅应当如何布置？
5. 签约时的具体座次应如何进行排列？
6. 开业仪式有何主要作用？
7. 什么是筹备开业仪式的三原则？
8. 常见的开业仪式有哪些具体的表现形式？
9. 什么是剪彩仪式？
10. 在剪彩仪式上，有哪些必备的物品？
11. 什么是剪彩的正确做法？
12. 应当如何准备交接仪式？
13. 交接仪式通常应当包括哪些主要的程序？
14. 商界的庆典大体上可以分为哪几类？
15. 在筹备应典时，一般应优先考虑邀请哪些方面的人士？
16. 庆典一般包括哪些基本程序？

第三章 会务礼仪规范

会务礼仪，在此是指有关举办与出席会议的行为规范。在商界，遵守会务礼仪，将有助于本单位的对内交流与对外合作。本章所讲授的内容，包括洽谈会、发布会、展览会、赞助会、茶话会等方面的礼仪。

学习目的

- 重视会务礼仪规范。
- 规范地组织与举办商务会议。
- 善于利用商务会议在内部进行交流、与外界进行沟通。
- 在各类商务会议上表现得恰到好处。
- 避免在办会时出现差错或失礼于人。

本章要点

- 本章讲授的是会务礼仪规范，它具体是指有关举办与出席商务会议的行为规范。遵守会务礼仪，不仅有助于会议的成功，而且将有助于本单位的对内交流与对外合作。
- 第一部分讲授的是有关洽谈会的礼仪，具体涉及洽谈的筹划、洽谈的方针等。
- 第二部分讲授的是有关发布会的礼仪，具体涉及会议的筹备、媒体的邀请、现场的应酬、善后的事宜等。
- 第三部分讲授的是有关展览会的礼仪，具体涉及展览会的分类、展览会的组织、展览会的参加等。
- 第四部分讲授的是有关赞助会的礼仪，具体涉及赞助的类型、操作的步骤、会务的安排、活动的评估等。
- 第五部分讲授的是有关茶话会的礼仪，具体涉及会议的主题、来宾的确定、时空的选择、座次的安排、茶点的准备、会议的议程、现场的发言等。

商务人员在其日常工作中必不可少所要做的一件事情，就是要组织会议或者参加会议。因此，会议自然而然地成为商务活动的有机组成部分之一。

会议，又称集会或开会。在现代社会里，它是人们从事各类有组织活动的一种重要方式。在一般情况下，会议是指有领导、有组织地使人们集合在一起，对某些特定的议题进行商议或讨论的聚会。

在商界活动之中，由于会议发挥着不同的作用，因此便有着多种类型的划分。依照会议的具体性质来进行划分，商界的会议大致可以分为如下四种类型：

（1）**行政型会议**

行政型会议，是指商界的各个单位所召开的工作性、执行性、事务性的会议，例如，办公会、董事会等等。

（2）**业务型会议**

业务型会议，是指商界的有关单位所召开的专业性、技术性会议，例如，展览会、新闻发布会等等。

（3）**群体型会议**

群体型会议，是指商界各单位内部的群众团体或群众组织所召开的非行政性、非业务性的会议，旨在争取群体权利，反映群体意愿，例如，职代会、妇代会、团代会等等。

（4）**社交型会议**

社交型会议，是指商界各单位以扩大本单位的交际面为目的而举行的会议，例如，茶话会、联欢会等等。

一般而论，以上四种类型常见于商界的会议，除群体型会议之外，均与商界各单位的经营、管理直接相关，因此被世人称为商务会议。在商务交往中，商务会议通常发挥着以下多种极其重要的作用：

（1）它是实现决策民主化、科学化的必要手段。

（2）它是实施有效领导、有效管理、有效经营的重要工具。

（3）它是达成共识、贯彻决策、下达任务、沟通信息、协调行动的有效方法。

（4）它是保持接触、建立联络、结交朋友、拓展业务的基本途径。

在许多情况下，商务人员往往需要亲自办会。所谓办会，在此指的是从事会务工作，即负责从会议的筹备召集、进行直至结束的一系列具体事项。会务礼仪，主要指的就是有关办会的具体的礼仪规范。

商务人员在负责办会时，必须注意以下两点：其一，办会要认真。奉命办会，就要全力投入，审慎对待，精心安排，务必开好会议，并为此而处处一丝不苟。其二，办会要务实。召开会议，重在解决实际问题。在这一前提下，要争取少开会、开短会、开好会，严格控制会议的数量与规模，以彻底改善会风。

一、洽谈会礼仪

商务人员在其商务交往中，大都有过参加商务洽谈的经历。对于其中的一些人而言，他们在有如战场的商场上从商的成败得失，往往更是直接地取决于能否通过洽谈来为自己开辟一条成功之路。正是在这个意义上，“商界无处不洽谈”才成了商务人员的一句格言。

商务人员所进行的洽谈，又称商务谈判，它是最重要的商务活动之一。所谓洽谈，此处是指在商务交往中存在着某种关系的有关各方，为了保持接触、建立联系、进行合作、达成交易、拟定协议、签署合同、要求索赔，或是为了处理争端、消除分歧而坐在一起进行面对面的讨论与协商，以求达成某种程度上的妥协。因洽谈而举行的有关各方的会晤，便称为洽谈会。

按照常规，商务洽谈一向被视为一种利益之争，是有关各方为了争取或维护自己的切身利益而寸步不让、寸土必争地进行的讨价还价。因此，在洽谈中，如欲“克敌制胜”，那就不可能不讲究洽谈的谋略。

与此同时，亦应看到，大凡正规、正式的洽谈，都很注重礼仪。绝大多数正式的商务洽谈，本身就是按照一系列约定俗成的既定礼仪规范所进行的庄重而严肃的会晤。在商务洽谈中，正确的态度应当是：既要讲谋略，又要讲礼仪。倘若只讲谋略而不讲礼仪，或是只讲礼仪而不讲谋略，都无助于洽谈的成功。

以下，将从商务礼仪，尤其是会务礼仪的角度来具体介绍洽谈会的有关事项，即所谓洽谈会礼仪。一般来说，洽谈会礼仪主要体现在洽谈的筹划、洽谈的方针两方面。它们互为表里、不可分割、共同决定着洽谈会成功与否。

（一）洽谈的筹划

在现实生活中，洽谈的具体形式可谓多种多样。不论商务人员所面对的是何种形式的洽谈，都有必要为此而充分地做好准备，以求有备无患。

商务人员在为进行洽谈而着手准备时，重点要在技术性准备和礼仪性准备两方面精益求精。

技术性准备

为商务洽谈而进行的技术性准备，是要求洽谈者们事先充分地掌握有关各方的状况，了解洽谈的“谋篇布局”，并就此而构思、酝酿正确的洽谈手法与洽谈策略。否则，商务人员在洽谈中就完全可能会目标不明、方法不当、顾此失彼、功败垂成。

商务人员在准备商务洽谈时，应当遵守如下四项基本原则：

（1）**客观的原则**

所谓客观的原则，即按照事物或事态的本来面目进行考察，而非预先抱有任何成见。它要求：准备洽谈时，有关的商务人员不仅占有的资料要客观，而且决策时的态度也要客观。

其一，占有的资料要客观。它主要是要求洽谈者尽可能地取得真实而准确的资料，不要以道听途说或是对方有意散布的虚假情报来作为自己决策时的依据。

其二，决策时的态度要客观。它主要是要求洽谈者在决策时，态度要清醒而冷静，不要为感情所左右或是意气用事。

（2）**预审的原则**

预审，即初步审核。所谓预审的原则，在此含义有二：其一，是指准备洽谈的商务人员，应当对自己的方案预先反复审核、精益求精。其二，则是指准备洽谈的商务人员，应当将自己所提出的方案预先报请上级主管部门或主管人士审查、批准。

虽说负责洽谈的商务人员拥有一定的授权，在某种特殊的情况下可以“将在外，君命有所不受”，或是“先斩后奏”，但是这并不等于说洽谈者可以忘乎所以、我行我素，甚而一意孤行。在洽谈之前，对自己的方案进行预审，既可以减少差错，又可以群策群力、集思广益，使方案更臻完美。

（3）**自主的原则**

所谓自主的原则，在此是指商务人员在准备洽谈时，以及在洽谈进行之中，要发挥自己的主观能动性，要相信自己、依靠自己、鼓励自己、鞭策自己。

坚持自主的原则有两大好处：其一，可以调动有关的商务人员的积极性，使其更好地有所表现。其二，可以争取主动权，或是变被动为主动，在洽谈中为自己争取到有利的位置。

（4）**兼顾的原则**

所谓兼顾的原则，此处是要求商务人员在准备洽谈时，以及在洽谈过程中，在不损害自身根本利益的前提下，应当尽可能地替洽谈对手着想，主动为对方保留一定的利益。它所追求的，是相关各方的合作双赢、多赢、共赢。故此亦称共赢的原则。

有经验的商务人员都清楚，最理想的洽谈结局，并非“你死我活”“鱼死网破”，而是有关各方的利益和要求都得到了一定程度的照顾，亦即达成妥协。在洽谈中，为对手留下余地，不搞“赶尽杀绝”，不但有助于保持与对手的正常关系，而且还会使商界同仁对自己刮目相看。

在技术上为洽谈进行准备的时候，洽谈者应当争取做好以下三个方面的相关工作：

（1）**知彼知己**

孙子曰：“知彼知己者，百战不殆。”他的这句至理名言，对洽谈者准备洽谈也具有一定的教益。在洽谈之前，如能对对手有所了解，并就此有所准备，在洽谈之中洽谈者就能够扬长避短、避实就虚，“以我之长，击敌之短”，取得更好的成绩。

对洽谈对手的了解，应集中在如下方面：一是在洽谈对手中，谁是真正的决策者或负责人；二是洽谈对手的个人资讯、谈判风格和谈判经历；三是洽谈对手在政治、经济以及人际关系方面的背景情况；四是洽谈对手的谈判方案；五是洽谈对手的主要商务伙伴、竞争对手，以及他们彼此之间相互关系的演化与变迁；等等。

（2）**熟悉程序**

谈判桌不比战场，“从战争中学习战争”那一套，对于洽谈来讲往往是行不通的。虽说洽谈的经验需要积累，但是因为洽谈事关重大，所以它往往不允许人们视之为儿戏，不允许人们在“知其一，不知其二”的情况下仓促上阵。

从纯理论上来讲，洽谈的过程是由“七部曲”一环扣一环，一气呵成的。

所谓洽谈过程的“七部曲”，此处是指探询、准备、磋商、小结、再磋商、终结以及洽谈的重建七个具体的步骤。在其中的每一个洽谈的具体步骤上，都有自己特殊的“起、承、转、合”，都有一系列台前与幕后的准备工作要做，并且需要当事人具体问题具体分析，“随机应变”。

因此，商务人员在准备洽谈时，一定要多下苦功夫，多做案头的准备工作，尤其是要精心细致地研究洽谈的常规程序及其灵活的变化，以便在洽谈之中能够胸有成竹、处变不惊。

（3）**掌握洽谈策略**

商务人员在进行洽谈时，总的指导思想是平等、互利，但这并不排斥努力捍卫或争取己方的利益。事实上，任何一方在洽谈中的成功，不仅要凭借实力，而且更要依靠对洽谈策略的灵活运用。

在商务洽谈中，对于诸如以弱为强、制造竞争、趁热打铁、出奇制胜、利用时限、声东击西等策略，任何行家里手都不会不清楚，但至为关键的对其“活学活用”，却并非每个人都能做得到，而这一点却正是商务人员所必须努力的。

例如，在洽谈时，应当何时报价，就是一个策略性极强的大问题。如果想要先入为主、赢得主动权，那么率先出价是可行的。要是不明就里，指望以逸待劳、后发制人，那么则不妨后于对手报价。仅仅就此而论，单纯地探讨先报价好，还是后报价对，都没有什么实际的意义。只有就事论事，才可以分出优劣。

礼仪性准备

洽谈的礼仪性准备，是要求洽谈者在安排或准备洽谈会时，应当注重自己的仪表，预备好洽谈的场所、布置好洽谈的座次，并且以此来显示我方对于洽谈的郑重其事以及对洽谈对象的尊重。

在准备洽谈时，礼仪性准备的收效虽然一时难以预料，但却绝对必不可少。与技术性准备相比，它是同等重要的。

我方正式出席洽谈会的人员，在仪表上通常都有严格的要求和统一的规定。男士一律应当理发、剃须、吹头发，不准蓬头乱发，不应蓄胡子或留大鬓角。女士则应选择端庄、素雅的发型，并且化淡妆，但是不宜选择过于摩登或超前的发型，不宜染彩色头发，不宜化艳妆或使用香气过于浓烈的化妆品。

在仪表方面，最值得出席洽谈会的商务人员重视的是服装。由于洽谈会关系大局，所以商务人员在这种场合应穿着传统、简约、高雅、规范的服装。可能的话，男士应穿深色三件套西装和白衬衫、打素色或条纹式领带、配黑色袜子和黑色系带皮鞋。女士则须穿深色西装套裙和白衬衫，配肉色长筒或连裤式丝袜和黑色高跟或半高跟皮鞋。此时，男士不宜穿各类休闲服，女士则不宜穿各种时装或佩戴珠宝首饰与造型怪异另类的首饰。

有时，在洽谈会上常常会见到这样一些人：男的穿夹克衫、牛仔裤、短袖衬衫、T恤衫，配旅游鞋或凉鞋；女的则穿紧身装、透视装、低胸装、露背装、露脐装、超短装、牛仔装、运动装或休闲装，光脚穿着拖鞋式的露趾、露跟凉鞋，并戴满各式首饰，从耳垂一直“武装”到脚脖子。这样一身打扮的人，留给他人的印象，不是不尊重自己、不尊重别人、不重视洽谈、自以为了不起，就是没有一点教养。

根据举行的地点不同，可以将商务洽谈分为客座洽谈、主座洽谈、客主座轮流洽谈与第三地点洽谈。

其一，客座洽谈，即在洽谈对手所在地进行的洽谈。

其二，主座洽谈，即在我方所在地进行的洽谈。

其三，客主座轮流洽谈，即在洽谈双方所在地轮流进行的洽谈。

其四，第三地点洽谈，即在不属于洽谈双方任何一方的地点所进行的洽谈。

以上四种洽谈会地点的确定，应通过各方协商而定。倘若由我方担任东道主出面安排洽谈，一定要在各方面打好礼仪这张“王牌”。人们常说“礼多人不怪”，其实在洽谈会中又何尝不是如此呢?！在洽谈会的台前幕后，恰如其分地运用礼仪去迎送、款待、照顾对手，可以赢得信赖，获得理解与尊重。在这个意义上，完全可以说在洽谈会上主随客便、主应客求，与依“礼”服务实际上是一回事。

在洽谈会上，如果我方身为东道主，那么不仅应当布置好洽谈室的环境，预备好相关的用品，而且应当特别重视礼仪性很强的座次问题。

只有在某些小规模洽谈会或预备性洽谈会的进行过程中，座次问题才可以不必拘泥。在举行正式洽谈会时，对它则不能不予以重视。因为它既体现了洽谈者对规范的尊重，也是洽谈者给予对手的礼遇。

举行双边洽谈时，应使用长桌或椭圆形桌子，宾主应分坐于桌子两侧。若桌子横放，则面对正门的一方为上，应属于客方；背对正门的一方为下，应属于主方。若桌子竖放，则应以进门的方向为准，右侧为上，属于客方；左侧为下，属于主方。

洽谈时，各方的主谈人员应在自己一方居中而坐。其余人员则应遵循“右高左低”的国际惯例，依照职位的高低自近而远地分别在主谈人员的两侧就座。假如需要译员，则应安排其就座于仅次于主谈人员的位置，即紧靠着主谈人员的右侧位置。

举行多边洽谈时，为了避免失礼，按照国际惯例，一般均以圆桌为洽谈桌来举行“圆桌会议”。这样一来，尊卑的界限就被淡化了。即便如此，在具体就座时，依旧讲究有关各方的与会人员同时入场、同时就座。至少，主方人员也不应在客方人员之前就座。

（二）洽谈的方针

在洽谈的一般过程中，双方人员的态度、心理、方式、手法等等，无不对洽谈产生重大的影响。

商务礼仪规定：商务人员在参加洽谈会时，首先需要更新意识，树立正确的指导思想，并且以此来指导自己的洽谈表现。这就是所谓洽谈的方针。谈判方针的核心，依旧是一如既往地要求洽谈者在庄严肃穆、剑拔弩张的洽谈会上以礼待人，即尊重别人、了解别人、谅解别人、理解别人，以求知同明异、求同存异、达成共识、合作共赢。具体来说，它又可分为以下六点：

▌礼敬对手

子曰：“礼者，敬而已矣。”孟子说过：“有礼者敬人。”在洽谈会上，对于对手依旧有必要以礼而敬之。所谓礼敬对手，就是要求洽谈者在洽谈会的整个进程中，要排除一切干扰，始终如一地对自己的洽谈对手讲究礼貌，时时、处处、事事表现出对对方不失真诚的敬意。

在洽谈过程中，不论发生了什么情况，都始终坚持礼敬对手，无疑能给对方留下良好的印象，而且在今后进一步的商务交往中，还能够发挥潜移默化的功效，即所谓“你敬我一尺，我敬你一丈”。

调查结果表明：在洽谈会中能够面带微笑、态度友好、语言文明礼貌、举止彬彬有礼的人，有助于消除对手的反感、漠视和抵触心理。在洽谈桌上，保持“绅士风度”或“淑女风范”，有助于赢得对手的尊重与好感。因此，在某种程度上可以说：有礼即有理，讲礼易成功。

与此相反，假如在洽谈的过程中举止粗鲁、态度刁蛮、表情冷漠、语言失礼，不知道尊重和体谅对手，则会大大加强对方的防卫性或攻击性，无形之中伤害或得罪对方，并为自己不自觉地增添阻力和障碍。

▌依法办事

在商务洽谈中，利益是各方关注的核心。对任何一方来说，彼此讲究的都是“趋利避害”。在万不得已的情况下，则会“两利相权取其大，两害相权取其轻”。虽则如此，商务人员在洽谈会上，既要为利益而争，更需始终依法办事。

所谓在商务洽谈中应当依法办事，是要求商务人员自觉地树立法治思想，在洽谈的全部过程中坚持法律至尊。洽谈者所进行的一切活动，都必须依照国家的法律办事。在国际商务交往中，除要遵守我国法律外，还须遵守国际法与所在国家的法律。唯其如此，才能确保通过洽谈所获得的既得利益。法盲作风、侥幸心理、铤而走险、目无法纪，都只会害人、害己，得不偿失。

有一些人喜欢在洽谈中附加人情世故。如果只是将它体现在处理与对手的人际关系上，争取促进双方之间的理解与尊重，那么则是正确的。假若它所指的是要在洽谈中搞“人情公关”，即有意吹捧对方，与对方称兄道弟，向对方施之以小恩小惠，则是非常错误的。总之，人情归人情、生意归生意，任何有经验的商务人员都是不会在洽谈会上让情感战胜理智、让人情等同于生意的。在洽谈中过多地附加人情，甚至以此为重点，实在是误入歧途。说到底，犯了这种错误的人，不但没有法制观念，而且不懂得应当怎样做生意。

平等协商

洽谈是什么？就其本质分析，洽谈即交易。洽谈就是有关各方在合理、合规、合法的情况下所进行的公平的讨价还价。由此可见，洽谈实际上是观点各异的各方经过种种努力，从而达成某种程度上的共识或一致的过程。换言之，洽谈只会在观点各异的有关各方之间进行，所以假如离开了平等协商，成功的洽谈便难以设想。

在洽谈中要坚持平等协商，重点是要注意两个方面的问题：

第一，洽谈各方在地位上必须平等一致、相互尊重。不允许仗势欺人、以大欺小、以强凌弱。如果在谈判的一开始有关各方在地位上便不平等，那么是很难达成让各方心悦诚服的协议的。

第二，洽谈各方在洽谈中必须通过协商，即相互商量去求得共识，而不是通过强制、欺骗来达成一致。

在洽谈会上，要做到平等协商，就必须以理服人。要进行洽谈，就要讲道理。要依理行事、以理评理、据理力争，并将其贯穿于洽谈的始终。这样做的话，就容易“自成一说”，进而说服对方。

求同存异

有一位驰名世界的谈判大师曾经说过：“所谓洽谈，就是一连串的不断的要求，再加上一个又一个不断的妥协。”理解了他的这句话，有助于商务人员深化对洽谈本质的理解。

在任何一次正常的洽谈中，都没有绝对的胜利者和绝对的失败者。相反，有关各方通过洽谈，多多少少都会获得或维护了自身的利益，也就是说，大家在某种程度上达成了妥协，彼此都感觉到“山重水复疑无路，柳暗花明又一村”。

富有经验的商务人员都清楚，有关各方既然同意坐下来进行洽谈，那么在洽谈时，就绝对不可以始终坚持“一口价”，或者对自己的要求过于执着、一成不变、一意孤行。否则就是作茧自缚、自欺欺人。原因十分简单，在洽谈时，有关的一切议题都是可以谈的。

所谓妥协，实质上就是相关各方的彼此退让，或曰让步。在洽谈会上，妥协也是通过有关各方的相互让步来实现的。所谓相互让步，意即有关各方均有所退让。但是这种相互让步，并不等于有关各方的对等让步。在实践中，真正的对等让步总是难以实现的。在洽谈会上所达成的妥协，对当事的有关各方而言只要公平、合理、自愿，只要最大限度地维护或争取了各自的利益，就是可以被接受的。

互利互惠

最理想的洽谈结局，是有关各方达成了彼此都能够接受的妥协。说到底，就是要使有关各方通过洽谈都能够互利互惠。

在商务交往中，洽谈一直被视为一种合作或为合作而进行的准备。因此一场商务谈判最圆满的结局，应当是洽谈的所有参与方都能够各取所需，都取得了一定的成功，并获得了更大的利益。也就是说，商务洽谈首先是讲究利益均沾、共赢共荣、共同胜利的。如果把商务洽谈视为“一次性买卖”，主张己方赢得越多越好，甚至非要与对手拼个“你死我活”，争取以自己的大获全胜和对手的彻底失败来作为洽谈会的最终结果，则必将危及己方与对方的进一步合作，并且使社会上对己方产生“心狠手辣”“不能容人”的恶劣印象。

因此，商务人员在参加洽谈会时，必须争取的结局应当是既利己又利人的。当代的商界，最讲究的是伙伴、对手之间同舟共济。有关各方既要讲竞争，更要讲合作。自己所获得的利益，不应当建立在有害于对手或伙伴的基础上，而是应当彼此两利、彼此双赢、彼此多赢、彼此共赢。对于这种商界的公德，商务人员在洽谈中务必应当遵守。

人事分开

在洽谈会上，洽谈者在处理己方与对手之间的相互关系时，必须要做到人与事分离，各自分别而论。

在洽谈中将对手的人与事分开，就是要求商务人员与对方相处时，务必切记：朋友归朋友、洽谈归洽谈，对于二者之间的界限不能混淆。

将洽谈对手人与事分开的正确认识应当是：在洽谈桌上，大家彼此对既定的目标都志在必得、义不容情。因此，既不要指望对手之中的老朋友能够“不忘旧情”、良心发现，对自己“手下留情”，也不要责怪对方“见利忘义”、“不够朋友”、对自己“太黑”。

业已明言：商务洽谈并非一场你死我活的人与人的战争，因此商务人员对它应当就事论事，不要让自己对洽谈对手主观上的好恶妨碍自己解决现实问题。

商务人员在洽谈会上，应当理解洽谈对手的处境，不要对对方提出不切实际的要求，或是一厢情愿地渴望对方向自己施舍或回报感情。

同理，商务人员在洽谈会上，对“事”要严肃，对“人”则要友善。对“事”不可以不争，对“人”则不可以不敬。换言之，必须坚持对“事”不对“人”。

在商界，有一句行话叫作“君子求财不求气”。它告诫各位：意气用事，在商务交往中的任何场合，其中自然也包括洽谈会在内，都是弊大于利的。

商界还流行着另外一句名言，叫作“君子爱财，取之有道”。将其应用于洽谈之中显然也是合情合理的。它告诉商务人员：要想在商务洽谈之中尽可能地维护己方的利益，减少己方的损失，就应当在洽谈的方针、策略、技巧上下功夫，从而名正言顺地在洽谈会上获得成功。要是把心思用到了其他地方，甚至指望以见不得阳光的邪门歪道出奇制胜，不是痴心妄想，便是自欺欺人。

二、发布会礼仪

20 世纪 80 年代后期，国内的一家民营企业开发出了一种全新的果汁型饮料。这种饮料不仅营养丰富、无添加剂、口感舒适，而且符合通行的健康和卫生标准，并与国际上饮料的流行趋势相吻合。然而，那时国内的饮料市场几乎全部已被外国饮料占领。要在当时特定的条件下，将这种新型的国产饮料推上市场，并且争得一席之地，可以说是难上加难的。

要想在广告宣传上与财大气粗、经验丰富的外国饮料商决一雌雄，国内这家民营企业显然实力不够。于是，它的负责人决定另辟蹊径，在力所能及的情况下，为自己做上一次“软广告”。在饮料消费的旺季来临之前，这家企业专门租用了首都北京的一座举世知名的建筑物，在其中召开了一场由新闻界人士为主要参加者的新产品说明会。在会上，这家企业除了向与会者推介自己的新产品之外，还邀请到了国内著名的饮料专家与营养专家，请其发表各自的高见，并邀请全体与会者亲口品尝这种新饮料。

此后，不少与会的新闻界人士不仅争先恐后地在自己所属的媒体上发布了这条消息，而且纷纷自愿地为其大说、特说好话。有些新闻界人士甚至还站在维护国产饮料的立场上，为其摇旗呐喊。结果一时间令其名声大振，销量也随之大增，终于在列强林立的饮料市场上脱颖而出。

从会务礼仪的角度上来看，那家民营企业为推出自己的新品饮料所举行的那场带来了巨大成功的新产品说明会，即为新闻发布会。

新闻发布会，简称发布会，有时亦称记者招待会。它是一种主动发布、传播各类有关的信息，谋求新闻界对某一社会组织或某一活动、事件、产品、项目进行客观而公正的报道的有效的沟通方式。现代社会，已成为一个信息社会。有道是：知名度决定美誉度。对商界而言，举办新闻发布会，是自己主动进行对外传播与推广，联络、协调与新闻媒介之间的相互关系的一种最重要的手段。

新闻发布会的常规形式是：由某一商界单位或几个相关的商界单位出面，将有关的新闻界人士邀请到一起，在特定的时间里和特定的地点内举行一次会议，发布某一消息，说明某一活动，解释某一事件，推介某一产品或某一项目，争取新闻界对此进行客观而公正的报道，并且尽可能地争取扩大相关信息的传播范围。按照惯例，当主办单位在新闻发布会上进行完主题发言之后，允许与会的新闻界人士在既定的时间里围绕发布会的主题进行提问，主办单位必须安排专人回答此类提问。简言之，新闻发布会就是以发布新闻为主要内容的会议。

发布会礼仪，一般指的就是有关举行新闻发布会的礼仪规范。对商界而言，发布会礼仪至少应当包括会议的筹备、媒体的邀请、现场的应酬、善后的事宜四方面的内容。

（一）会议的筹备

筹备新闻发布会，所要做的准备工作甚多。其中最重要的，是要做好主题的确定、时空的选择、人员的安排、材料的准备等具体工作。

▌主题的确定

决定召开一场新闻发布会之后，即应首先确定其主题。新闻发布会的主题，指的是新闻发布会的中心议题。主题确定是否得当，往往直接关系到本单位的预期目标能否实现。一般而言，新闻发布会的主题大致上有五类：一是发布某一消息；二是推出某一产品或某一项目；三是说明某一活动；四是解释某一事件；五是澄清某一问题。

具体而言，公司或企业开业、扩建、合并、关闭，创立的周年纪念日，经营方针发生改变或是推出新举措，新产品、新技术、新服务或新项目面世，首脑或高级管理人员发生变动，遭遇重大事故，遭到社会的误解或者批评等等，通常都是其新闻发布会的常规主题。

▌时空的选择

新闻发布会的时空选择，通常是指其时间与地点的选择。对上述两个具体问题倘若不加重视，即便主题再好，新闻发布会也往往难以奏效。

（1）**选择时间**

一般来说，一次新闻发布会所使用的全部时间应当限制在两个小时以内，并应力求简短、简短、再简短。具体而言，在选定举行新闻发布会的时间时，还须谨记以下四个方面的细节问题：一是要避开节日与假日；二是要避开本地的重大社会活动；三是要避开其他单位的新闻发布会；四是要避开与新闻界的宣传报道重点撞车或相左。仅仅只是强调其紧迫性、时效性，而忽略了上述问题，往往只会使自己的努力徒劳无益。

通常认为，举行新闻发布会的最佳时间，是周一到周四的上午9点至11点，或是下午的3点至5点。在此时间内，绝大多数人都是方便与会的。之所以将周五排除在外，主要是因为周末随之而至，此刻往往人心涣散，对新闻报道往往不予重视。

(2) **选择地点**

新闻发布会的举行地点，除可以考虑本单位本部所在地、活动或事件所在地之外，还可优先考虑首都或其他影响巨大的中心性城市。必要时，还可在不同地点举行内容相似的新闻发布会。举行新闻发布会的现场，应交通方便、条件舒适、环境幽雅、面积适中。本单位的会议厅、宾馆的多功能厅、当地最有影响的建筑物或大礼堂等，均可酌情予以选择。

人员的安排

在准备新闻发布会时，主办方必须精心做好有关人员的安排。与其他会议所不同的是，新闻发布会的主持人、发言人选择是否得当，往往直接关系到会议的成败。因此，安排新闻发布会的人员，首先就要选好主持人与发言人。

(1) **主持人**

按照常规，新闻发布会的主持人大都应当由主办单位的公关部部长、办公室主任或秘书长担任。其基本条件是：人脉广泛、仪表堂堂、年富力强、见多识广、反应灵活、语言流畅、幽默风趣、善于把握大局、长于引导提问，并且具有丰富的主持会议的经验。

(2) **发言人**

在一般情况下，新闻发布会的发言人是会议的主角，因此他通常应由本单位主管公共关系的主要负责人担任，有些单位往往还设有专职的新闻发言人。除了在社会上口碑较好、与新闻界关系较为融洽之外，对发言人的基本要求还应当包括：爱国守法、为人可靠、恪尽职守、修养良好、学识渊博、精通业务、思维敏捷、反应迅速、记忆力强、善解人意、能言善辩、彬彬有礼等等。

(3) **接待人员**

除了要慎选主持人、发言人之外，还须精选一批本单位的员工负责会议现场的礼仪接待工作。依照惯例，新闻发布会的接待人员最好由品行良好、相貌端正、工作负责、善于交际的年轻女性担任。由本单位公关人员、接待人员等专业人士出马，则更为适宜。

为了宾主两便，主办单位所有正式出席新闻发布会的人员，均须在会上正式佩戴事先统一制作的姓名胸卡。其内容，应包括姓名、单位、部门与职务。

▌材料的准备

在准备新闻发布会时，主办单位通常需要事先委托专人准备好如下四个方面的主要材料：

（1）**发言提纲**

发言提纲，在此指的是发言人在新闻发布会上进行正式发言时的发言提要。发言提纲既要紧扣主题，又必须全面、准确、生动、真实。

（2）**问答提纲**

为了使发言人在现场正式回答提问时表现自如、不慌不忙，事先可对有可能被提问的主要问题进行预测，并就此预备好针锋相对的答案，以使发言人心中有数、有备无患，必要时予以参考。此即所谓问答提纲。

（3）**宣传提纲**

为了方便新闻界人士在进行宣传报道时抓住重点、资讯翔实，主办单位可事先精心准备好一份以有关数据、图片、资料为主的宣传提纲，并将它打印出来，在新闻发布会上提供给每一位外来的与会者。在宣传提纲上，通常应列出本单位名称及联络电话、传真号码、微信公众号、专用电子邮箱等，以供新闻界人士核实有关信息之用。允许上网的商界单位，还可同时列出本单位的网址。

（4）**辅助材料**

假如条件允许，可在新闻发布会的举办现场预备一些可强化会议效果的形象化视听材料，例如，图表、照片、实物、模型、沙盘、录音、录像、影片、幻灯片、小视频以及光碟等，以供与会者利用。在会前或会后，有时亦可安排与会者进行必要的现场参观或展览、陈列参观。应当注意的是，此类辅助材料切勿弄虚作假，切勿泄露主办单位的商务秘密。

（二）媒体的邀请

在新闻发布会上，主办单位的交往对象自然以新闻界人士为主。在事先考虑邀请新闻界人士时，必须有所选择、有所侧重。不然的话，就难以确保新闻发布会真正取得成功。一般而言，在这一问题上，有以下三个侧重点必须认真予以考虑：

▌应否邀请新闻界人士参加

一家务实的商界单位，并非天天都要依靠炒卖新闻而自抬身价。举办新闻发布会，首先要看有无必要性。即使存在一定的必要性，也要多加论证，要讲究发布会的少而精。

众所周知，商界向社会各界主动传播信息的方式，并非只有举行新闻发布会一种。除此之外，发送新闻稿、邀请参观现场也可以发挥相同的功效。假如采用后两种方式即可发挥预期的作用，那么新闻发布会往往是可以不举办的。如果

"新闻"不新，或是新闻界人士对其毫无兴趣，而非得一厢情愿地坚持开新闻发布会，届时若是无人到场，可就洋相百出了。总之，不该邀请新闻界人士时，就不要自讨没趣。若是没有必要邀请新闻界人士，也就无所谓召开新闻发布会的问题了。

▌邀请哪些方面的新闻界人士参加

决定召开新闻发布会之后，邀请哪些方面的新闻界人士与会的问题就显得重要起来。实际上，这一问题又可分为两个方面：

邀请新闻界人士，先要了解其工作的性质与特点。新闻界人士，此处特指大众传媒的从业人员。目前，大众传媒大体上分为电视、报纸、广播、期刊、网站五种。它们各有所长，各有所短。

（1）**电视**

电视的优点，是受众广泛、真实感强、传播迅速；其缺点，则是受时空限制、资讯不容易保存。

（2）**报纸**

报纸，亦称新闻纸。报纸的优点，是信息容量大、易于储存查阅、覆盖面广大；其缺点，则是感染力差、不够精美。

（3）**广播**

广播的优点，是传播速度快、鼓动性极强、受限制较少；其缺点，则是相关的信息稍纵即逝、选择性差。

（4）**期刊**

期刊，俗称杂志。它的优点，是印刷精美、系统性强、形式多变；其缺点，则是出版周期较长、读者相对较少。

（5）**网站**

网站，此处是指在互联网上以提供资讯网页为主要服务形式的浏览工具。它拥有域名或地址，并有自己的服务器。网站的优点，是资讯丰富、时效性强、涉及广泛；其缺点，则是它所传播的信息有时良莠不齐、真伪难辨。

了解了上述各种大众传媒的主要优缺点，并在对其邀请时加以考虑，才不至于走弯路。

邀请新闻界人士时，必须有所侧重。在邀请新闻单位的具体数量上，新闻发布会自有讲究。它的基本规则是：发布某一消息、推介某一产品或某一项目时，尤其是为了扩大影响、提高本单位的知名度时，邀请的新闻单位通常多多益善。而在说明某一活动、解释某一事件时，特别是当本单位处于守势而这样做时，邀请新闻单位的面则不宜过于宽泛。不论邀请一家还是数家新闻单位参加新闻发布会，主办单位都要尽可能地优先邀请那些影响较大、主持正义、报道公正、口碑良好或对待本单位向来较为友善的新闻单位派员到场。此外，还应根据新闻发布会的具体性质，确定是要邀请全国性新闻单位、地方性新闻单位、行业性新闻单位同时到场，还是只邀请其中的某一部分。如拟邀请国外新闻单位到会，除了要考虑有无实际需要之外，还需遵守有关的外事纪律，并且事先报批。

▍如何协调主办单位与新闻界人士的相互关系

如前所述，新闻界人士是新闻发布会上的主宾。主办单位如欲取得新闻发布会的成功，就必须求得对方的配合，并与之协调好相互关系。主办单位，特别是主办单位的主要负责人与公关人员在与新闻界人士打交道时，一定要注意以下五点：

（1）要把新闻界人士当作自己真正的朋友对待，对对方既要尊重友好，更要坦诚相待。

（2）要对所有与会的新闻界人士一视同仁，而不宜有亲有疏、厚此薄彼。

（3）要尽可能地向新闻界人士提供对方所需要的信息，并注重相关信息的准确性、真实性与时效性，不要对其弄虚作假、重炒旧闻。

（4）要尊重新闻界人士的自我判断，不要指望拉拢、收买对方，更不要打算去左右或控制对方。

（5）要与新闻界人士保持联络，并经常与对方互通信息、常来常往，以争取建立双方的持久关系。

（三）现场的应酬

在新闻发布会正式举行的过程之中，往往会出现种种这样或那样的确定和不确定的问题。有时，甚至还会有难以预料的情况或变故出现。要应付这些难题，确保新闻发布会的顺利进行，除要求主办单位的全体人员齐心协力、密切合作之外，最重要的是要求代表主办单位出面应付来宾的主持人、发言人善于沉着应变、把握全局。为此，特别要求主持人、发言人在新闻发布会举行之际牢记下述几个要点：

▍外表的修饰

毫无疑问，在新闻发布会上，代表主办单位出场的主持人、发言人，一定会被新闻界人士视为主办单位的化身和代言人。而在新闻发布会召开之后，他们则更有可能在众多的大众传媒上纷纷出镜亮相。在广大社会公众眼里，他们通常被与本单位的整体形象画上了等号，甚至决定了社会公众对主办单位的态度与评价如何。有鉴于此，主持人、发言人对于自己的外表，尤其是仪容、服饰、举止，一定要事先进行认真的修饰。

按惯例，主持人、发言人尤其是身为女性者需要进行必要的化妆，并且以化淡妆为主。其发型应当庄重而大方。男士宜穿深色西装套装、白色衬衫、黑袜黑鞋，并且打色彩与图案庄重的领带，女士则宜穿单色套裙、肉色丝袜、黑色高跟皮鞋。主持人、发言人的服装必须干净、挺括，一般不宜佩戴任何首饰。

在面对新闻界人士时，主持人、发言人都应举止自然大方。届时，一定要面含微笑，目光炯炯，表情松弛，坐姿端正。要努力克服某些有损个人形象的不良举止，例如，不要抓搔头皮、紧咬嘴唇、眼皮上翻、东张西望、不看听众、以手捧头、手势过多、双脚乱抖、反复起立、交头接耳、表情呆滞、不苟言笑、反应迟缓等等。

相互的配合

不论主持人还是发言人，在新闻发布会上都是一家人，因此二者之间的配合默契必不可少。二者要真正做好相互配合，一是要分工明确，二是要彼此支持。

在新闻发布会上，主持人与发言人的分工有所不同，因此必须各尽其职，才有配合可言。不允许越俎代庖、替人代劳。主持人所要做的，主要是主持会议、引导提问。发言人所要做的，则主要是主旨发言、答复提问。有时，在重要的新闻发布会上，为慎重起见，主办单位往往会安排数名发言人同时出场。若发言人不止一人，事先必须进行好内部分工，每人各管一段。否则人多了，话反而没有人说，或是大家抢着说。一般来讲，发言人的现场发言应分为两个部分，首先进行主旨发言，接下来才会回答疑问。当数名发言人到场时，则只需一人进行主旨发言即可。

主持人、发言人的彼此支持，在新闻发布会上通常是极其重要的。在新闻发布会进行期间，主持人与发言人必须保持一致的口径，不允许公开顶牛、相互拆台或者众说纷纭。当新闻界人士提出的某些问题过于尖锐或难以回答时，主持人要想方设法转移话题，不使发言人难堪。而当主持人邀请某位新闻记者提问之后，发言人一般要给予对方适当的回答。不然，不论对那位提问的新闻记者还是对主持人来讲，都是非常失敬的。

讲话的分寸

在新闻发布会上，主持人、发言人的一言一行，都代表着主办单位。因此，二者必须对自己讲话的具体分寸予以重视。对主持人、发言人而言，届时下述四点尤为重要：

（1）**简明扼要**

不论发言还是答问，都要简单明了，并且条理清楚、重点集中，令人既一听就懂，又难以忘怀。在新闻发布会上有意卖弄口才、口若悬河，往往费力不讨好。

（2）**提供新闻**

举办新闻发布会，自然就应有新闻发布。新闻界人士就是特意为此而来的，所以在不违法、不泄密、不造假、不胡说的前提下，要善于满足对方在这一方面的要求。至少，也要在讲话中善于表达自己的独到见解，并杜绝以旧闻、谎言搪塞媒体与公众。

（3）**生动灵活**

在讲话之际，讲话者的语言是否生动，话题是否灵活，通常直接影响到现场的气氛。面对冷场或者冲突爆发在即，讲话者生动而灵活的语言，往往可以化险为夷。因此，适当地采用一些幽默风趣的语言、巧妙委婉的典故，往往也是必不可少的。

（4）**温文尔雅**

新闻记者大都见多识广，加之

又是有备而来，所以他们在新闻发布会上经常会提出一些尖锐而棘手的问题。遇到这种情况时，发言人能答则答，不能答则应当巧妙地进行闪避，或是直接告之以无可奉告。无论如何，都不要对对方恶语相加、冷嘲热讽、训斥对方，甚至粗暴地打断对方的提问。届时吞吞吐吐、张口结舌，也不会给人以好的印象。唯有语言上谦恭敬人、高雅脱俗，才会不辱使命。《论语》记载：“子不语怪、力、乱、神。”它告诫人们：说话时轻松、风趣、幽默固然好，但永远都不要胡言乱语、失口于人。即使发言人在主场发言，也不应对此予以忽略。

(四) 善后的事宜

新闻发布会举行完毕之后，主办单位通常应在一定的时间之内对其进行一次认真的评估善后工作。一般而言，需要认真处理的事情共有如下三项：

▌了解新闻界的反应

新闻发布会结束之后，应对照现场所使用的来宾签到簿与来宾邀请名单，核查一下新闻界人士的到会情况。据此，可大致推断出新闻界对本单位的重视程度。此外，还有两件事必做不可：一是要了解与会者对此次新闻会的意见或建议，尽快找出自己的缺陷与不足；二是要了解与会的新闻界人士之中有多少人为此次新闻发布会发布了新闻稿。

▌整理保存会议资料

会后整理并保存新闻发布会的有关资料，不仅有助于全面评估会议效果，而且可为此后举行同一类型的会议提供借鉴。需要主办单位认真整理保存的新闻发布会的有关资料，大致上可以分为下列两类：

第一，会议自身的图文声像资料。它包括在会议进行过程中所使用的一切文件、图表、录音、录像等等。

第二，新闻媒介有关会议报道的资料。它主要包括在电视、报纸、广播、期刊、网络上公开发表的涉及此次新闻发布会的消息、通讯、评论、图片、音频、视频等等。具体可以分为有利报道、不利报道、中性报道三类。

▌酌情采取补救措施

在听取了与会者的意见、建议，总结了会议的举办经验，收集、研究了新闻界对于会议的相关报道之后，对于己方的失误、过错，要主动采取一些必要的对策。对于在新闻发布会之后所出现的不利报道，特别要加以具体分析、具体对待。这类不利报道，大致可分为三类：

（1）事实准确的批评性报道。

（2）因误解而出现的失实性报道。

（3）有意歪曲事实的敌视性报道。

对于批评性报道，主办单位应当闻过即改、虚心接受。对于失实性报道，主办单位应通过适当途径加以解释、消除误解。对于敌视性报道，主办单位则应在讲究策略、方式的前提下据理力争，尽量为本单位挽回声誉。

三、展览会礼仪

对常人而言，在其日常生活之中接触最多的商务性会议，大概非展览会莫属了。而对商界单位来说，积极参与各种类型的展览会，则是其从事公关活动或展业营销的一种常规的手段。

所谓展览会，对商界而言，特指有关方面为了介绍本单位的业绩，展示本单位的成果，推销本单位的产品、技术、服务或专利，而以集中陈列实物、模型、文字、图表、视频、影像资料供人参观了解的形式，所组织的宣传性、推广性、展示性聚会。有时，人们也将其简称为展览，或称之为展会、展示、推广。

在商务交往中，展览会往往发挥着重大的作用。它不仅具有甚强的说服力、感染力，可以打动观众，为主办单位广交朋友，而且可以借助于个体传播、群体传播、大众传播以及新媒体传播等各种传播形式，使有关主办单位的信息广为传扬，提高其名气与声誉。正因为如此，几乎所有的商界单位都对展览会十分重视，并踊跃参加。

展览会礼仪，通常是指商界单位在组织、参加展览会时应当遵循的规范与惯例。在一般情况下，展览会主要涉及展览会的分类、展览会的组织与展览会的参加三个方面。

（一）展览会的分类

严格地讲，展览会是一个覆盖面甚广的基本概念。细而言之，它其实又分作许许多多不尽相同的具体类型。若要举办好一次展览会，自然首先必须确定其具体类型，然后再进行相应的定位。否则，很可能就会出现不少漏洞。

站在不同的角度上来看待展览会，往往可以对其进行不同标准的划分。按照商界目前所通行的会务礼仪规范，划分展览会不同类型的主要标准一共有下列六种：

▌展览会的目的

举办展览会的目的，乃是划分展览会类型的最基本的标准。依照这一标准，展览会可被分作宣传型展览会和销售型展览会两种类型。

其一，宣传型展览会。宣传型展览会，显然意在向外界宣传、介绍参展单位的成就、实力、历史与理念，所以它又叫作陈列会。

其二，销售型展览会。销售型展览会，则主要是为了通过展示参展单位的产品、技术、服务或专利招徕顾客，促进其生产与销售。通常，人们又将销售型展览会称为展销会或交易会。

展览品的种类

展览品的种类，亦为划分展览会类型的标准之一。在一次展览会上，展览品具体种类的多少，往往会直接地导致展览会的性质有所不同。根据展览品具体种类的不同，可以将展览会区分为单一型展览会与综合型展览会。

（1）**单一型展览会**

单一型展览会，往往只展示某一大的门类的产品、技术、服务或专利，只不过其具体的品牌、型号、功能有所不同而已，例如，化妆品、新能源汽车等。因此，人们经常会以其具体展示的某一门类的产品、技术、服务或专利的名称，来对单一型展览会进行直接的冠名，例如，可称之“化妆品展览会”“新能源汽车展览会”等。在一般情况下，单一型展览会的参展单位大都是同一行业的竞争对手，因此这种类型的展览会不仅会使其竞争更为激烈，而且对于所有参展单位而言不啻为一场公平的市场考试。

（2）**综合型展览会**

综合型展览会，有时亦称混合型展览会。它是一种包罗万象的，同时展示多种门类的产品、技术、服务或专利的大型展览会。与前者相比，后者所侧重的主要是参展单位的综合实力。

展览会的规模

有时，展览会的类型是依照其具体规模进行划分的。根据具体规模的大小，展览会有大型展览会、小型展览会与微型展览会之分。

（1）**大型展览会**

大型展览会，通常由社会上的专门机构出面承办，其参展的单位众多、参展的项目广泛，因而规模较大。举办此类展览会，要求一定的操作技巧。因其档次高、影响大，参展单位必须具备一定的资质，并经过申报、审核、批准等一系列程序。有时，还需为此支付一定的费用。

（2）**小型展览会**

小型展览会，一般都由某一单位自行举办，其规模相对较小。在小型展览会上，展示的主要是代表着主办单位最新成就的各种产品、技术、服务或专利。

（3）**微型展览会**

微型展览会，是小型展览会的进一步微缩。它提取了小型展览会的精华之处，一般不在社会上进行商业性展示，而只是将其安排、陈列于本单位的展览室或荣誉室之内，主要用以教育本单位的员工和供来宾参观之用。

▌参展者的区域

展览会的类型，通常还可依照参展者所在的不同区域来进行划分。根据参展单位所在的地理区域的不同，可将展览会划分为国际性展览会、洲际性展览会、区域性展览会、全国性展览会、全省性展览会和本地性展览会。规模较大的国际性展览会、洲际性展览会、区域性展览会和全国性展览会，往往被人们称为博览会。应当明言的是，组织展览会并不一定非要贪大求全不可，而且不宜虚张声势、名不副实，动辄以“世界”“全球”“亚太”“亚洲”“全国”名之。若是根据参展单位所属行业的不同，则展览会亦可分为行业性展览会和跨行业展览会。

▌展览会的场地

展览会的场地，也是划分展览会类型的一种标准。举办展览会，免不了要占用一定面积的场地。若以所占场地的不同而论，展览会有着室内展览会与露天展览会之别。

（1）室内展览会

室内展览会，大都被安排在专门的展览馆，或是宾馆和本单位的展览厅、展览室之内。其会场通常设计考究、布置精美、陈列有序、安全防盗、不易受损，并且可以不受时间与天气的制约，显得隆重而有档次。但是，其所需费用往往偏高。在展示价值高昂、制作精美、忌晒忌雨、易于失盗的展品时，室内展览会自然是其首选。

（2）露天展览会

露天展览会，均被安排在室外的露天之处。它可以提供较大的场地、花费较小，而且不必为设计、布置费力过多。展示大型展品或需要以自然界为其背景的展品时，此种选择最佳。通常，展示花卉、农产品、工程机械、大型设备时大都举办此类露天展览会。但是，这类展览受天气等自然条件影响较大，并且极易使展品丢失或受损。

▌展览会的时间

展览会的类型，还可依照展期的不同进行划分。举办展览会所用的具体时间的长短，亦称为展期。根据展期的不同，可以把展览会分为长期性展览会、定期性展览会和临时性展览会。

（1）长期性展览会

长期性展览会，大都常年举行。其展览场所固定，展品变动不大。

（2）定期性展览会

定期性展览会的展期，一般固定为每隔一段时间之后，在某一个特定的时间之内举行。例如，每三年举行一次，或者每年春季举行一次，等等。其展览主题大都既定不变，但允许变动展览场所，或展品内容有所变动。一般来看，定期性展览会往往以“第一届”“第二届”等序列号进行先后顺序的排列，故其明显地呈现出连续性、系列性的特征。

(3) 临时性展览会

临时性展览会，随时可根据需要与可能举办。它所选择的展览场所、展品内容乃至展览主题往往不尽相同，但其展期大都不长。

(二) 展览会的组织

一般的展览会，既可以由参展单位自行组织，也可以由地方政府、行业协会、社会上的专门机构出面举办。不论组织者由谁来担任，都必须认真做好具体的工作，力求使展览会取得较为完美的效果。

根据惯例，展览会的组织者需要重点进行的具体工作，主要包括参展单位的确定、展览内容的宣传、展示位置的分配、安全保卫的事项、辅助服务的项目等等。

参展单位的确定

一旦决定举办展览会，由什么单位来参加的问题是非常重要的。在具体考虑参展单位的时候，必须注意两相情愿，不得勉强。按照商务礼仪的要求，主办单位事先应以适当的方式，对拟参展单位发出正式的邀请或召集。

邀请或召集参展单位的主要方式，通常为刊登广告、寄发邀请函、召开新闻发布会、发布网上公告等等。不论采用哪种方式，均须同时将展览会的宗旨、展出的主要项目、参展单位的范围与条件、举办展览会的时间与地点、报名参展的具体时间与地点、咨询有关问题的联络方法、主办单位拟提供的辅助服务项目、参展单位所应负担的基本费用等，一并如实地告知参展单位，以便对方据此加以定夺。

对于报名参展的单位，主办单位应根据展览会的主题与具体条件进行必要的筛选与审核。切勿良莠不分、鱼龙混杂、来者不拒。

当参展单位的正式名单确定之后，主办单位应及时地以专函进行通知，令被批准的参展单位尽早有所准备。

展览内容的宣传

为了引起社会各界对展览会的重视，并且尽量地扩大其影响，主办单位有必要对其进行大力宣传。宣传的重点，应当是展览的内容，即展览会上的展示陈列之物。因为只有它们才能真正引起各界人士的注意和兴趣。

对展览会，尤其是对展览内容所进行的宣传，主要可以采用下述几种方式：

（1）举办新闻发布会。

（2）邀请新闻界人士到场进行参观采访。

（3）发布有关展览会的新闻稿。

（4）在大众传媒上公开刊发广告。

（5）张贴有关展览会的宣传画与宣传标语。

（6）在展览会现场散发宣传性材料和纪念品。

（7）在举办地悬挂彩旗、彩带或横幅。

（8）利用升空的彩色气球和飞艇进行宣传。

以上八种方式，可以只择其一，亦可多种同时并用。在具体进行选择时，一定要量力行事，并且要严守法纪、确保安全。

为了搞好宣传工作，在举办大型展览会时，主办单位应专门成立负责对外宣传的组织机构。其正式名称可以是新闻组，也可以叫作宣传办公室。

▍展示位置的分配

对展览会的组织者来讲，展览现场的规划与布置，通常是其重要职责之一。在布置展览现场时，基本的要求是：展示陈列的各种展品要围绕既定的主题，进行互为衬托的合理组合与搭配。要在整体上显得井然有序、浑然一体。

毋庸置疑，所有参展单位都希望自己能够在展览会上拥有理想的位置。展品在展览会上进行展示陈列的具体位置，称为展位。大凡理想的展位，除了收费合理之外，应当面积适当、视野开阔、客流较多，处于展览会上的较为醒目之处，并且设施齐备，通风、采光、水电的供给等状况良好。

在一般情况下，展览会的组织者要想尽一切办法充分满足参展单位关于展位的合理要求。假如参展单位较多，并且对于较理想的展位竞争较为激烈的话，则展览会的组织者可依照展览会的惯例，采用下列方法之一对展位进行合理的分配：

（1）对展位进行竞拍

对展位进行竞拍，即由组织者根据展位的不同制定不同的收费标准，然后组织一场拍卖会，由参展者在会上自由进行角逐，并由出价高者拥有自己所中意的展位。

（2）对展位进行投标

对展位进行投标，即由参展单位依照组织者所公告的招标标准和具体条件，自行报价，并据此填具标单，而由组织者按照“就高不就低”的常规，将展位分配给对其报价高者。

（3）对展位进行抽签

对展位进行抽签，即将展位编号，然后将号码写在纸签之上，由参展单位的代表在公证人员的监督之下，依次抽签，并且每人限抽一签，然后以此来确定其各自的具体展位。

（4）按“先来后到”分配

按“先来后到”分配，即以参展单位正式报名的先后为序，谁先报名，谁便有权优先选择自己所看中的展位。

不论采用上述何种方法，组织者均须事先将其广而告之，以便参展单位早做准备，尽量选到称心如意的展位。

安全保卫的事项

无论展览会举办地的社会治安环境如何，组织者对于相关的安全保卫事项均应认真对待，免得由于事前考虑不周而麻烦丛生，或者“大意失荆州”。

在举办展览会前，必须依法履行常规的报批手续。此外，组织者还须主动将展览会的举办详情向当地公安部门、交管部门、消防部门进行报备，并获得其批准、理解、支持与配合。

举办规模较大的展览会时，最好从合法的保安公司聘请一定数量的保安人员，将展览会的安保工作全权交予对方负责。

为了预防天灾人祸等不测事件的发生，应向声誉良好的保险公司进行数额合理的投保，以便利用社会的力量为自己分忧。

在展览会入口处或展览会的门券上，应将参观的具体的安全注意事项正式成文列出，使观众心中有数，以减少纠葛。

展览会组织单位的全体工作人员，均应自觉树立良好的防灾、防盗、防火、防水、防破坏、防拥挤等安全意识，为展览会的平安进行竭尽一己之力。

辅助服务的项目

主办单位作为展览会的组织者，有义务为参展单位提供一切必要的辅助性服务项目。否则，不仅会影响自己的声誉，而且会授人以柄。

由展览会的组织者为参展单位所提供的各项辅助性服务项目，最好有言在先，并且对有关费用的支付进行详尽的说明。

具体而言，为参展单位所提供的辅助性服务项目，通常主要包括下述各项：

第一，展品的快递、运输与安装。

第二，车票、船票、机票的订购。

第三，与海关、商检、防疫部门的协调。

第四，跨国参展时相关证件、证明的办理。

第五，电话、传真、电脑、复印机、商业网站，以及免费 Wi-Fi（无线网络）等现代化的通信联络设备的配备。

第六，举行洽谈会、发布会等商务会议或休息之时所使用的适当场所。

第七，配套的餐饮服务以及有关展览时使用的零配件的提供。

第八，供参展单位选聘的礼仪、讲解、翻译、推销、快递、运输、安保等方面的工作人员等。

（三）展览会的参加

参展单位在正式参加展览会时，必须要求自己的全部派出人员齐心协力、同心同德，为大获全胜而努力奋斗。在整体形象、礼貌待人、解说技巧三个主要方面，参展单位尤其要予以特别的重视。

维护整体形象

参与展览时，参展单位的整体形象直接映入观众的眼里，因而对自己参展的成败影响极大。参展单位的整体形象，主要由展示之物的形象与工作人员的形象两部分所构成。对于二者要给予同等的重视，不可偏废其一。

（1）**展示之物的形象**

展示之物的形象，主要由展品的外观、展品的质量、展品的陈列、展位的布置、发放的资料等构成。用以进行展览的展品，外观上要力求完美无缺，质量上要优中选优，陈列上要既整齐美观又讲究主次，布置上要兼顾主题的突出与观众的注意力。用以在展览会上向观众直接散发的有关资料，则要印刷精美、图文并茂、亮点醒目、资讯丰富，并且注有参展单位的主要联络方法，如公关部门与销售部门的电话、电报、传真、微信公众号以及电子邮箱等等。

（2）**工作人员的形象**

工作人员的形象，在此是指在展览会上直接代表参展单位抛头露面的人员的穿着打扮。在一般情况下，应要求在展位上工作的人员统一着装。其最佳的选择，是身穿本单位的制服、特意为本次展览会统一制作的会务装，或者是穿深色的西装、套裙。在大型的展览会上，参展单位若安排专人迎送宾客时，则最好请其身穿色彩鲜艳的单色旗袍或汉服，并胸披写有参展单位或其主打展品名称的大红色绶带。为了说明各自的身份，全体工作人员皆应在左胸之前佩戴标明本人单位、职务、姓名的胸卡，唯有礼仪小姐可以例外。按照惯例，工作人员不应佩戴首饰，男士应当剃须，女士则最好化淡妆。

讲究礼貌待人

在展览会上，不论宣传型展览会还是销售型展览会，参展单位的工作人员都必须真正地意识到观众是自己的上帝，为其热诚地服务则是自己的天职。为此，全体工作人员都要将礼貌待人放在心坎上，并且将其落实在自己的行动上。

展览会一旦正式开始，全体参展单位的工作人员即应各就各位、站立迎宾。不允许迟到早退、无故脱岗、东游西逛，更不允许在观众到来之时坐卧不起，不理不睬，或是与他人交头接耳。

当观众走近自己的展位时，不论对方是否向自己打了招呼，工作人员都要面含微笑，主动地向对方说："您好！欢迎光临！"必要时，还应面向对方，稍许欠身，伸出右手，掌心向上，指尖直指展台，并告知对方："请您参观。"

当观众在本单位的展位上进行参观时，工作人员可随行于其后，以备对方向自己进行咨询；也可以请其自便，不加干扰。假如观众较多，尤其是在接待组团而来的观众时，工作人员亦可在左前方引导对方进行参观。对于观众所提出的问题，工作人员要有问必答、不厌其烦。不允许置之不理，或以不礼貌的言行对待对方。

当观众离去时，工作人员应当真诚地向对方欠身施礼，并道以"谢谢光临"，或是"再见"。

在任何情况下，工作人员均不得对观众恶语相加或讥讽嘲弄。对于极个别不遵守展览会规则而乱摸、乱动、乱拿展品的观众，仍须以礼相劝。必要时可请安保人员协助，但不能对对方擅自动粗。

▌运用解说技巧

解说技巧，此处主要是指参展单位的工作人员在向观众介绍或说明展品时应当掌握的基本方法。具体而论，在宣传性展览会与销售性展览会上，其解说技巧既有共性可循，又有各自的不同之处。

在宣传性展览会与销售性展览会上，解说技巧的共性在于：要善于因人而异，使解说具有针对性。与此同时，要突出自己展品的特色。在实事求是的前提下，要对其扬长避短，并着力强调其"人无我有""人有我优""人优我新""人新我靓"之处。在必要时，可邀请观众亲自动手操作、试用展品，或由工作人员为其进行现场示范。此外，还可安排观众观看与展品相关的影视片，并向其提供说明材料与单位名片。通常，说明材料与单位名片应常备于展台之上，由观众自取。

进而言之，宣传型展览会与销售型展览会的解说技巧又各有一些不同之处。

在宣传型展览会上，解说的重点应当放在推广参展单位的形象之上。要善于使解说围绕着参展单位与公众的双向沟通而进行，时时刻刻都应大力宣传本单位的成就和理念，以便使公众对参展单位给予认可。

在销售型展览会上，解说的重点则必须放在主要展品的介绍与推销之上。按照商界的常规说法，此时此刻的展品解说一定要"FABE"并重。它是四个英文单词的缩写。其中，"F"（feature）指展品特征，"A"（advantage）指展品优势，"B"（benefit）指客户利益，"E"（evidence）则指可资证明的证据。要求工作人员在销售性展览会上向观众进行解说时"FABE"并重，就是要求其解说应当以客户利益为重，要在提供有利证据的前提之下，着重强调自己所介绍、推销的展品的主要特征与主要优点，以争取使客户觉得言之有理，乐于接受。在此需要强调的是，在展览现场以大呼小叫、播放刺耳音乐的方式招揽观众、争抢观众，尾随观众兜售展品，弄虚作假，或是强行向观众推介展品，则绝对不可取。

四、赞助会礼仪

经过艰苦创业，坤亚集团已经发展成为一个拥有数十亿元固定资产的大型商贸型企业。在其成立30周年来临之际，坤亚集团决定为自己举行一次别开生面的庆祝活动。

在坤亚集团创建30周年的庆祝活动开始之后，绝大多数的与会者才知道，活动的中心内容并非社会上所司空见惯的自吹自擂、大摆排场，而是由坤亚集团的董事长郑重其事地代表董事会宣布了集团一项正式决定：为了回报社会，救助失学儿童，特此改革本集团庆祝活动的内容，将其进行简化，从中节省下来的50万元人民币的活动费用，全部当场捐献给“希望工程”。

坤亚集团的此番作为的确不俗，因此它受到了社会各界的交口称赞。站在商务礼仪的角度上来看，坤亚集团在其创建30周年之际所进行的向“希望工程”捐款的义举，可称之为赞助活动。在一般情况下，人们往往将赞助活动简称为赞助。

所谓赞助，通常是指某一单位或某一个人拿出自己的钱财、物品，来对其他单位或个人进行帮助和支持。在现代社会中，赞助乃是社会慈善事业的重要组成部分之一。它不仅可以扶危济贫，向社会奉献自己的爱心，体现出自己对于社会的高度责任感，以自己的实际行动报效于社会、报效于人民，而且有助于获得社会对自己的好感，提高自己在社会上的知名度、美誉度、认同度，并为自己塑造良好的公众形象。对于商界而言，积极地、力所能及地参与赞助活动，本身就是自己进行商务活动的一种常规形式，也是自己协调本单位与政府、社会各界、社会公众的公共关系的一种重要手段。正因为如此，赞助一向颇受商界的重视。

为了扩大影响，商界在公开进行赞助活动时，往往会专门为此而举行一次一定规模的正式会议，将相关事宜公告于社会。这种以赞助为主题的会议，即为赞助会。欲使赞助会取得成功，遵守赞助会礼仪是十分必要的。赞助会礼仪，一般指的是在筹备、召开赞助会的整个过程中所应恪守的有关礼仪规范。其主要内容，包括赞助的类型、操作的步骤、会务的安排、活动的评估等等。

（一）赞助的类型

赞助的类型，在此指的是赞助的具体形式。赞助的类型选择得当与否，大都对赞助的效果直接产生着影响。

根据不同的标准，赞助的类型可有各种不同的划分。其中最为常见的赞助类型有如下两种：

▌依据赞助的项目所划分的赞助类型

赞助的项目，在此具体所指的主要是受赞助的对象。据此划分赞助的类型，往往可以令人对赞助单位的动机、品位进行直观而形象的了解。

在目前情况下，商界通常积极赞助的项目大致有以下11类：

（1）**赞助公益事业**

它是指对社会的公共设施、公共活动所进行的赞助。此类赞助可直接地造福于社会、造福于人民，并可赢得公众与舆论的赞赏。

（2）**赞助慈善事业**

它是指对社会慈善福利组织或慈善福利活动的赞助。此类赞助既可以向社会表明本单位勇于承担自己的社会义务、社会责任，又有助于获得政府与社会的好感。

（3）**赞助教育事业**

它是指对教育界的赞助。此类赞助可以给予教育界以有力的支持，并且为本单位日后进一步的发展培养必不可少的广大后备人才。

（4）**赞助科研活动**

它是指对科学研究与学术活动的赞助。此类赞助不仅可以表明本单位对人才与科技进步的重视，而且可以使自己得到专家、学者的肯定、支持或指导。

（5）**赞助专著出版**

它是指对确有学术水平的学术专著出版所给予的赞助。此类赞助主要可以体现本单位对知识的无比重视和对学术研究的大力支持。

（6）**赞助医疗卫生**

它是指对医疗、保健、卫生、康复事业的赞助。此类赞助体现着本单位对于全社会的关怀，同时也是对社会的一种奉献。

（7）**赞助文化活动**

它是指对文化事业的赞助。此类赞助有助于促进我国的社会主义精神文明建设，用高尚的精神去鼓舞人民与教育人民，以提高其文化修养与精神境界。

（8）**赞助展览画廊**

它是指对于具有一定艺术品位的非营利性的展览、画廊的赞助。此类赞助体现着本单位的艺术品位以及对艺术界的支持和帮助。

（9）**赞助体育运动**

它是指对各类体育比赛活动的赞助。体育比赛是当今的社会热点之一，对其进行赞助，往往可使本单位名利双收，一举两得。

（10）**赞助娱乐消闲**

它是指对群众性娱乐休闲活动的赞助。此类赞助表达了本单位对广大群众的关怀与诚意，可提高对方对本单位的认同感。

（11）**赞助某位人士**

它是指对某一个人或某类个人的赞助。此类赞助往往可以有效地帮助弱者，同时亦可展现本单位扶危济困的情怀。

依据赞助物所划分的赞助类型

赞助物，在此特指赞助单位或个人向受赞助者所提供的赞助物品。它往往取决于赞助单位或个人的实力与受赞助者的实际需求。通常，赞助物可以分为如下四类：

（1）**现金**

它在此指的是赞助单位或个人以现金、支票的形式向受赞助者所提供的赞助。它可使受赞助者根据自己的客观需要，对其进行受一定限制的支配。

（2）**实物**

它在此指的是赞助单位或个人以一种或数种具有实用性的物资的形式，向受赞助者所提供的赞助。它不仅可以及时地满足受赞助者的需要、解决对方的实际困难，而且不易为对方挪作他用。

（3）**义卖**

它在此指的是赞助单位或个人将自己所拥有的某件或数件物品进行拍卖，或是划定某段时间将本单位特定的商品向社会出售，然后将全部所得以现金的形式再捐赠给受赞助者。此种赞助的赞助额事先难以确定，但其影响较大，并且易于赢得社会各界的支持。

（4）**义工**

它在此指的是赞助单位或个人派出一定数量的员工，前往受赞助者所在单位或其他场所，进行义务劳动或有偿劳动，以劳务的形式或以劳务所得，向受赞助者所提供的赞助。它可以促使有关方面有钱出钱、有力出力，更好地调动其报效社会的积极性，并获得更为广泛的参与。

除此之外，还可以根据赞助单位或个人向受赞助者所提供的对方所需金额的多少，将赞助的类型分为全额赞助或部分赞助；也可以根据赞助单位或个人的具体数量的多少，将赞助的类型分为单方赞助与多方赞助。

（二）操作的步骤

赞助操作的步骤，指的是赞助活动运作过程之中的各个主要环节。任何一家商界单位意欲进行赞助活动时，均须按部就班地依照相应的步骤来进行认真的运作。

就一般情况而言，赞助活动中必须认真对待的重要操作步骤，共有下列四项：

▌前期性研究

在正式决定进行赞助之前，赞助单位首先有必要进行前期的研究，并且对赞助活动的必要性与可能性进行详尽的论证。

在正常情况下，一次赞助活动往往发端于以下两种情景：其一，某一商界单位主动向其他单位、组织或个人提出赞助。其二，某一商界单位接到其他单位、组织或个人的赞助请求后，经过研究，再酌情给予对方以一定程度的赞助。在实际生活里，后一种情景往往更加多见。通常，商界的单位在接到其他单位、组织或个人的赞助请求后，对于是否应当进行赞助、在赞助时应当采取何种具体形式、具体赞助的财物的数量等等，都要进行认真的研究。既没有必要来者不拒、大包大揽，也不应当一推了之、一毛不拔。

在就某次赞助活动进行研究、论证时，赞助单位必须充分明确下列五点：一是它必须符合我国的宪法和法律，绝对不允许从事违法违规活动。二是它必须与本单位的经营策略、公共关系目标相适应，而不是与其相去甚远。三是它必须真正地有利于受赞助者，同时也有益于整个社会。四是它必须符合公序良俗，而非与此背道而驰。五是它必须是本单位力所能及之事，至少也不应当半途而废，甚至劳而无功。

赞助的计划

通过前期研究、论证，商界单位一旦决定进行赞助活动之后，即应着手制订详尽的赞助计划，以确保其成功。

细而言之，赞助的计划实际上是前期研究、论证的成果的具体化。根据惯例，它应由专司其职的工作部门在进行前期研究、论证的基础上，根据本单位既定的赞助政策和赞助方向，认真制订而成。一般来讲，商界单位之中负责赞助计划的工作部门，主要是指其公关部。在某些情况下，总经理办公室、企划部、财务部亦应介入此事。

制订赞助的计划，必须要树立正确的指导思想。其核心为：赞助活动必须同本单位的经营策略、公共关系目标相一致，赞助活动的终极目标应当是赞助单位、受赞助者和社会三方同时受益。赞助政策的制定、赞助方向的选择，均应以此作为指南。

在一般情况下，赞助计划需要专人草拟，并经本单位的决策机构批准。大致来看，赞助的计划又可分为以下两类：

（1）年度性的赞助计划

赞助是商务活动的主要形式之一，因此公司、企业必须将其列入自己的议事日程，最好每年正式制订一次本单位的全年度赞助计划。这种做法的长处是：本单位的赞助活动可以规范有序、有的放矢，同时也可以从宏观上控制赞助活动的规模，避免使之超出自己所能承受的程度，甚至由此而产生毫无意义的浪费或损耗。

（2）临时性的赞助计划

临时性的赞助计划，主要是针对临时性、突发性的事件所制订的赞助计划。制订此类计划，仍然必须坚持深入进行调查研究，并且不得有悖于本单位的大政方针。从根本上讲，它只能算是对上一类计划的补充。

项目的审核

在进行正式的赞助活动之前，对于既定的赞助项目进行审核往往是极其必要的。赞助项目的审核，在此主要是指赞助单位事先对自己所参与的赞助项目进行的核定与审查。在正常情况下，它是由赞助单位专门负责赞助活动的工作部门负责执行的。

在审核赞助项目时，有关人员必须抱着高度的责任心，对赞助活动的各个具体环节逐一进行细致的分析研究，以便发现问题，防患于未然。

在具体对赞助项目进行审查核定时，重点应当放在如下10个方面：

第一，要看赞助项目是否符合本单位的经营策略与公共关系目标。

第二，要看受赞助者的口碑如何。

第三，要看赞助能否真正取得成功。

第四，要看赞助的具体方式是不是合适。

第五，要看赞助单位的承受力如何。

第六，要看赞助的时机是否得当。

第七，要看赞助将会产生多大的社会作用。

第八，要看社会舆论与社会公众将会如何评价此次赞助活动。

第九，要看进行赞助之后对本单位会有多大的积极作用。

第十，要看此次赞助是否会给本单位的后续发展造成负面影响。

经过综合审核之后，假定赞助项目得大于失，即可将其付诸实施。假如赞助项目失大于得，尤其是它毫无社会效益可言时，则应当坚决让其下马。

承诺的兑现

赞助活动一经正常决定，即应择机将其付诸实施。在实施过程之中，赞助单位特别有以下四个要点需要注意：

（1）**有约在先**

为了确保赞助活动取得成功，并且防止其发生种种变故，一般而言，凡重大的赞助活动在正式实施以前，赞助单位与受赞助者双方均应正式签订赞助合同或赞助协议，并且经公证机关进行公证。这样一来，双方所各自承担的权利与义务便被正式规定了下来。任何一方如有违反，便可被依约追究其法律责任。

（2）**审慎行事**

在赞助的实施过程中，赞助单位必须处处审慎而行。既要认真履约，又要争取社会的理解与被赞助者的支持。对于受赞助者一定要平等相待。不要为此而以“救世主”自居、时时趾高气扬、处处讨价还价，因而令对方产生逆反心理，好心办了坏事。必须予以明确的是：赞助绝非一种单方面的赏赐。在赞助活动中，双方往往都是有利可图的。

(3) **扩大影响**

在可能的情况下，赞助单位在实施赞助计划的过程中，不仅需要得到社会各界的理解与支持，而且要善于巧借良机，利用各种传播媒介，在法律、法规允许的前提下，对自己进行适度的宣传，以求扩大本单位的社会影响力，提高自身的知名度、美誉度与认同度。但是，在此种宣传时必须讲究技巧，切勿自吹自擂、令人生厌。

(4) **严守承诺**

进行赞助时，赞助单位务必言而有信地兑现承诺，在指定的时间内，将自己拟赞助的财物如数全部提供到位。不论发生了什么情况，都不允许赞助单位拖延赞助的时间，或取消赞助。削减数额、以次充好、以假充真、以物抵款等等，通常也是不允许的。此种做法，不但是一种单方面的毁约行为，而且表明自己原先的承诺仅仅是为了沽名钓誉。

（三）会务的安排

在赞助活动中，尤其是大型的赞助中，赞助会大都必不可少。有时，亦称之为赞助仪式。它主要是为了向全社会公告赞助活动正式启动，是赞助活动中作用巨大的一个重要环节。

根据会务礼仪的规范，赞助会通常应由受赞助者出面承办，由赞助单位给予其适当的支持。

赞助会的举办地点，一般可选择受赞助者所在单位的会议厅。亦可由其出面，租用社会上的会议厅。用以举行赞助会的会议厅，除了其面积的大小必须与出席者的人数成比例之外，还需打扫干净，并且略加装饰。

举行赞助会的会议厅之内，灯光应当亮度适宜。在主席台的正上方，或是面对会议厅正门之处的墙壁上，还需悬挂一条大红横幅。上面应以金色或黑色的楷书书写着“某某单位赞助某某项目大会”，或者“某某项目赞助仪式”的字样。前一种写法，意在突出赞助单位；后一种写法，则主要是为了强调接受赞助的具体项目。以电子显示屏显示上述内容，通常也是允许的。

一般而言，赞助会的会场不宜布置得美轮美奂，或过度豪华张扬。否则，极有可能会使赞助单位产生不满，或由此产生受赞助单位华而不实的感觉。

参加赞助会的人士，既要有充分的代表性，又不必在数量上过多。除了赞助单位、受赞助者双方的主要负责人及员工代表之外，赞助会应当重点邀请政府代表、社区代表、民众代表以及新闻界人士参加。在邀请新闻界人士时，特别要重点邀请那些在全国或当地具有较大影响力的电视、报纸、期刊、广播、网站等“当红”媒体的从业人员。

所有参与赞助会的各界人士，在与会之时皆须身着正装、修饰仪表、稍事化妆，并检点个人的举止动作。赞助会的整体风格是高尚、庄严而神圣的，因此任何与会者都不能与之唱反调。

依照常规，一场赞助会的全部时间，不应当长于一个小时。因此赞助会的具体会议议程必须既周密又紧凑。赞助会的具体会议议程，大致可分为如下六项：

（1）宣布赞助会正式开始

赞助会的主持人，一般应由受赞助单位的负责人或公关人员担任。在宣布正式开会前，主持人应恭请全体与会者各就各位、保持肃静，并且邀请贵宾到主席台上就座。

（2）奏国歌

此前，全体与会者须起立。在奏国歌之后，还可奏本企业歌曲（厂歌）。有时，奏国歌或奏本企业歌曲（厂歌）可改为唱国歌、唱本企业歌曲（厂歌）。

（3）赞助单位正式实施赞助

届时，其具体做法是：赞助单位的代表首先出场，口头上宣布其赞助的具体方式或具体数额。随后，受赞助单位的代表上场，双方热情握手。接下来，由赞助单位的代表正式将标有一定金额的巨型支票或实物清单双手捧交给受赞助单位的代表。必要时，礼仪小姐应为双方提供帮助。若赞助的物资重量很轻、体积不大时，亦可由双方当面交接。在此过程之中，全体与会者应热情鼓掌。

（4）赞助单位代表发言

赞助单位代表的发言内容，应重在阐述赞助的目的与动机。与此同时，还可以对本单位的简况略作介绍。

（5）受赞助单位代表发言

此刻的发言者，一般应为受赞助单位的主要负责人或主要受赞助者本人。其发言的中心，应当集中在对赞助单位的真诚感谢方面。

（6）来宾代表发言

根据惯例，届时可优先邀请政府有关部门的负责人讲话。他的讲话，主要是肯定赞助单位的义举。该项议程有时亦可略去。至此，赞助会即可宣告结束。

在赞助会正式结束后，赞助单位、受赞助单位双方的主要代表以及会议的主要来宾通常应当合影留念。此后，宾主双方可稍事晤谈，然后来宾即应一一告辞。一般情况下，在赞助会结束后，东道主大都不为来宾安排膳食。如确有必要，则至多略备简餐，而绝对不宜设宴待客。

在极个别的情况之下，赞助会亦可由赞助单位操办。由赞助单位所操办的赞助会，其会务工作与以上所述基本相仿。

(四) 活动的评估

众所周知，经验来源于实践，经验有待于总结。在赞助会结束后，尤其是在一项赞助活动告一段落之后，赞助单位有必要对其进行一次认真而系统的评估。

对赞助活动所进行的评估，实际上主要是指在对赞助活动进行综合分析和系统总结之后，对其社会效果所进行的科学评价与分析。对任何公司、企业而言，一项赞助活动无论如何都是其重点进行的公共关系活动之一，都需要为此而投入大量的人力、物力和财力。因此，在赞助活动结束后对其进行一次全面的评估，以便总结经验、吸取教训、听取意见、调整对策，是十分有益的。

进行赞助活动的评估工作，一般应由赞助单位的公关部或企划部牵头负责。有时，亦可由专司此事的班子主持。在评估工作完成之后，应形成书面报告，提交本单位的决策机构以及各位主要负责人，以供对方参考，并掌握具体的情况。

根据一般规律，进行赞助活动的评估工作，必须集思广益、广开言路、深入调查、反复研究，善于听取正反两方面的不同意见，善于去粗取精、去伪存真、由此及彼、由表及里。这样做，才能够真正地掌握实际的情况。

进行赞助活动的评估工作，大致上需要抓住如下四个方面的重点问题：

（1）将实施效果与先期计划相比照

此举意在研究赞助单位是否真正地实现了自己的赞助意图，赞助活动的预定目标是否业已达到。

（2）掌握社会各界对赞助活动的认同程度

可通过各类调查，了解各类公众，包括受赞助单位、地方政府、新闻媒介对此次活动的真实评价与看法。

（3）及时发现赞助活动的所长与所短

要认真而及时地总结赞助活动因何而成功，或者因何而受挫。对于己方与其他各方的问题，都不应当讳疾忌医。

（4）了解赞助活动在实施过程中出现的问题

对赞助活动在其具体实施过程所出现的问题，必须加以正视。不论这些问题是否已在意料之中，原因何在，均应认真处理并在今后引以为戒。

五、茶话会礼仪

与洽谈会、发布会、展览会、赞助会等其他类型的商务性会议相比，茶话会恐怕是社交色彩最为浓重，而商务色彩最为淡薄的一种类型。所以，有人将其称为“商界务虚会”。

所谓茶话会，在商界主要是指意在联络老朋友、结交新朋友的，具有对外联络和进行招待性质的社交性集会。因其以参加者不拘形式地自由发言为主，并且因之备有茶点，故此称为茶话会。有的时候，也有人将其简称为茶会。从表面上来看，茶话会主要是以茶待客、以茶会友、以茶辅会，但在实际上它则往往是重点不在"茶"，而在"话"，即意在借此机会与社会各界沟通信息、交流观点、听取批评、增进联络、为本单位实现"内求团结、外求发展"这一公关目标，创造良好的外部环境。从这个意义上来讲，茶话会在所有的商务性会议中并非无足轻重。

茶话会礼仪，在商务礼仪之中特指有关商界单位召开茶话会时所应遵守的基本规范。其具体内容，主要涉及会议的主题、来宾的确定、时空的选择、座次的安排、茶点的准备、会议的议程、现场的发言等几个方面。

（一）会议的主题

茶话会的主题，特指茶话会的中心议题。在一般情况下，商界所召开的茶话会，其主题大致上可分为如下三类：

（1）**以联谊为主题**

以联谊为主题的茶话会，是平日所见最多的茶话会。它的主题，是联络主办单位同应邀与会的社会各界人士的感情，增进其友谊。在这类茶话会上，宾主通过叙旧与答谢，往往可以增进相互之间的了解，密切彼此之间的关系。除此之外，它还为与会的社会各界人士提供了一个扩大社交圈的良好契机。

（2）**以娱乐为主题**

以娱乐为主题的茶话会，是指在茶话会上安排了一些文娱节目或文娱活动，并且以此作为茶话会的主要内容。这一主题的茶话会，主要是为了活跃现场的局面，增加热烈而喜庆的气氛，调动与会者人人参与的积极性。与联欢会所不同的是，以娱乐为主题的茶话会所安排的文娱节目或文娱活动，往往不需要事前进行专门的安排与排练，而是以与会者的自由参加与即兴表演为主。它不必刻意追求表演的艺术水准或一鸣惊人，而是强调重在参与、尽兴而已。

（3）**以专题为主题**

以专题为主题的茶话会，是指在某一特定的时刻，或为了某些专门的问题而召开的茶话会。它的主要内容，是主办单位就某一专门问题收集反映，听取某些专业人士的见解，或者是同某些与本单位存在特定关系的人士进行对话。召开此类茶话会时，尽管主题既定，仍须倡导与会者畅所欲言，并且不拘情面。为了促使会议进行得轻松而活跃，有些时候，茶话会的专题允许宽泛一些，并且允许与会者的发言稍许脱题。

（二）来宾的确定

茶话会的与会者，除主办单位的会务人员之外，即为来宾。邀请哪些方面的人士参加茶话会，往往与其主题存在着直接的因果关系。因此，主办单位在筹办茶话会时，必须围绕其主题邀请来宾，尤其要确定好主要的与会者。

在一般情况下，茶话会的主要与会者大体上可分为下列五类人员：

（1） 本单位的人士

具体来讲，以本单位人士为主要与会者的茶话会，主要是邀请本单位的各方面代表参加，意在沟通信息、通报情况、听取建议、嘉勉先进、总结工作。此类茶话会亦可邀请本单位的全体员工或某一部门、某一阶层的人士参加，故此它也叫作内部茶话会。

（2） 本单位的顾问

以本单位的顾问为主要与会者的茶话会，意在表达对有助于本单位的各位前辈与专家的敬意。他们受聘为本单位的顾问，自然对本单位贡献良多。同时，特意邀请他们与会，既表示了对他们的尊敬与重视，也可以进一步地直接向其咨询，并听取其建议。

（3） 社会各界贤达

所谓社会贤达，通常是指在社会上拥有一定的才能、德行与声望的各界人士。作为知名人士，他们不仅在社会上具有一定的影响力、号召力和社会威望，而且往往是某一方面的代言人，甚至是其“意见领袖”。以社会各界贤达为主要与会者的茶话会，可使本单位与社会各界贤达直接进行交流，加深对方对本单位的了解与好感，并且倾听社会各界对本单位直言不讳的意见、建议或反映。

（4） 合作中的伙伴

合作中的伙伴，在此特指在商务往来中与本单位存在着一定联系的单位或个人。除了自己的合作者、协作者之外，它还应包括与本单位存在着供、产、销等其他关系者。以合作中的伙伴为主要与会者的茶话会，重在向与会者表达谢意，加深彼此之间的理解与信任。这种茶话会，有时亦称联谊会。

（5） 各方代表人物

有些茶话会，往往会邀请各行各业、各个方面的代表人物参加。这种茶话会，通常叫作综合茶话会。以各方代表人物为主要与会者的茶话会，除了可供主办单位传递必要的信息外，更重要的是还可以为与会者创造出一个扩大其个人交际面的社交机会。

茶话会的与会者名单一经确定，应立即以请柬的形式向对方提出正式邀请。按惯例，茶话会的请柬应在半个月之前被送达或寄达被邀请者之手，但对方对此可以不必答复。

（三）时空的选择

一场茶话会要取得成功，其时间、空间的具体选择，都是主办单位必须认真对待的事情。

举办的时间

举办的时间，在此是指茶话会应当何时开、开多久的问题。进而言之，它又可以分成三个具体的、相互影响的小问题，即举办的时机、召开的时间、会议的时长。

（1）**举办的时机**

在举办茶话会的时间问题上，举办的具体时机是头等重要的。唯有时机选择得当，茶话会才会产生应有的效益。通常认为，辞旧迎新之时、周年庆典之际、重大决策前后、遭遇危难挫折的时刻等，都是公司、企业酌情召开茶话会的良机。

（2）**召开的时间**

召开的时间，在此是指茶话会具体应于何时举行。根据会务礼仪的惯例，召开茶话会的最佳时间是下午 4 点左右。有些时候，亦可将其安排在上午 10 点左右。需要说明的是，在具体进行操作时，自可不必墨守成规，而主要应以与会者尤其是主要与会者的方便与否，以及当地人的生活习惯为准。

（3）**会议的时长**

对于一场茶话会到底举行多久的问题，即会议的时长，可由主持人在会上随机应变、灵活掌握。也就是说，茶话会往往可长可短，关键是要看现场有多少人发言，发言是否踊跃。但在一般情况下，一场成功的茶话会，大都讲究适可而止。若将其限定在一个小时至两个小时之内，则效果往往会更好一些。

举办的空间

举办的空间，在此是指茶话会举办地点、场所的选择。按照惯例，适宜举行茶话会的场地大致主要有：

第一，主办单位的会议厅。

第二，宾馆、商务楼的多功能厅。

第三，主办单位负责人的私家客厅。

第四，主办单位负责人的私家庭院或露天花园。

第五，包场高档的营业性茶楼、茶馆、茶吧或茶室。

餐厅、歌厅、舞厅、酒吧、网吧、棋牌室等处，通常均不宜用来举办公司、企业的茶话会。

在选择举行茶话会的具体场地时，还需同时兼顾与会人数、支出费用、周边环境、交通安全、服务质量、档次名声等问题。

（四）座次的安排

同其他正式的工作会、报告会、纪念会、庆祝会、表彰会、代表会相比，茶话会的座次安排具有其自身的鲜明特点。从总体上来讲，在安排茶话会与会者的具体座次时，必须使之与茶话会的主题相适应，而绝对不应当令二者相互抵触。

具体而言，根据约定俗成的惯例，目前在安排茶话会与会者的具体座次时，主要采取以下四种办法：

（1）**环绕式**

所谓环绕式排位，在此指的是不设立主席台，而将座椅、沙发、茶几摆放在会场的四周，有意不去明确座次的具体尊卑，而听任与会者在入场之后自由就座。这一安排座次的方式，与茶话会的主题最为相符，因而在当前流行面最广。

（2）**散座式**

所谓散座式排位，多见于举行于室外的茶话会。它的座椅、沙发、茶几的摆放，貌似散乱无序，四处自由地组合，甚至可由与会者根据个人要求而自行调节、随意安置。其目的，就是要特意创造出一种宽松、舒适、惬意的社交环境。

（3）**圆桌式**

所谓圆桌式排位，在此指的是在会场上摆放圆桌，而请与会者在其周围自由就座的一种安排座次的方式。在茶话会上，圆桌式排位通常又分为下列两种具体的方式：一是仅在会场中央安放一张大型的椭圆形会议桌，而请全体与会者在其周围就座；二是在会场上安放数张圆桌，而请与会者自由组合，各自在其周围就座。当与会者人数较少时，可采用前者；而当与会者人数较多时，则应采用后者。

（4）**主席式**

在茶话会上，所谓主席式排位并不意味着要在会场上设置一目了然的主席台，而是指在会场上，主持人、主人与主宾应被有意识地安排在一起就座，并且按照常规，居于属于上座之处。例如，中央、前排、会标之下，或是面对正门之处。此种方式，可将茶话会的主角们集中在一起。

就总体而论，为了使与会者畅所欲言，并且便于大家进行交际，茶话会上的座次尊卑不宜过于明显。不排座次、允许自由活动、不摆放与会者的桌号与名签，乃是其常规做法。

（五）茶点的准备

茶话会，顾名思义，自然有别于正式的宴会。按惯例，它不上主食、热菜，不安排品酒，而是只向与会者提供一些茶点。不论主办单位还是与会者，所有人都应当明白：茶话会是重“说”不重“吃”的，所以没有必要在吃的方面去过多地下功夫。设想一下，若在茶话会上上了无数美酒佳肴，则人们一味地沉浸于口腹之乐，哪里还有闲情逸致去发表高见呢？

会务礼仪规定：在茶话会上为与会者所提供的茶点，应当被定位为配角。虽说如此，在具体进行准备时，亦应关注如下几点：

其一，茶水。选择茶的具体品种时，在力所能及的前提下，绿茶、红茶、白茶、黄茶、青茶、黑茶以及花茶等，不妨多备几种，并应尽力挑选上等品，切勿滥竽充数。此处所谓上等品，并非是指高档品、名牌货，而是要求用来泡茶的茶叶应首选老字号的、保质期之内的。“三无”产品，则应绝对摒弃。与此同时，要照顾与会者的不同口味。例如，对中国人来说，绿茶老少咸宜。而对欧美人而言，红茶则更受欢迎。还应明确，茶话会上所提供茶水理应为热茶。换言之，不宜供应冷茶，不宜提供粤式凉茶。

其二，茶具。在选择茶具时，最好选用陶瓷器皿、玻璃器皿，并且讲究茶杯、茶碗、茶壶成套，千万不要采用纸杯、塑料杯、搪瓷杯、不锈钢杯，也不要用热水瓶来代替茶壶。所有的茶具一定要清洗干净，并且完整无损、没有污垢。

其三，小吃。除主要供应茶水之外，在茶话会上还可以为与会者略备一些点心、水果或是地方风味小吃。需要注意的是，在茶话会上向与会者所供应的点心、水果或地方风味小吃，品种要对路、卫生要确保、安全要重视、数量要充足，并且要便于取食。为此，最好同时将擦手巾一并上桌。

其四，备餐。按惯例，在举行茶话会之后，主办单位通常不再为与会者备餐。

（六）会议的议程

相对而言，茶话会的会议议程，在各类正式的商务性会议之中，都可以称得上是最简单不过的了。

在正常情况下，商界所举办的茶话会的主要会议议程大体只有如下四项：

（1）主持人宣布茶话会正式开始

在宣布会议正式开始之前，主持人应当提请与会者各就各位，并且保持安静。而在会议正式宣布开始之后，主持人还可对主要的与会者略加介绍。

（2）主办单位的主要负责人讲话

主办单位主要负责人的讲话，应以阐明此次茶话会的主题为中心内容。除此之外，还可以代表主办单位，对全体与会者的到来表示欢迎与感谢，并且恳请大家今后一如既往地给予本单位以更多的理解、帮助与支持。

（3）与会者自由发言

根据惯例，与会者的发言在任何情况下都是茶话会的重心之所在。为了确保与会者在发言时直言不讳、畅所欲言，通常主办单位事先均不对发言者进行指定与排序，也不限制其发言的具体时间长度，而是提倡与会者自由地进行即兴式的发言。有时，与会者在同一次茶话会上，还可以数次进行发言，以不断补充、丰富、完善自己的见解、主张。总之，在确保大是大非方面不会出格的前提下，理当让每一位发言者一吐为快。

（4）主持人略作总结

在茶话会上，主持人的总结往往必不可少。随后，即可宣布茶话会至此散会。

（七）现场的发言

业已指出，与会者的现场发言，通常在茶话会上举足轻重。假如在一次茶话会上没有人踊跃发言，或者是与会者的发言严重脱线、跑题，都会导致茶话会的最终失败。

根据会务礼仪的规范，茶话会的现场发言要想真正取得成功，重点在于主持人的引导得法和与会者的发言得体。

第一，主持人的引导得法。在茶话会上，主持人所起的作用往往不止于掌握、主持会议，更重要的，是要求他能够在现场审时度势地引导与会者的发言，并且有力地控制会议的全局。当众人争相发言时，应由主持人决定孰先孰后。当无人发言时，应由主持人引出新的话题，就教于与会者；或者由其恳请某位人士发言。当与会者之间发生争执时，应由主持人出面劝阻。在每位与会者发言之前，可由主持人对其略作介绍。在其发言的前后，应由主持人带头鼓掌致意。万一有人发言严重地脱线、跑题或言辞不当，则还应由主持人出头转换话题。

第二，与会者的发言得体。与会者在茶话会上发言时，表现必须得体，言辞必须合宜。在要求发言时，可举手示意，但同时也要与其他要求发言者相互谦让，不要与其进行争抢，尤其不要总是试图占据“C位”。不论自己有何高见，打断他人的发言都是失当的行为。在进行发言的过程中，不论所谈何事，都要使自己语速适中、口齿清晰、神态自然、用语文明。肯定成绩时，一定要实事求是，力戒阿谀奉承。提出批评时，态度要友善，切勿夸大事实、讽刺挖苦。与其他发言者意见不合时，则一定要注意“兼听则明”，并且要保持风度。切勿当场对其表示出不满，或是在私下里对对方进行人身攻击。

思考题

1. 商务会议在商务交往中主要发挥哪些方面的作用？
2. 准备商务洽谈时应遵守哪几项基本原则？
3. 什么是洽谈过程的“七部曲”？

4. 在举行双边洽谈会时，座次应当如何排列？
5. 什么是商务洽谈的基本方针？
6. 发布会通常应当以何为主题？
7. 举办发布会时，一般应当准备哪些方面的主要材料？
8. 新闻媒体目前主要分为几种？其主要优缺点各有哪些？
9. 如何协调商界与新闻单位的相互关系？
10. 怎样对展览会进行宣传？
11. 合理分配展览会的展位一共有哪几种常规做法？
12. 举办展览会时应注意哪些方面的安全保卫事项？
13. 商界所积极赞助的项目大致有哪些？
14. 审核赞助项目时，有哪些主要问题应予以重视？
15. 茶话会适宜在什么地点举行？
16. 茶话会的座次应如何进行安排？

第四章 酬世礼仪规范

酬世礼仪，在此是指商务人员在其日常应酬中所应遵守的具体行为规范。遵守酬世礼仪，将有助于商务人员在其交际应酬中取得成功。本章所讲授的内容，包括会面、谈话、闲谈、通信、工作餐、自助餐等方面的礼仪。

学习目的

- 重视平时的交际应酬。
- 掌握基本的酬世礼仪。
- 在人际交往中始终以礼待人。
- 避免在交际场合失礼于人。
- 在交际场合成为受别人欢迎的人。

本章要点

- 本章讲授的是酬世礼仪规范，它具体是指商务人员在其平时的交际应酬中所应遵守的具体行为规范。遵守酬世礼仪，将有助于商务人员在其人际交往中取得成功。
- 第一部分讲授的是有关会面的礼仪，具体涉及称呼他人、互致问候、进行介绍、相互握手、交换名片等。
- 第二部分讲授的是有关谈话的礼仪，具体涉及寒暄与问候、称赞与感谢、祝贺与慰问、争执与论辩、规劝与批评、拒绝与道歉等。
- 第三部分讲授的是有关闲谈的礼仪，具体涉及对象的区分、宜选的谈资、忌谈的问题等。
- 第四部分讲授的是有关通信的礼仪，具体涉及座机、手机、传真、电子邮件等。
- 第五部分讲授的是有关工作餐的礼仪，具体涉及工作餐的安排、工作餐的主人、工作餐的进行等。
- 第六部分讲授的是有关自助餐的礼仪，具体涉及自助餐的安排、自助餐的享用等。

有一位商界大亨曾说："经商需要千载难逢的机遇，但它并不总是出现在写字楼里。在更多的时候，它是隐藏在平淡无奇的人际交往之中的。因此，每一位渴望成功的人都应当重视人际交往。只有这样，他才有希望抓住那些转瞬即逝的良机。"

诚哉斯言！在现代社会里，一个人要想健康地成长、要想适应环境、要想在事业上获取成功，离开了人际交往，是完全难以设想的。或是为了个人生活的需要，或是开展本职工作，或是为了扮演好自己的社会角色，商务人员人人都对人际交往须臾不可离。不仅如此，商务人员为了事业上的发达，还必须精心运筹、谨小慎微，力争使自己的每一次人际交往都尽可能地取得圆满的结局。

所谓酬世礼仪，就是对商务人员在平时的交际应酬中的所作所为的具体规范。它涉及商务人员人际交往的各个方面。就其内容而论，酬世礼仪重点是指商务人员以工作为基本目的，以个人的身份与其他各界人士进行各种交际应酬时所需要遵守的行为规范。

子曰："不学礼，无以立。"遵守酬世礼仪，是商务人员的人际交往取得成功的基本前提，同时也是其事业可持续发展的基本保证。

大凡成功的商务人员都明白：在人际交往之中，有教养、讲品位、懂礼仪的人，往往最容易赢得朋友，并广结善缘。就其本质而言，人际交往的成功者所具有的种种优良品质，大都与酬世礼仪规范息息相关。

在现实生活里，商务人员不仅是人际交往的积极参与者，而且往往还会因为自己工作的需要，成为许多高层次交际应酬场合的当事人。因此，商务人员在交际应酬中不仅要遵守那些基本的规矩，而且要遵守更高层次上的特殊规矩。以下所介绍的主要就是这类更高层次上的"高标准""严要求"与"特殊规矩"。

商务人员在具体应用酬世礼仪时，有以下四点必须特别注意：

（1）**广交朋友**

商务人员广交朋友，目的在于扩大自己的交际圈。交际圈扩大了，将有助于自己的事业更上一层楼。朋友可以有不同的层次之分，关键是要以诚相待、相互帮助，并且保持经常的联系和接触。

（2）**讲究公德**

公德者，社会公德之简称也。它是一个社会中的全体成员为了维护社会生活正常运行的需要所必须共同自觉遵守的最基本的公共生活准则。简言之，它是做人最起码的要求。我国宪法明确规定：国家"倡导社会主义核心价值观，提倡爱祖国、爱人民、爱劳动、爱科学、爱社会主义的公德"。上述"五爱"，皆属社会公德的基本范畴。商务人员做人贵在表里如一。若是商务人员在其交际应酬中，尤其是在工作之余的交际应酬中阳奉阴违、口是心非、放纵自己、飞扬跋扈，则必定会严重损害个人的形象，甚至还会因此而使自己失去真正的朋友。

（3）**国际惯例**

当今世界的主要特点之一，是经济全球化。作为经济全球化的积极推动者与参与者，中国正在大踏步地走向世界的中心。有鉴于此，在商务交往中，包括运用酬世礼仪之际，商务人员更多的是要遵守国际惯例，更加注重的是跨国、跨文化交流中的求同存异。对此必须予以强调。这一点，与政务礼仪显然有所不同。众所周知，政务礼仪通常更强调本国特色、本民族特色，更注重对本国优秀传统文化的传承。

（4）**入乡从俗**

《礼记》上说：“礼从宜，使从俗。”在交际应酬中，商务人员实为本国之“使”、本地区之“使”、本单位之“使”，因此有必要入国问禁、入门问讳、入乡从俗。换言之，若非原则问题，商务人员的入乡从俗绝对必要。忽略了这一点，便难言对交往对象应有的尊重，同时也往往会有辱使命。

一、会面的礼仪

会面，通常是指一个人与别人见面。在人际交往中，特别是在正式交往中，会面作为其“开场”，往往都是值得重视的一个重要环节。

心理学证明，在人际交往中，尤其是在初次交往中，一个人留给交往对象的第一印象是至关重要的。在一般情况下，它不但直接左右着对方对他的评价与看法，而且会在很大程度上直接影响到双方的交往。

会面是人际交往的起始环节。一般而言，一个人留给他人的第一印象形成于双方会面之初，有鉴于此，珍视自我形象的商务人员，一定要对自己与他人的会面慎之又慎。

商务人员在与他人会面时，要想留给对方良好的第一印象，需要掌握并且恰到好处地运用会面礼仪。会面礼仪，亦称见面礼节，它指的是人与人在会面之际应遵守的主要礼仪规范。称呼、问候、介绍、握手以及交换名片等，都属于会面礼仪的基本内容。

（一）称呼他人

称呼，通常是指在人际交往中使用的称谓。一个人在与别人打交道时，能否恰如其分地使用称呼，不但体现着其自身的修养、尊重对方的程度，而且反映着双方之间的关系与整个社会的风尚。

在人际交往中，称呼尽管很简短，往往被人们一带而过，但却颇受关注。商务人员在商务活动中使用称呼时，切莫马虎大意。

▌称呼的作用

要引起对称呼的重视，商务人员首先就必须充分了解称呼在人际交往中的重要作用。一般而言，称呼至少发挥着下列四个方面的作用。

（1）体现着一个人对于他人的基本评价

称呼的一大特点，是它具有鲜明的褒贬性。人们尊重一个人时，自然会采用尊称；而轻视一个人时，则往往会采用有失敬意的蔑称。

（2）标志着一个人自身情感的显著变化

一个人自身情感的变化，通常会对其人际交往产生一定的影响。当一个人心情颇佳时，他对别人的称呼往往会亲近、友善；当一个人情绪低落时，他对别人的称呼则难免会有意无意地表现出冷漠或抵触。

（3）反映着一个人与他人的亲疏和远近

在人际交往中，人与人之间的亲疏和远近有所不同，彼此之间采用的具体称呼实际便相去甚远。双方之间的关系越亲近，彼此所使用的称呼往往越随便；双方之间的关系越疏远，彼此所使用的称呼则越是郑重其事。

（4）展示着一个人与其他人的地位差异

一个人在其人际交往中，通常与自己的交往对象在地位上存在一定的差异，包括职务、职称、学位、衔级、年龄、辈分等。在正式场合里称呼他人时，往往会因此而显现出双方之间的地位差异。

称呼的类型

具体而言，称呼有着许多不尽相同的类型。商务人员如欲正确地使用称呼，就必须既能够区分称呼的不同类型，又善于在具体使用称呼时选择恰当的类型。

（1）正规称呼

正规称呼，主要适用于人与人之间的初次交往、因公交往和对外交往。正规称呼总的要求是：通过称呼的具体使用，体现出称呼者对被称呼者的谦恭与敬意。

进而言之，商务人员所使用的正规称呼具体又可以分为下列几类：一是以“您”相称；二是以“同志”相称；三是以“先生”“小姐”“女士”或“夫人”相称；四是以学位、学衔、军衔、警衔相称；五是以职务、职称或职业相称；六是以姓名或姓氏加上“同志”、“先生”、“小姐”、“女士”、“夫人”、学位、学衔、军衔、警衔、职务、职称、职业其中之一相称。

（2）非正规称呼

非正规称呼，则主要适用于各类非正式场合，并且多为亲朋故旧之间所采用。非正规称呼的主要特点是：借助于此类称呼的使用，表达称呼者对被称呼者的亲近与随和。

一般来讲，非正规称呼大体上可分为下列五类：一是以“你”相称；二是以姓名相称；三是以“老”或者“小”加上姓氏相称；四是以名字或者小名相称；五是以辈分相称。

称呼的原则

在称呼他人时，通常有着一些原则性的规定，它们就是所谓称呼的原则。商务人员应遵守的称呼的原则，主要有以下两项。

其一，称呼他人时，必须优先考虑相互之间的具体关系。在人际交往中，彼此之间的关系若有不同，则其具体使用的称呼自当有所区别。

常用的称呼

其二，称呼他人时，必须兼顾当时当地的具体场合。同一种关系的人，在不同的场合里彼此之间所使用的称呼往往会有所不同。一般而论，在正式场合或是在外人面前需要采用正规称呼；在非正式场合或是在自己人面前，则往往可以采用各种非正规称呼。

称呼的禁忌

商务人员在人际交往中，为了使自己对他人的称呼不失敬意，通常应当规避下列几种禁忌。

(1) **忌用绰号作为称呼**

绰号，即外号、诨号。以绰号作为称呼，尤其是自作主张给他人起绰号，既显得过于随便，也是不尊重他人的表现。

(2) **忌用庸俗性的称呼**

有些称呼，例如，“甜心”“宝贝”“集美”“死党”“家人”“老大”“大神”“美女”“帅哥”“哥们儿”“姐们儿”“小哥哥”“小姐姐”等，要么显得过分亲昵，要么显得过于媚俗，均难登大雅之堂。

(3) **忌用歧视性的称呼**

在现代社会里，人与人之间的关系应当是平等的。因此，在称呼他人时，切勿居高临下、歧视对方。不允许随意以称呼去贬低对方，更不能在称呼中显示出对对方职业、地域、民族、宗教或者生理、性别、年纪、身材、肤色等方面的歧视。

(4) **忌滥用行业性的称呼**

有的称呼，仅仅适用于某一特定的行业。如果超出了其特定的范围，便会显得不伦不类。“师傅”“伙计”“老板”“出家人”之类的称呼，均属于此类不宜滥用的行业性称呼。

(5) **忌错用地域性的称呼**

某些称呼只有在某一特定的区域内使用才名正言顺，才不会招致误会，它们即为地域性称呼。例如，中国人以往所常用的“爱人”这一对配偶的称呼，到了国外则往往会被人理解为“情人”。

（二）互致问候

问候，又叫作问好或者打招呼。它适用于人们见面之初，主要用以向他人询问安好、表示关切或者致以敬意。在通常情况下，一个人与自己的熟人见面时，双方理当相互致以问候，否则就是一种冷落对方甚至目中无人的表现。

在会面时，人们彼此之间互致问候虽说属于例行公事，但依然不可掉以轻心。在问候他人时，商务人员应当注意下列三个方面的问题。

问候的内容

人们问候他人时的具体内容，往往多有不同。通常，问候语的具体内容具有明显的地域性、时效性特征。在一般情况下，人们常用的一些问候语都是约定俗成的。根据具体内容加以区分，问候语大致可以分为以下三类。

（1）**问好型**

问好型的问候语，即见面时直接向交往对象问好。例如，“您好”“早上好” “下午好”，或者“各位好”“大家好”。这种问候语言简意赅、直截了当，既不失礼貌，又可避免东拉西扯，故最为正规，适用范围最广。

（2）**寒暄型**

寒暄型的问候语，即人们在平日问候他人时所讲的一些应酬话，诸如“吃了没有”“上哪里去”“忙什么呢”等。对此类问候语，一般没有必要予以实质性的答复。它多适用于熟人之间，在跨文化交际时需要慎用。

（3）**交谈型**

交谈型的问候语，即人们在问候他人时直接选择一个话题，在问候对方的同时，希望就此交谈下去。此类问候语，多适用于公务场合。

问候的顺序

问候别人时，其先后顺序方面的具体问题，应当引起商务人员的重视，越是正式的场合，越是需要重视这一点。

（1）**两人见面**

两人见面时，双方均可主动问候对方，而不必非要等待对方首先开口。但在正常情况下，标准的做法是所谓“位低者先行”，即双方之中处于地位较低的一方，应当自觉地首先问候地位较高的一方。

（2）**一人与多人见面**

当一个人与多人见面时，问候对方有两种具体方法：一是由尊而卑，依次问候对方；二是统一问候，而不必一一具体到每个人，例如，“各位领导好”“同志们好”等。

问候的态度

具体问候他人时，商务人员务必使自己言行一致。此时此刻，人们往往是讲究对交往对象“听其言，观其行”的。商务人员在问候他人时，一定要力求态度热情而友好，切勿显得傲慢冷漠、敷衍了事。

具体问候他人时，欲使自己的态度热情而友好，关键是要令自己的表情与举止能够同问候语的具体使用彼此协调、相互配合。以下几点，尤其需要注意：

其一，起身站立，迎向对方。问候别人时，不应该等待对方走向自己，但凡有可能，都要站起身来，并主动走向被问候者。一般而言，问候他人时，双方之间的距离以1～3米为宜。

其二，面带微笑，待人友善。问候他人时，通常应当面带微笑。这样做，既是对对方的一种接纳，也是对对方友好之意的直接体现。倘若在问候别人时不苟言笑，甚至显得过度冷漠，则似乎是心口不一或者是在排斥对方。

其三，目视对方，专心致志。在问候他人时，必须做到“三到”，即话到、眼到、心到。唯其如此，才会使自己的问候显得实心实意。问候别人时，眼到与话到、心到往往直接关联。假如在问候他人时左顾右盼，则会给人以言不由衷、心不在焉之感。

其四，认真对待，及时回应。在任何情况下，问候别人都是一种不可或缺的基本礼仪规范，商务人员对其一定要高度重视，并认真对待。特别重要的是，当他人问候自己之后，一定要谨记“来而不往非礼也”，即应当及时地回应对方，不可有来而无往。

（三）进行介绍

介绍，一般指的是在人际交往中为使交往对象彼此有所了解而进行的说明。在人际交往中，互不相识者之间唯有通过介绍才能够彼此认识，进而建立联系。所以说，介绍是人际沟通的出发点。

按照被介绍者的不同，介绍通常分为介绍自己、介绍他人和介绍集体三种基本类型。在礼仪规范方面，它们各自又有一些不同的规定。

▍介绍自己

介绍自己，亦称自我介绍，指的是把自己介绍给他人，以便使对方认识自己。主动向别人介绍自己，称作主动型的自我介绍；应邀而向别人介绍自己，则称作被动型的自我介绍。不论采用何种类型介绍自己，均应注意下述四个具体问题。

（1）**掌握时机**

平时，应当尽量在有需要时再向别人介绍自己。不仅如此，介绍自己还应当选择适当的时机。处理好这一点，才会使自己所作的自我介绍引起他人的重视，并且为对方所记牢。一般来讲，干扰较少的时机、对方有兴趣的时机、初次见面的时机，以及久别之后再度相见的时机，都适合进行自我介绍。

（2）**简明扼要**

介绍自己，犹如开启人际交往的一扇大门，届时力求内容上简明扼要即可。漫无边际地信口开河、长篇大论，不但毫无必要，而且往往还会给人以华而不实的印象。

(3) **内容有别**

介绍自己时，应当根据具体情况在介绍内容上有所区别。就其具体内容而论，介绍自己可以分成下述三种。

第一，应酬式，即只介绍自己的姓名。

第二，交流式，即除了介绍自己的姓名之外，还必须同时介绍自己所在的具体单位、担负的具体职务，或者所从事的具体工作，其目的是要使他人对自己的基本情况有初步了解。

第三，答问式，即针对交往对象提出的具体问题来选择自我介绍的基本内容，对对方有问有答，并且答其所问。

上述三种自我介绍，各有其适用的场合。应酬式自我介绍，适用于面对泛泛之交；交流式自我介绍，适用于面对意欲结交之人；答问式自我介绍，则主要适用于在自我介绍时兼以答复他人的询问。

(4) **诚实无欺**

进行自我介绍时要实事求是，就要在其具体内容上诚实无欺。具体涉及个人的情况，尤其是需要进行自我评价时，既不必过度谦虚，不宜再三地贬低、否定自己，也不应该自吹自擂、夸大其词，甚至不着边际。介绍自己时，既然主要是为了让别人了解自己，那么在具体内容上就应当力求其真实可信。

介绍他人

介绍他人，亦称为他人做介绍，它是指由介绍者作为第三方来为互不认识的双方进行介绍。在人际交往中，商务人员往往免不了要充当介绍者去替他人作介绍，介绍他人时，有如下四点应予以注意。

(1) **介绍者**

在人际交往中，介绍他人时究竟应由何人充当介绍者，通常都有一定的讲究。在一般情况下，介绍他人时，介绍者应由拥有下列身份者担任：一是与被介绍双方相识者；二是社交聚会的主人；三是公务往来之中的专职接待人员；四是在场之人中地位最高者；五是应被介绍人一方或双方要求者。

(2) **介绍的准备**

欲使介绍他人顺利地进行，介绍者事先应当有所准备。其中最重要的是要记住以下几点：一是要了解被介绍双方之间是否认识，免得自己的好心好意变成多此一举；二是要了解被介绍双方是否希望相互认识，当他们一方或双方无此愿望时，大可不必强人所难；三是要了解介绍他人的具体时机是否合适，如果时机选择不当，介绍的效果就不会太好。

(3) **介绍的顺序**

介绍两人相识时，总有一个孰先孰后的顺序问题。此刻所适用的基本规则是“尊者居后”。它的具体含义是：介绍双方时，应当首先介绍位低者，然后介绍位高者，以便使位高者首先了解位低者的基本情况，即令位高者拥有“优先知情权”。

具体而言，介绍长辈与晚辈时，应当先介绍晚辈，后介绍长辈；介绍老师与学生时，应当先介绍学生，后介绍老师；介绍女士与男士时，应当先介绍男士，后介绍女士；介绍已婚者与未婚者时，应当先介绍未婚者，后介绍已婚者；介绍职务高者与职务低者时，应当先介绍职务低者，后介绍职务高者；介绍客人与主人时，则应当先介绍主人，后介绍客人。

（4）**介绍的内容**

介绍他人相识时，介绍的具体内容需要根据具体情况加以斟酌与组合。介绍他人的具体内容，常用的主要有下述四种组合方式。

第一，简介式。即只提及双方的姓名或姓氏，其他内容则留待被介绍者自己接下来酌情进行自我介绍。

第二，标准式。即将双方的单位、职务、职业与姓名一并道来，它适用于较为正式的场合。

第三，引见式。即当一方认识另一方且不为对方所认识时，由介绍者将前者引见并介绍给后者。至于后者的情况，则可以略表或者不谈。

第四，强调式。即为了加深被介绍双方之间的相互印象，而对其中的一方或者双方的某一方面的情况着重介绍。

介绍集体

介绍集体，亦称集体介绍，它指的是介绍他人的一种特殊情况。它指的是由介绍者为两个集体之间，或者个人与集体之间所作的介绍。在正式场合，商务人员经常有必要介绍集体，此时主要有以下两点应予以重视。

（1）**集体介绍的类型**

介绍集体，通常亦有不同的类型。进行不同类型的集体介绍时，在礼仪规范上通常有着不同的具体要求。一般来讲，集体介绍可以分为下列两大基本类型：

第一，替集体与集体进行介绍。替集体与集体进行介绍时，通常讲究“双向介绍”，即对于彼此的情况都要进行介绍。

第二，替个人与集体进行介绍。替个人与集体进行介绍时，讲究的则往往是“单向介绍”，即只需着重介绍个人的情况，而不必过多地介绍集体的情况。

（2）**介绍集体的顺序**

集体介绍时，依礼亦有顺序上的尊卑先后之别。在一般情况下，介绍集体同样应当遵守“尊者居后”的规则。例如，替两个集体进行介绍时，通常应当首先介绍东道主一方，随后再介绍来访者一方。至于具体介绍的内容，则有下述两种方式。

第一，只做整体介绍。即只介绍各自集体的总体情况，而不具体涉及个人的情况。

第二，介绍个人情况。在介绍集体涉及个人情况时，一般讲究“双方对等”的规则，即在遵守“尊者居后”的介绍规则的同时，对双方各自的个人情况应予以介绍。在具体介绍各方的个人情况时，则应当由尊而卑地依次进行。

（四）相互握手

人们在见面时，通常都会相互行礼，以便向交往对象致以敬意。对中国人来说，握手便是其相互见面时使用最为普遍的礼节。在日常生活里，握手虽为司空见惯之事，但在许多方面却颇有研究。若是对其疏忽大意，则难免会弄巧成拙。

▌握手的方式

与他人握手，有必要对握手的具体方式加以注意，只有采用正确的方式，才能使握手发挥其应有的作用。一般来讲，与别人握手时，具体应当注意以下七点。

（1）**起身站立**

见到他人时起身站立，通常含有对对方的恭敬之意。因此，在与别人握手时，均应起身站立，唯有女士在社交场合才可以有所例外。

（2）**使用右手**

就具体方位来说，目前商界通常讲究“右高左低”。在握手时，人们对于左右手的看法也是如此，所以与别人握手时亦须使用右手。用左手与别人握手，一般被认为是不礼貌的，只有在特殊情况下才允许那样做。

（3）**手位正确**

与别人握手时，手位应当力求准确无误。其标准的做法是：双方相互握住对方右手除拇指之外的其他四个手指。仅仅握住对方手指的指尖、握住对方的整个手掌，或者握对方的手腕，都是失当的。

（4）**时长适中**

握手的具体时间既不宜过短，也不宜过长。握手的时间太短，好似敷衍对方；握手的时间太长，则会显得热情过度。在正常情况下，与他人握手的时间以 3 秒钟左右为宜。

（5）**力度适宜**

握手时应注意力度，并稍许用力，以示热情友善。届时如果用力过轻，会令人感到自己缺乏热忱；用力过重，则会给人以挑衅之嫌。

（6）**态度友好**

一般来讲，与别人握手时，均应目视对方双眼，并面含微笑。此刻若东张西望，或者面无表情，都会给人以不专心、不友好的感觉。

（7）**稍事寒暄**

与别人握手时，通常需要同时与对方交谈片刻。其具体内容，要么是问候对方，要么是小叙家常。届时如果始终一言不发，则往往会导致冷场。

握手的顺序

与他人握手时，双方伸手的先后顺序有着一定之规。最基本的规则是“尊者居前”，即双方握手时，应由地位较高者首先伸出手来。地位较低者若首先伸出手来，则是失礼的明显表现。

具体而言，长辈与晚辈握手时，应由长辈率先伸手；老师与学生握手时，应由老师率先伸手；女士与男士握手时，应由女士率先伸手；已婚者与未婚者握手时，应由已婚者率先伸手；职务高者与职务低者握手时，应由职务高者率先伸手。

当客人与主人握手时，情况则较为特殊。客人抵达时，通常应由主人率先伸手；而当客人告辞时，则应由客人率先伸手。前者是主人为了体现自己对客人的欢迎之意，后者则是客人为了请主人就此留步。

握手的规则

如果一个人需要与数人一一握手，其合乎礼仪的顺序有二：一是由尊而卑地依次进行；二是由近而远地依次进行。前一种做法，适用于握手对象地位的尊卑较为明显之时；后一种做法，则适用于握手对象地位的尊卑不甚明显或者难以区分之时。

握手的禁忌

商务人员与别人握手时，如欲使自己的所作所为表现得彬彬有礼，就不宜触犯下述八种握手的具体禁忌。

（1）**不宜戴着手套**

手套往往不洁，因此与人握手时宜首先摘下自己所戴的手套。只有女士在社交活动中，才被允许其戴着薄纱手套与别人握手。

（2）**不宜戴着墨镜**

戴着墨镜与别人打交道，通常被视为暗含与对方“拉开距离”之意。唯有眼部患病或存在缺陷者，才可以那么做。

（3）**不宜以手插兜**

与别人握手时，另外一只手不仅应当空着，而且应当令其在身体的一侧自然垂放。若将之插入衣兜之内，容易给人以故作矜持或过分随便之感。

（4）**不宜掌心向下**

伸出手来与人相握时，假如掌心向下，通常会给人以居高临下之感；如果掌心垂直于地面，则表示待人平等。

（5）**不宜滥用双手**

只有在亲朋故旧相见时，方可以双手与对方相握。与初交之人握手时，尤其当对方为异性时，以双手与其相握显然是不合适的。

（6）**不宜推拉抖动**

与别人握手时，动作与幅度应当适度。既没有必要握着对方的手推过去、拉过来，也没有必要握着对方的手反复抖动不止。

(7) **不宜跨着门槛**

在握手时，双方的身体一般应保持静态，并站立不动。不要一边握手一边走动，尤其是不要跨着门槛，一脚门内、一脚门外地与别人握手。

(8) **不宜争先恐后**

不论与要人握手，还是与多人握手，均应按照先来后到，依次而行；不要推推搡搡、不守秩序、争先恐后。

(五) 交换名片

名片，指的是人们交际时所使用的、以格式化的文字向别人介绍自己具体情况的一种特制的长方形硬纸卡片。在名片上面，一般印有本人的姓名、单位、部门、职务、联络方式等内容。在人际交往中，名片既可用以进行自我介绍，又可用以与他人保持联络。因此，它已被视为现代人理当随身必备的一种交际工具。

目前，已有越来越多的社交媒体或多或少地起到了名片的作用，名片的使用者也有所减少。但是，在商务交往中，它依旧不可或缺。

商务人员在人际交往中，应对名片交换的礼仪加以重视。对于下述三个具体问题，商务人员尤其应当慎重对待。

递送名片

需要将本人的名片递交给他人时，通常有下列五个方面的礼仪问题需要注意。

(1) **有备而至**

参加重要活动之前，应当有意识地准备好自己的名片，并将其置于易于取用之处，以备不时之需。最得体的做法是，将名片装入专用的名片盒、名片夹或名片包之内，然后将其放入自己的上衣口袋或随身携带的包、袋中。

(2) **讲究时机**

一般而言，递送名片多在与他人初次见面、进行自我介绍之际。但是，在自我介绍时，并非一定要递送本人的名片。将自己的名片递送给对方，除了希望对方进一步对自己有所了解之外，通常还含有对对方表示重视、希望结交对方并与对方保持联络之意。把自己的名片递送给熟人，则往往仅见于本人单位、地址或联络方式发生变更的情况。

(3) **考虑顺序**

交换名片时，合乎礼仪规范的顺序具体有二。

第一，两人交换名片时，应当遵守“尊者居后”的规则。即双方之中地位较低者应当首先把自己的名片递送给地位较高者。

第二，一人将本人的名片递送给多人时，要么应当由尊而卑地依次而行，要么应当由近而远地依次而行。届时不讲任何顺序地递送名片，显然是不适当的。

(4) **毕恭毕敬**

将名片递送给他人时，态度要恭恭敬敬。具体来讲，下述五点必须予以注意：一是应当起身站立；二是应当主动走近对方；三是应当以双手或右手递上名片；四是应当在递上名片时使之处于低于本人胸部的位置；五是应当将名片正面朝向对方。

（5）**语言提示**

将自己的名片递送给别人时，一言不发是极不礼貌的。按照常规，在递上本人名片的同时，应当面含微笑，并略道谦恭之语，可以说“请多关照”“请多指教”，或者“希望今后保持联系”。若直接说“这是我的名片”，也未尝不可。

接受名片

接受他人递送过来的名片时，亦应认真遵守相关的礼仪规范，假如表现稍有失当，便有可能失敬于人。

（1）**认真接受**

在接受他人名片时的态度是否认真，往往会同对对方的尊重与否直接地联系在一起。接受他人名片时，若要表现出自己的认真友好之意，就必须注意以下三点：一是要起身站立；二是要迎向对方；三是要以双手捧接或以右手迎接。

（2）**口头道谢**

他人将名片递送给自己，尤其是当对方首先递上名片时，商务人员必须意识到：此种做法本身就是对自己的尊重。所以，在接受对方名片时，理当口头向对方致谢，或是告诉对方自己感到“非常荣幸”。

（3）**专心通读**

为了表示对递上名片者的尊重，但凡有可能，在接过名片后，都要践行“接受名片，一定要看，通读一遍”这12个字。之所以这样做，是因为至少有以下三个好处：一是可以表示对对方的重视；二是可以及时而全面地了解对方的具体情况；三是可以当面请教自己所不清楚的地方。

（4）**妥善存放**

接过名片之后，切勿反复把玩、折叠、随手乱扔、乱掖乱塞、递给他人，或放入裤兜之内。上述做法，均有不敬之意。得体的做法是：将他人的名片通读之后，立即将其收入自己的名片盒，上衣衣兜，随身携带的包、袋，或者桌子的抽屉之中。

（5）**有来有往**

他人首先递上名片之后，自己亦应立即将本人的名片递给对方。届时若有来而无往，难免会令对方不快。商务人员倘若没有随身携带名片，则可直言相告，或者告诉对方“改日再补”。

索取名片

在一般情况下，商务人员不宜动辄向别人索要名片，但在必要时允许偶尔为之。应当注意的是，在向别人索取名片时为了做到可进可退，并且不失自尊与敬人之意，通常不宜在表达此意时显得过分鲁莽。例如，此刻直接询问对方“你有名片吗”，或者伸手向对方讨要“给我一张名片吧”，显然都不合适。

根据交换名片的礼仪，索取他人的名片时，大体上有如下四种常规的方法可循。

（1）主动递上本人的名片

首先向他人递上本人的名片，对方一般都会有来有往，做出必要的回应。

（2）向对方建议互换名片

假如担心上一种做法不管用，不妨直接告诉对方：“能否有幸与您交换一下名片？”这种做法，通常都不会遭到拒绝。

（3）询问对方：“今后怎样向您请教？”

向有地位、有身份的人或长辈索要名片时，可以采用这种暗示法。它不仅点到为止，而且不失谦恭之意。

（4）询问对方：“今后如何与您联系？”

向平辈之人或晚辈索取名片时，大抵都可以做出此种暗示。这样做即便遭到对方的拒绝，也不至于令自己过分尴尬。

以上四种索取他人名片的具体做法，应当说各有各的适用对象。前两种做法，主要适用于携带名片之人。后两种做法，则主要适合于未带名片者。应当说明的是，无论他人以何种方式向自己索取名片，都尽量不要予以拒绝。

二、谈话的礼仪

在商务交往中，对商务人员的口才有着很高的要求。商务人员不一定非要伶牙俐齿、妙语连珠，但却必须具有良好的逻辑思维能力、清晰的语言表达能力，必须在修己以敬、维护权益的前提下，在谈话之中保持自己应有的风度。不仅要言之有物、言之有趣、言之有序、言之有节，而且要言之有礼。有道是“有礼走遍天下”，在谈话之中自然也应当如此。

平心而论，要符合上面那些要求，并不是一件容易的事。但若系统地学习掌握一些谈话的技巧，对商务人员在商务交往之中以礼待人、搞好人际关系，定然会大有帮助。

谈话的技巧，不仅具有极强的可操作性，而且需要针对不同的人与事来加以灵活的运用。

谈话的规则

例如，当有一位朋友不邀而至，贸然闯进了自己的写字间，而自己实在难用很长的时间与之周旋时，如果直接告知对方“来的不是时候”，或对之爱答不理，都很可能得罪人。

其实，只要使用委婉一些的语言，一样可以暗示对方应尽早离去，而且不至于使其难堪。可以在见面之初，一面真诚地对其表示欢迎，一面婉言相告："我本来要去参加公司的例会，可听说您这位稀客驾到，我岂敢怠慢。所以专门告假五分钟，特来跟您叙一叙。"这句话的"话外音"，乃是暗示对方"我们只能谈五分钟时间"，但因其表达得不失敬意，在对方的耳中就要中听多了。

又如，一位来企业参观的外商，若突然问起了我方的产量、产值一类原本不宜被问到的涉密问题，直截了当地告之以"无可奉告"固然可以，却也有可能使对方无地自容。

此时此刻，完全可以运用适当的谈话技巧，采用另外的方式来表达"无可奉告"之意。比方说："董事会让我们生产多少，就生产多少。""有多大生产能力，就生产多少。""能卖出去多少产品，就能创造多大产值。""今年和去年创造的产值，肯定会不尽相同。"面对这种照顾对方情绪的"所答非所问"，对方但凡识相，定会知难而退。

需要明确的是：此处所谓的谈话，是指较为正式的交谈。下面，就介绍一些商务人员皆应运用自如的常规谈话技巧。

（一）寒暄与问候

人与人见面之初，往往少不了彼此之间的寒暄与问候。

▌寒暄

寒暄者，应酬之语是也。问候，也就是人们相逢之际所打的招呼、所问的安好。在多数情况下，二者应用的情景都比较相似，都是作为交谈的"开场白"来使用的。从这个意义讲，二者之间的界限常常难以确定。

寒暄的主要用途是：在人际交往中，打破僵局、缩短人际距离，向交谈对象表示自己的敬意，或是借以向对方表示乐于与之结交之意。所以说，在与他人见面之时，若能选用适当的寒暄语，则往往会为双方进一步的交谈做好铺垫。

反之，在本该与对方寒暄几句的时刻，反而一言不发，显然是极其无礼的。

在被介绍给他人之后，应当立即与对方寒暄。若只向对方点点头，或是只握一下手，通常会被理解为不想与之深谈，不愿与之结交。

遇到熟人，往往也应当与之寒暄一两句。若视而不见、不置一词，难免显得自己妄自尊大。

在不同时候，适用的寒暄语各有特点：

跟初次见面的人寒暄，最标准的说法是："很高兴能认识您。""见到您非常荣幸。"

比较文雅一些的话，可以说"久仰"，或者说"幸会"。

要想表现得自然而随和一些，也可以说"早听说过您的大名""某某人经常跟我谈起您"，或是说"我早就拜读过您的大作""我以前听过您作的报告"。

跟熟人寒暄，用语则不妨显得更加亲切一些、具体一些。可以说“好久没见了”“又见面了”；也可以讲“您气色不错”“您的发型真棒”“您的小孙女好可爱”“今天的风真大”“街上的人真多”。

寒暄语不一定具有实质性内容，而且可长可短，需要因人、因时、因地而异，但它却不能不具备简洁、友善与敬重的特征。

寒暄语应当删繁就简，不要过于程式化，像写八股文。例如，两人初次见面，一个说：“久闻大名，如雷贯耳，今日得见，三生有幸。”另一个则道：“岂敢，岂敢！”搞得彼此都像演古装戏一样，那就大可不必了。

寒暄语应带有友善之意、敬重之心。既不容许敷衍了事般地打哈哈，也不可用以挑剔、戏弄对方。诸如“瞧你那德行”“你又现眼了”“你的减肥怎么不见效果啊”，自然均应禁用。

▌问候

问候多见于熟人之间打招呼。西方人爱说“嗨”，中国人则爱问“忙什么”“身体怎么样”“家人都好吧”。

在商务活动中，也有人为了节省时间，而将寒暄与问候合二为一，以一句“您好”代之。

通常，问候语具有非常鲜明的民俗性、地域性特征。例如，老北京人爱问别人：“吃过饭了吗？”其本意是“您好”。要是答以“还没吃”，那意思就不大对劲了。若以之问候南方人或外国人，则常会被理解为“要请我吃饭”“讽刺我不具有自食其力的能力”“多管闲事”“没话找话”，从而引起误会。

问候的内容

在某些中亚国家里，也有一句与“吃过饭了吗”异曲同工的问候语：“牲口好吗？”您可别生气，人家这样问候您，绝不是拿您当牲口看待，而是关心您的经济状况如何。在以游牧为生的当地人心中，还有什么比牲口更重要的呢？问您“牲口好吗”，的确是关心您的日子过得怎么样。

有鉴于此，为了避免误解，商务人员通常应以“您好”“上午好”“周末好”作为问候语。

牵涉个人私生活、个人禁忌等方面的话语，最好别在问候他人时拿出来“献丑”。例如，一见面就问候人家“跟朋友吹了没有”，或是说“现在还吃不吃中药”，都会令对方反感至极。

（二）称赞与感谢

什么样的人最招人喜欢？答案是有的：懂得赞美别人的人，最招人喜欢。

什么样的人最有礼貌？答案也是有的：得到他人帮助后，懂得感恩，并就此向对方及时地表示感谢的人最有礼貌。

称赞

子曰："乐道人之善"。现代人所应具备的基本教养之一，就是善于发现他人之长，并为之"点赞"。称赞，需要掌握一定的技巧。如对其不加遵守、自行其是，不但可能会显得敷衍、应付、虚伪，而且可能会因此而招致误解。

例如，赞美他人："您今天穿的这件衣服，比前天穿的那件衣服好看多了。"或是说："去年您拍的那张照片，看上去多么年轻呀。"这都是用"词"不当的典型例子。前者有可能被理解为指责对方："前天穿的那件衣服"太差劲，不会穿衣服。后者则有可能被理解为是在向对方暗示：您老得真快！您现在看上去可一点儿也不年轻了。

总之，赞美别人，应有感而发，诚挚中肯。因为它与溜须拍马、阿谀奉承终究是有所区别的。一般而言，赞美别人的要则有三：

其一，实事求是。赞美别人，一定要力戒虚情假意，切勿乱给别人戴高帽子。夸奖一位不到40岁的女士"显得真年轻"，还说得过去；要用它来恭维一位气色不佳的80岁的老太太，就过于做作了。离开"真诚"二字，赞美将毫无意义。

其二，因人而异。赞美别人，务必因人而异。男士喜欢别人称道他幽默风趣、很有风度。女士渴望别人夸奖自己年轻、漂亮。老年人乐于别人欣赏自己知识丰富、身体保养得好。孩子们则爱听别人表扬自己聪明、懂事。适当地道出他人内心之中所渴望获得的赞赏，这种赞美才会受到欢迎。

其三，自然而然。赞美别人之时，话要说得自然，要力求赞美不露痕迹，不要听起来过于生硬，更不能"一视同仁"、千篇一律。

当着一位先生及其夫人之面，突然对后者来上一句"您很有教养"，会让人摸不着头脑。可要是知道这位先生的领带是其夫人"钦定"的，再夸上一句"您这条领带真棒"，那就会产生截然不同的"收益"。

个别人乐于赞美异性，轮到面对同性时却金口难开。这种人，往往难以拥有挚交密友。

应当指出的是：在人际交往中，既要坚持"乐道人之善"，又要坚持"勿道己之长"，即不要"王婆卖瓜，自卖自夸"。应当少夸奖自己，多赞美别人。除了必须进行的自我评价之外，大夸而特夸自己，动不动就为自己"点赞"，认定自己一贯正确、举世无双，是极不理智的。

感谢

感恩之心常存，乃做人之基本美德之一。"谢谢"这句话虽然只有两个字，但如运用得当，则会让人觉得意境深远、魅力无穷。

在必要时，对他人给予自己的关心、照顾、支持、鼓励、帮助，表示必要的感谢，不仅是一名商务人员所应当具备的教养，而且是对对方为自己的"付出"

最直接的肯定。这种做法，不是虚情假意、可有可无的，而是绝对必需的。在这方面“讷于言而敏于行”，搞不好会导致交往对象的失望和深深的抱怨。

应当强调的是：感谢，也是一种赞美！对它运用得当，可以表示自己对他人的恩惠领情不忘、知恩图报，而不是忘恩负义、过河拆桥之辈。在今后“下一轮”的双边交往中，商务人员必定会因自己不吝惜这么简短的一句话，而赢得更多、更好的回报。

在人际交往中，需要商务人员认认真真地对他人说一声“谢谢”的机会非常之多：

受到他人夸奖的时候，应当说“谢谢”。这既是礼貌，也是一种自信。他人称道自己的衣服很漂亮、英语讲得很流利时，说声“谢谢”最是得体。反之，要是答以“瞎说”“不怎么地”“哪里哪里”“谁说的”“少来这一套”，便相形见绌了。

获赠礼品与受到款待时，别忘了郑重其事地道谢。这句此时此刻必不可少的短语，既是肯定，也是鼓励，同时还是对对方最高的评价。

得到领导、同事、朋友、邻居们明里或暗里的关照后，一定要去当面说一声“谢谢”。

在公共场合，得到了陌生人的帮助，也应该当即致以谢意。

在具体操作中，感谢他人有一些常规可以遵循。在方式方法上，它有口头道谢、书面道谢、托人道谢、打电话道谢、发邮件道谢、利用社交媒体道谢之分。一般地讲，当面口头道谢效果最佳。专门写信或发电子邮件道谢，如获赠礼品、赴宴后这样做，也有很好的效果。打电话或利用社交媒体道谢，时效性强一些，并且不易受干扰。托人道谢，除非是名家出面，否则效果就差一些了。

感谢他人，还有场合方面的考虑。有些应酬性的感谢可当众表达，不过要显示认真而庄重的话，最好“专程而来”，应于他人不在场之际表达此意。

表示感谢时，通常应当加上被感谢者的称呼。例如，“马经理，我专门来向您说一声‘谢谢’”“许总，多谢了”。越是这样，往往越显得正式。

表示感谢，有时还有必要随便提一下致谢的具体理由。例如，“易先生，谢谢上次您在制作广告方面的帮助”。免得对方感到空洞，或茫然不知所措。

表示感谢，最重要的莫过于需要真心实意。为使被感谢者体验到这一点，务必表现得认真、诚恳、大方。话要说清楚，并要直截了当，不要连一个“谢”字都讲得含混不清。道谢之时，表情要加以配合：应正视对方双目，面带微笑。必要时，还须专门与对方握手致意。

表示感谢时，所谢的若是一个人，自然不宜不予突出。所谢的若是多人，可统而言之“谢谢大家”，也可一一具体到每一个人，逐个地言谢。

（三）祝贺与慰问

人与人之间，祝贺与慰问通常必不可少，在商务交往中则更是如此。

祝贺

祝贺，即向他人道喜。每当亲朋好友在工作与生活上取得了进展，或是恰逢节日喜庆之时，对其致以热烈而富有感情色彩的吉语佳言，定然会使对方的心情更为舒畅，令双方的关系更为密切。

具体而论，祝贺的方式多种多样。口头祝贺、电话祝贺、书信祝贺、电邮祝贺、传真祝贺、贺卡祝贺、贺电祝贺、点播祝贺、赠礼祝贺、设宴祝贺以及利用社交媒体祝贺等，都有其特定的适用范围。在多数情况下，几种方式可以同时并用。

祝贺的时机，显然需要审慎地选择。对商务人员来说，适逢亲朋好友们结婚、生育、乔迁、获奖、就业、创业、晋职、晋级、生日、出国深造、事业上取得突出成就之时，应当及时向其表示自己为对方而高兴。不然，就有疏远双方关系、心存不满或妒忌之嫌。遇上节日时，出于礼貌向亲朋好友们致以问候，往往也是必要的。

对于关系单位的开业、周年纪念、业务佳绩予以祝贺，亦“义不容辞”。

一般说来，口头祝贺，是商务人员用到最多的一种祝贺方式。口头祝贺的礼仪性要求是：简洁、热情、友善、饱含感情色彩，区分对象，回避对方之所忌。

通常，口头上的祝贺都以一些约定俗成的表达方式来进行。例如，“恭喜，恭喜”“我真为您而高兴”，就是国人常用的道贺之语。“事业成功”“学业进步”“工作顺利”“一帆风顺”“身体健康”“心情愉快”“生活幸福”“阖家平安”“心想事成”“恭喜发财”之类的吉祥话，大家也耳熟能详，并且百听不厌。

面对不同的对象，处在不同的时刻，道贺语的选择应有所不同。

在祝贺同行开业时，“事业兴旺”“大展宏图”“日新月异”“生意兴隆”“财源茂盛”，在大概率上都是对方最爱听的话。

在祝贺生日时，除了“生日快乐”可广泛使用外，“寿比南山，福如东海”这种老寿星爱听的祝词，就不宜对年轻人尤其是孩子们来讲。

对新婚夫妇，使用“天长地久”“比翼齐飞”“白头偕老”“百年好合”“互敬互爱”“早生贵子”之类的祝贺语，能使对方更加陶醉在幸福与憧憬之中，多多益善。

有些话的本意不错，但却可能犯一些人的忌讳，故宜加以回避。例如，经常乘飞机者，并不喜欢别人祝他“一路顺风”，因为它对飞机飞行往往有碍。再如，香港人不爱听别人祝他“快乐”。爱讨“口彩”的他们，往往把“快乐”视为与之发音一样的“快落”，那样岂不是太不吉利了？

又如，若明知一位小姐才疏学浅，事业上难有重大进展，就不该祝她“事业有成”；代之以“生活幸福美满”，大概才能让对方芳心大悦。

慰问

如果说适时而得体的祝贺可以在人与人之间起到密切感情、促进友谊的效果的话，那么恰当的慰问语，也可以把商务人员的关心、体贴和爱护，及时地传达给自己的交往对象，像“雪中送炭”一样温暖对方的心灵。

慰问，特指在他人遭遇重大变故，例如，患病、负伤、致残、失恋、丧子、丧偶、婚姻破裂、极感痛苦忧伤，或破产、关厂、失业、休学、事业受阻、市场开拓失败，或遭受困难挫折之时，对其进行安慰与问候，使其稳定情绪、宽心放松，去除或减轻哀伤。在适当的时机，慰问还可给予对方一定的安慰、支持与鼓励。

一般而言，慰问他人时，有下列几点注意事项。

(1) 慰问要表现得“患难与共”

不论表情、神态，还是动作、语言，慰问他人时都应当真诚地显示出慰问者的“同舟共济”之心，体贴关心之意。

例如，在慰问逝者的亲属、探视伤病员、安慰失恋者时，应表情凝重，语调深沉舒缓，语言饱含关心与同情之意。若是届时嘻嘻哈哈、喜眉笑眼，语调尖锐、油滑，语言随意、放肆、轻浮，就会给人以“彼方悲伤之日，即是我方开心之时”的幸灾乐祸的感觉。

当然，此时此刻也不宜矫枉过正，表现过分。若是一见面就表现得“凄凄惨惨戚戚”，“人未语，泪先流”，搞得被慰问者伤心落泪，恶化其情绪，亦属不当之举。

(2) 慰问的重点是关心、体贴与疏导

进行慰问时，应突出其重点。

对生活困难者，可询问其具体的难题，并给予力所能及的援助。

对工作受挫者，应鼓励其“前途是光明的，道路是曲折的”“自古英雄多磨难”，支持其再接再厉，奋起直追。

对失恋者，可以免谈此事，尤其不宜评论对方原先的那个“他”或“她”。但可以劝慰其“天涯何处无芳草”。

对于颓废之人，则可以多一些激励。告之“牢骚太盛防肠断，风物长宜放眼量”，或“人总是要有点精神的”。

(3) 慰问语应选择得当

无论如何，慰问他人时都不要嘲讽、挖苦、指责对方。例如：“当初我也碰上过这事，但我可不这样。”“瞧瞧，我原先说什么来着，不听好人言，吃亏在眼前。”这些话，实际上都很没有水平。

明知一位小姐对某位先生的“暗恋”前程渺茫，就不应在对前者慰问之际，为之出谋划策，鼓励其“成功就在于最后的坚持之中”。

慰问时，与被慰问者进行一些交流是必要的，但没有必要对对方的“伤心往事”刨根问底。人家要是不愿就此深谈，就不该再三“咨询”，非逼得人家“一吐为快”。

(四) 争执与论辩

在商务交往中，特别是在某些正式的场合，为了捍卫国家利益或单位利益，有时免不了要同交往对象针锋相对、寸土必争，争论某些问题，辨别谁是谁非。这也是人们所说的争执与论辩，通常它们也被一并称为争辩。

即使势在必行、义不容情，商务人员在进行必要的争辩时，也须先礼后兵、礼让三分。与此同时，尚须斟酌以下几点。

优先考虑它有无实际意义

子曰："非礼勿言"。一般来说，为公事而进行争辩是必要的，为私事进行的争辩则意义不大。为大是大非应当进行争辩，并且应当据理力争；为小是小非则宜求同存异，不必非"争"不可。

此外，还须考虑以下三个细节性问题：

第一，自己的争辩胜利后，对自己是利大还是弊大？不妨"两利相权取其重，两害相权取其轻"，先自我评估一番，谋而后动。

第二，自己争辩的欲望，是出自理智抑或情感。若为情感而冲冠一怒，则毫无必要。

第三，自己对争辩对手有无敌意或成见？如果有，则务必克制、冷静，不要在与其争辩时口不择言、火上浇油、"浮想联翩"，因而不能自已。

坚持对事不对人，勿忘常存敬人之心

《礼记》要求：君子"不失口于人"。常言道："两国交兵，各为其主。"商务人员在利益的问题上发生了争辩，实属自然。因此切勿"一不做，二不休"，翻脸不认人，或是"你对我不仁，休怪我对你不义"，一上场就与对手揭老底、算总账、口出恶言、只想置人于死地。

争辩不是争吵，更不是泼妇骂街，所以在争执辩论的过程中，依旧要文明礼貌，始终如一地尊重交往对象、维护其自尊心，并坚持晓之以"礼"、动之以情。

在商场上与他人交锋之际，勿忘"台上是对手，台下是朋友"。明白了这一道理，在争辩时，就应对对手口下留情，常存理解与同情之心，常常设身处地地替对手考虑问题。必须谨记：有理通常不在言多，有礼亦须嘴上留情。

有备而来，慎重应战

简言之，参与争辩就要掌握一定的技巧，并为此做好充分的准备。在争辩问题时，可以先声夺人，也可以后发制人。但不论"出场"先后，都应在阐述自己的观点时注意如下三点：

（1）语气自然、果断

与人争辩时，语气应当自然、果断；这是维护自尊与自信的需要。有理不在声高。"发言"快慢相间、舒缓有致，往往便不怒自威。在争辩中，哪怕一时讲错了话，当时也不宜

急于改口。过一会儿，再重复一遍正确的表述，就等于“自觉更正”了。

（2）**说理简单、明了**

在争辩之中，完全没有必要东拉西扯、高谈阔论，那样往往会显得自己心虚和怯场。有一是一，有二是二，届时能用最简单的话语讲清楚最复杂的事实与道理，才算高人。反之，把最简单的事讲得复杂得不得了，不是有意捣乱，就是真的没有水平。

（3）**多摆事实、以“例”服人**

在争辩中，“摆事实，讲道理”，经常会被联系在一起，这实在是大有道理的。例如，当对方指责我方商品一再涨价，表示不能接受，非要“砍”下去一截时，捍卫自己切身利益的最好方法，莫过于跟对方来一个“亲兄弟，明算账”，把原材料涨价、成本增加等使自己不堪重负的“账单”，一一当面开列出来，让事实来支持自己的合理要求。

在争辩之中，能够处于上风的人，通常都是那些善于抓住对手要害、“一招制敌”的人。

要想在争辩之中从对手的陈述中抓住“要害”，并且以静制动、后发制人，大体上可以采用四种具体的争辩方法：其一，证明对手的论据是不真实、不准确、不能够支持其论点的。其二，证明对手的思路，即论证的过程有失偏颇，存在着明显的漏洞。其三，证明对方的观点有百害而无一益，或者至少是害大于益。其四，通过对比，以“例”服人地去说服对方。

（五）规劝与批评

规劝，亦即在交谈中，对他人郑重其事地加以劝告，劝说其改变立场，改正错误。在这个意义上来讲，规劝与批评大体上具有许多方面的共性。所谓批评，就是对他人的缺点直接地提出意见。

孔子曾将“友直”列为“益者三友”的首位。规劝与批评，往往都是至交与诤友之所为。对“多一事不如少一事”“不愿得罪人”甚至想“看一出好戏”的人来说，他们是绝不会这样做的。

规劝与批评，都必须就事论事。善解人意的人都清楚：“人非圣贤，谁能无过”，但“千里之堤，溃于蚁穴”。遇事而进言，乃友人之本分。

统而言之，规劝与批评都是对“过失者”的一种关心与负责任的督促。指出他人的缺点与错误，找出其薄弱环节，意在使之今后扬长避短，更好地为人处世。这是对“过失者”最大的关心、最大的爱护，也是对其最负责任的表现。

讲究说话技巧的商务人员，在规劝与批评他人时，应注意以下几点：

▌规劝与批评要在表达上温言细语

有人笃信“良药苦口利于病，忠言逆耳利于行”之说，一上来就对别人猛下

"虎狼之药"：在批评规劝时，什么话难听，就非跟人家说什么话。

例如，他们在批评别人时，总爱无师自通地摆出一副"恨铁不成钢"的模样，张口闭口"瞧你这德行"，"叫我说你什么好""真不想再理你"之类的套话滚滚而至。他们经常一开头，就让被批评者心不服、气不顺，产生逆反心理，拒绝进行合作。到后来，还有可能使被批评者"奋起反击"、反唇相讥，结果双方势同水火，终于酿成一场大战，甚至反目为仇。

遇到这种情况，批评者可能会说被批评者："狗咬吕洞宾，不识好人心!"被批评者也可能会指责对方："你算老几?"这种情况的产生，关键在于批评者下"猛药"、进"忠言"的方法并不得当。

人在任何时候都需要尊重。在批评规劝他人时，也别忘了这一点。明智的话，在批评规劝他人时，完全可以把同一种意思表达得中听一些。别忘记，良药未必都要苦口，忠言也不一定非得逆耳不成。把规劝批评别人的话讲得悦耳动听一些，利己又利人，何乐而不为呢?!

▌尽可能地不当众规劝或批评别人

人要脸，树要皮。当众规劝或批评别人，尤其是以那些有地位、有身份的人士为规劝或批评对象的话，难免会让其自尊心受伤害。当着其部下的面训斥一名部门经理，当着孩子的面批评他的父亲，都会让后者长时间地"抬不起头来"，或许还会因此而对批评者心存怨恨。

不但在规劝或批评他人时不要讲粗话、怪话、难听的话、过头的话，而且尽量不要当众斥责他人。其原因，都是要尊重被批评者，而不使之难堪。

除非绝对必要，不要在会议上或在写字间内当众规劝或批评他人。如果有条件，可找对方单独交谈，而不在他人面前交谈。这时哪怕规劝或批评的话语说得重一些，也易于让对方接受。

还须说明的是，在外人面前规劝同事、批评下属，有时会有"借题发挥""旁敲侧击""指桑骂槐"之嫌。

▌规劝与批评时需要一分为二

著名公关专家卡耐基曾说："当我们听到别人对我们的某些长处表示赞赏后，再听到他的批评，我们的心里时常就好受得多。"他的话，讲得确实非常实在。

规劝与批评时需要一分为二，就是要求商务人员不能将批评对象"照死里整"，或"一棍子打死"。规劝或批评别人时，先肯定，后否定，在肯定的基础上再进行局部的否定，往往既顾全了被批评者的自尊心，又使之有台阶好下，不失为一种很好的办法。

擅长此道者，规劝或批评他人之前，往往会进行一番自我反省，或者检讨一下自己以前所犯过的类似错误。在批评下属前，自己先承担一部分责任；规劝年轻人时，表示自己当初也曾如此这般地“年轻过”。那样一来，比起标榜自己“一贯正确”收效往往更为显著。

（六）拒绝与道歉

在交际应酬中，商务人员有必要学会得体地拒绝与道歉。

拒绝

所谓拒绝，就是不接受。在语言方面来说，拒绝既可能是不接受他人的建议、意见或批评，也可能是不接受他人的恩惠或赠予的礼品。从本质上讲，拒绝亦即对他人意愿或行为所进行的间接性否定。

在商务交往中，有时尽管拒绝他人会使双方一时有些尴尬难堪，但“长痛不如短痛”，“当断不断，反受其乱”。需要拒绝时，就应将此意以适当的形式表达出来。

例如，他人邀请自己赴宴，能去就应答应下来，不能去就不要勉强。不要当面作“欢欣鼓舞”状地接受了下来，届时又不出席，并且不了了之。

拒绝，既然是对他人意愿或行为的一种间接性的否定，那么在有必要拒绝他人时，就应考虑不要把话说绝，别让别人感到难为情。

通常，拒绝应当机立断，而不宜含含糊糊、态度暧昧。别人求助于自己，而这个忙又不能帮时，就该当场明说。当时拍了胸脯，此后却一拖再拖、东躲西藏，最后才说没办法。其结果，是既误事又害人，非正派的商务人员之所为。

从语言技巧上说，拒绝可以分为直接拒绝、婉言拒绝、沉默拒绝、回避拒绝四种。

（1）直接拒绝

直接拒绝，即将拒绝之意当场明讲。采取此法时，重要的是应当避免态度生硬、说话难听。在一般情况下，直接拒绝别人，需要把拒绝的原因讲明白。可能的话，还应向对方表达自己的谢意，表示自己对其好意心领了，借以表明自己通情达理。有时，还可为之向对方致歉。

有人对拒绝的借口不屑一顾，实在不够理智。若是外商在商务交往中送了现金，按规定不能接受，但总不能不近人情地质问对方“居心安在”？届时不妨采用婉转的语气来拒绝馈赠，如可以说：“某先生，实在感谢您的美意，但我公司有明文的规定，在商务活动中员工不能接受他人赠送的礼金。对不起了，您的钱我不能收。”这样做，往往对方就不好强人所难了。

（2）婉言拒绝

婉言拒绝，即运用温和曲折的语言表达拒绝之本意。与直接拒绝相比，它更容易被接受。因为它在更大程度上，顾全了被拒绝者的尊严。

一位男士若送内衣给一位关系一般的小姐，显然非同寻常。但若对其反唇相讥："这是给你妈买的吧?"便似泼妇了。真的遇上此种情况，不如婉言相拒，可以说："它很漂亮。只不过这种式样的内衣我男朋友给我买过好几件了，留着送你女朋友吧。"这么说，既暗示了自己已经"名花有主"，又可提醒对方注意分寸。

(3) **沉默拒绝**

沉默拒绝，即在面对难以回答的问题时中止"发言"，暂时一言不发。当他人的问题很棘手甚至具有挑衅、侮辱的意味时，"拔剑而起，挺身而斗"，未必勇也。此刻不妨以静制动，或一言不发、静观其变。这种不说"不"字的拒绝所表达出的无可奉告之意，常常会产生极强的心理上的威慑力，令对方不得不在这一问题上"遁去"。

(4) **回避拒绝**

沉默拒绝法虽效果明显，但若运用不当，则难免会"伤人"。因此商务人员还可以尝试避而不答、顾左右而言他的方法，即回避拒绝法来拒绝他人。

回避拒绝，即避实就虚，对对方不说"是"，也不说"否"，只是暂时地搁置某一话题，转而议论其他事情。遇上他人过分的要求或难答的问题时，均可相机一试此法。

道歉

子曰："不贰过"；"过而不改，是谓过矣"。人不怕犯错误，却怕不承认过失，明知故犯，一错再错。正所谓："知错能改，善莫大焉。"在人际交往中，倘若自己的言行有失礼不当之处，或是打扰、麻烦、妨碍了别人，最聪明的方法，就是及时向对方道歉。

例如，因为不了解实际情况而当众错怪了部下，就应当胸襟坦荡一些，在确定自己错了之后，绝不能文过饰非、将错就错，而应当马上以适当的方式向部下真心实意地道歉。这样做才会被原谅，才称得上是强者。

道歉的好处在于，它既可以冰释前嫌，消除他人对自己的恶感，也可以防患于未然，为自己留住知己、赢得朋友。

在商务交往中，需要掌握的道歉技巧，主要有下面几种：

(1) **用语规范**

道歉用语的使用，必须遵守规范。有愧对他人之处，宜说"深感歉疚"，"非常惭愧"。渴望见谅，需说"多多包涵""请您原谅"。有劳别人，可说"打扰了""麻烦了"。在一般场合，则可以讲"对不起""很抱歉""失礼了"。

(2) **重在及时**

知道自己错了，就要及时道歉、就要及时地说"对不起"，否则拖得越久，就越会让人家"窝火"，越容易使人误解。道歉及时，还有助于当事人"退一步海阔天空"，避免因小失大。

（3）**落落大方**

道歉绝非耻辱，故而道歉时应当大大方方、堂堂正正、完全彻底。不要遮遮掩掩、欲说还休；也不要过分贬低自己，说什么“我真笨”“我真不是个东西”。那么说，很可能让人看不起。

（4）**借助“物语”**

有些道歉的话当面难以启齿，写在信上寄去也可以。对一些女性而言，令其转怒为喜、既往不咎的最佳道歉方式，不外乎送上一束鲜花，婉“言”示错。这类借物表意的道歉“物语”，往往会有极好的效果。

（5）**并非万能**

需要明确的是：不该向别人道歉的时候，就千万不要向对方道歉。不然对方肯定不会领我方的情，搞不好还会因此而得寸进尺、为难我方。即使有必要向他人道歉时，也要切记：更重要的是要使自己此后的所作所为真正地有所改进，不要言行不一、依然故我。让道歉仅仅流于形式，只能证明自己待人缺乏诚意。

三、闲谈的礼仪

对每一位商务人员而言，每天都要因自己的本职工作而同他人进行各式各样的正式交谈。除此之外，商务人员还免不了要同别人进行各种形式的非正式交谈。与正式交谈相比，在每一位商务人员的日常生活中，非正式交谈无论在次数上还是在因此而耗费的时间上都绝不会更少。

非正式交谈，亦即闲谈，有人也把它叫作闲聊或聊天。它通常可以随时随地进行：可以在两人之间进行，也可以在多人之间进行；可以是有主题的，也可以是无主题的；可以是通宵达旦的，也可以只有三言两语。其基本特点，全在于一个“闲”字上。换言之，也就是说它自由度较大、任意性较强，相对而言比较令人轻松愉快。

尽管每个人都离不开闲谈，但却并非每个人都能重视闲谈、善于闲谈。实际上，闲谈也是一门艺术。既然如此，就值得商务人员对它来进行一番学习与探讨。

要想使闲谈有益无害，闲谈的对象、闲谈的内容等问题就特别需要引起商务人员的重视，因为它们直接关系到闲谈进行得顺利与否。

（一）对象的区分

一般说来，不同性别、不同年纪、不同性格、不同民族、不同地域、不同学历、不同职业、不同见识、不同志趣、不同爱好、不同地位的人，对待闲谈的态度往往大相径庭，并且难以一概而论。

就拿国内刚进入商界工作的大学生为例，他们的求知欲强、待人接物没有城府、关注新事物、喜欢与人交际、爱好闲谈。但就具体内容而论，男生和女生，文科生与理科生，本科生、硕士生与博士生，在其闲谈时所关心的重点便多有不同之处。

再举一例，虽说女性一般比男性更爱闲谈，但其具体主题随着年纪的变化往往相去甚远。无忧无虑的少女关心的是旅游、时装、美容与美食。热恋中的女孩则比较关心她的那个“他”，并且希望能够通过闲谈就此从同伴那里取经。新婚不久的少妇爱谈论的，除小家庭的浪漫温馨之外，还有持家理财、照顾丈夫、婆媳关系等。做了母亲的人，孩子永远是她们闲谈的核心。至于中老年女性，则往往更喜欢怀旧，喜欢谈论家事与往事，喜欢谈论工资与物价。

根据闲谈对象与商务人员相互之间关系的亲疏，可将其分为关系亲密型、关系普通型、关系疏远型、关系抵触型、关系敌对型五类。对不同类型的闲谈对象，商务人员在实践中要善于因人而异，具体情况具体对待。

关系亲密型

关系亲密型的闲谈对象，大抵包括商务人员的家人、亲属、知己、挚友等。商务人员与他们之间大都相处甚久、相知甚深、相交甚厚，而且彼此关心、彼此支持，甚至可以说是肝胆相照、荣辱与共。

在这种相互之间理解与信任的基础上，大家所进行的闲谈往往更少拘谨，更容易推心置腹。小到昨天夜里自己的一个噩梦，大到而今自己工作中的艰难处境，都可以不加掩饰地拿出来当作闲谈时的谈资。如果不是这样的话，反倒会让对方感到“见外”，因为大家都是自己人，理当“有福同享，有难同当”。

关系普通型

关系普通型的闲谈对象，主要包括关系一般的同乡、同学、同事、同行、客户、邻居等。与几乎可以在其面前无话不说、不需掩饰个人喜怒好恶的亲密型闲谈对象有所不同的是，普通型的闲谈对象仅仅是商务人员的熟人而已。

商务人员和他们或许刚刚认识，或许不大了解，或许缺少沟通，或许长时间地未曾见面。因此，在与之闲谈时，应当适当地对其保持恭敬之心，顾全其爱好与兴趣，尽可能多选择一些“中性”的话题。既不宜一开口就向对方披露个人生活中或情感上的“核心机密”，也不宜态度上过于冷漠。前者有刻意讨好对方、“套近乎”之嫌，后者则会给人以“拒人于千里之外”之感。就算自己打算与对方加深了解，深交下去，也要循序渐进。俗话说，“路遥知马力，日久见人心”。

关系疏远型

关系疏远型的闲谈对象，通常是指那些跟商务人员仅有一面之缘的人，包括萍水相逢之人、才认识的同行或客户、刚被第三者引见者、在社交场合方才见到的人等。

一言以蔽之，他们均属于商务人员才见到、才认识不久的陌生人。对他们的种种基本状况，商务人员可以说是知之甚少，或者一无所知。因此，商务人员在与之闲谈时，不要忘了此种闲谈主要是为了打破“僵局”、排遣寂寞、缩短人际关系方面的心理距离，因而不可以过分“深刻”，更没有必要与对方推心置腹。总之，切勿轻易拿“生人”当“熟人”。

例如，一位先生在动车上同一位小姐坐在一起。前者主动向后者打打招呼，做一下自我介绍，问一下对方“此行何去”，谈一下沿途的人文地理，一般都会为后者所接受。但他要是一上来就向对方“查户口”“忆往昔峥嵘岁月稠”“痛说革命家史”，甚至对后者顶礼膜拜、无限度地恭维，则必定会让对方感觉其居心叵测，从而三缄其口。

关系抵触型

关系抵触型的闲谈对象，在此泛指那些因与商务人员在某种程度上存在着一定利益冲突或是分歧、误解，从而导致双方关系正在恶化的人。此种类型的闲谈对象的构成比较复杂：既可能是亲友、同学、同事、同行，也可能是客户、合伙人、陌生人。

有人产生抵触心理，是因为的确跟他人存在实际的利益冲突；但也有人产生抵触心理的原因却根本说不上是什么大是大非。他们或者只能说是不喜欢对方，或者是跟对方谈不拢，或者就是对对方没有好感。

其实，只要这一类型的人对商务人员不是恶意中伤、出言不逊、胡搅蛮缠、没事找事，商务人员都不妨心平气和地同他们坦诚相见、以德报怨，借以消除误会、相互了解。说到底，争取使“潜在的敌人”变成“潜在的朋友”，始终都是商务人员的一大目标。

关系敌对型

关系敌对型的闲谈对象，主要指的是那些因为公事或私事而直接处于商务人员对立面的人士。正所谓“商场如战场”，“两国交兵，各为其主”，商务人员因此而得罪一些人实在是在所难免的。

战国名称乐毅主张，君子“交绝不出恶声”。依照常理，既然双方“道不同，不相为谋”，那么约会、互访、交际、闲谈的机会自然也就比较罕见。但也不能完全排除在某些公共场合或社交聚会上，双方狭路相逢。遇到此种情况，切勿怒发冲冠、拍案而起、拂袖而去。此时不妨主动上前问候对方，避重就轻地与之聊上几句。

如上所述，在闲谈中关注“对象化”的问题是极其必要的。在具体操作中，商务人员还需要考虑得更加细致周全一些。

例如，与老年人闲谈，通常应当以对方为中心，以尊敬为先，多听他们谈，顺着他们的具体思路谈。不要与之唱“对台戏”，不要介意他们因为忘性大而将某些内容重复再三。

与年轻人闲谈，不要只讲“教条”，不要只会“训诫”，不要好为人师。正确的做法是：处在与之平等的地位上与之交朋友，多谈一谈令人开心的事情，多谈一谈对方所关心的流行、时尚之事。

与职位高者闲谈，既要对其给予应有的尊重，又不必表现得过于谦恭，更不必对其曲意逢迎。但要记住：不要出难题去“考”对方，不要在对方面前播弄是非。

与职位低者闲谈，勿忘谦虚、诚恳，勿忘心存仁厚。重要的是：不要咬文嚼字、卖弄学问，或教训对方。

与同行闲谈，应尽量多聊几句“题外话”，让对方放松放松。把业务问题带到闲谈中，在多数情况下只会导致自己“曲高和寡”。

与异性闲谈，必须保持应有的“疆界”，不要热情过度而让人非议。问一位先生“您太太勤快不勤快”，对一位小姐讲“今晚的月亮真圆”，都有可能让对方尴尬，甚至难有好感。

与外商闲谈，别忘了“入境而问禁，入国而问俗，入门而问讳”。如果向以狗为朋友的西方人大谈特谈狗肉“味道好极了”，又怎能不让人家敬而远之呢?!

(二) 宜选的谈资

人们经常说：“酒逢知己千杯少，话不投机半句多。”站在闲谈的角度上来看，不论“酒逢知己”，还是“话不投机”，实际上都与人们在闲谈时所选择的具体“题材”有关。

人们在闲谈时所运用的具体“题材”，俗称谈资。比较规范的话，则可称之为话题。所谓话题，就是在谈天说地时，人们为了引起闲谈对象的兴趣或配合进而令闲谈得以持续下去而有目的地选择的主题。在相当大的程度上，闲谈的话题不仅仅是闲谈得以展开的线索，制约着闲谈的内容，而且直接关系着闲谈的优与劣、成与败。例如，在闲谈时，爱谈论文学艺术的人，与爱谈论家长里短的人比起来，其品位自是不可同日而语。

闲谈的话题其实并无大小之分、主次之别，大到目前中国的国际地位，小到西洋参这种补品的用法和疗效，只要“棋逢对手”，就都可以展开来说、深下去聊。相反，如果知音难觅，那么就是有再好谈的话题也可能会难以持续下去。

除要考虑对象外，闲谈还必须充分地考虑具体的时间、地点、人数与形式。

在假日、周末、社交聚会上，大家时间都比较充裕，自然是谈得多多益善。但要是正在开会、用餐或休息时，那就往往不便多谈了。

在室外行走或站立时，闲谈应简单一些。若坐在室内或乘车、乘船、乘机进行长途旅行时，只要不妨碍旁人，就可以多谈、深谈、长谈。

两个人之间的闲谈，大都比较容易进行。只要您照顾我、我跟您合作，闲谈即可进行下去。但如果闲谈在多人之间进行，则应在各方面都避免亲疏之分。不要只理这个人，而不理那个人；只对一个人捧场，而对另一个人不闻不问。应遵循交际中“求同存异”与“等距离交际”的原则，尽量选择多数人感兴趣的话题来聊，并且要同每位在场者都寒暄一下，都聊上几句。

闲谈虽然以“闲”为主要特点，但也存在有组织的与即兴式的区分。前者如沙龙、派对，相对而言正规一些、讲究一些；后者则较为随便。

以上几点，在一定程度上都同闲谈时话题的选择有所关联。通常，在闲谈中可以普遍应用的最佳话题，主要包括以下几类。

令人轻松愉快的话题

有教养的人都知道：应当把快乐拿出来和他人一起分享，而自己的苦恼与忧伤则只能够留给自己承担。在闲谈中披露自己的伤心往事，到处开“诉苦会”，有可能“麻烦”别人，影响其情绪，绝非强者与智者之所为。

轻松愉快的话题，因其不伤神、不费劲、不需要过多的专业知识，而在闲谈中广受欢迎。此类话题，有文艺、体育、旅游、习俗、时尚、名人逸事等。

（1）文艺

文艺，包括小说、诗词、电影、电视、网剧、街舞、演出、音乐、歌曲、曲艺等。闲谈此类话题，既有实际内容，又可以使交谈者显得品位不俗。

（2）体育

体育，既是强身之道，又是人们将过多精力进行宣泄的渠道之一。大者足球、篮球、长跑、马拉松，小者飞盘、滑板、骑行，都能令闲谈者为之倾倒，为之“乐不思蜀”。

（3）旅游

旅游，诸如春日踏青、夏日避暑、秋日赏菊、冬日观雪、度假胜地、异域风情、远足露营等，能够使人在观赏风景名胜之余开阔视野，增长知识，此乃最佳的谈资之一。

（4）习俗

习俗，即风俗习惯。它实质上就是一种文化，对人们的衣、食、住、行，乃至各地的风土人情无所不包。闲聊之时谈一谈习俗，很容易给人以教益。

（5）时尚

时尚，亦即流行，人们大都对此十分关注。找到这一当下的“焦点”，一定会谈得很生动、有听众、有知音。

（6）名人逸事

律己甚严的人，肯定不会在闲谈时议论不在场者。不过社会名流，诸如国内外的影星、歌星、体坛健将作为公众人物，永远万众瞩目，因而他们的所作所为通常不在禁谈之列。

▍对方感兴趣的话题

现代传播学中有一种被称为“相同的经验范围”的理论，其主要观点是：人与人之间的交往，可以被比作两个椭圆形在寻求重叠。在实际生活中，要想让人们泯灭个性、完全相同，即设法使那两个椭圆丝毫不差地完全重叠是根本没有可能的。最现实的做法是，人们在交际中要互谅互让，相互“投其所好”。也就是说，不仅要使那两个椭圆发生交叉，而且要想办法使交叉的部分逐渐扩大。长此以往，人与人之间的“共性”便会增多，彼此之间的“共识”也会随之而日渐扩大。此处所谓的“共识”，也就是所谓“相同的经验”。

依据此种理论，人与人之间越接近，越容易密切交往；越密切交往，则会越接近。这一理论，对商务人员具有一定的指导意义：在选择话题时，不能够自以为是，而应当优先考虑那些交谈对象所感兴趣的内容。那样一来，对方才会积极合作，并会对商务人员的友善给予反馈。因为“英雄所见略同”，彼此也就更好相处。

一位企业家，有一次想找一个不求上进的青年职员谈谈心。刚一开始，双方你严肃、我“怯场”，都拿不准该讲些什么才好。这时，那位企业家突然想起这个职员和自己是同乡，并且刚刚从家乡探亲归来，于是便热情地询问对方家乡的情况。没想到这个话题一经“启用”，对方便马上予以合作，仔仔细细地谈开了。到后来，他们还发现彼此居然还是毕业于同一所中学的校友。有了这一“相同的经验范围”，两个人之间的话自然就好讲多了。

在公众场合，总是争抢“C位”的人，未必拥有良好的人缘。指望在闲谈的话题上抢“C位”，即永远只谈论自己感兴趣的话题，这样的人往往都不受欢迎。永远不要忘记：只有使闲谈对象真正感兴趣的话题，才能使闲谈得以继续。因此最佳的闲谈话题，不仅应当是“共感式”的，而且首先应当是闲谈对象所感兴趣的。

▍闲谈对象擅长的话题

心理学认为：每个人都有着自我表现的潜在欲望。不论什么时候，人们常常都会为自己的“拿手好戏”而感到骄傲与自豪。“闻道有先后，术业有专攻”，人们所拥有的一技之长不仅是其立身之本，而且是自己做人的精神支柱。所以当他人虚心向其求教之时，人们一般都会来者不拒，在闲谈时就更是如此了。

在闲谈之际甘当小学生，以向人请教来做开场白，通常都会使双方皆大欢喜。

有一名公司老总，曾对人讲过一则他“曲线救国”，恳请一位发誓“两耳不闻窗外事”的老专家再度出山的故事：经人介绍，他在友人家中与老专家见了面。可是不论多么殷勤，人家却总不买他的账。后来，这位老总见到那位老专家掏出一本古钱币图谱目不转睛地看了起来，便灵机一动找了一个机会凑上去讨教：“人家送给了我几枚银圆，请教一下，怎样才能辨别它们的真假呢?”这么一来，老专家立刻就来了劲，认真地给这位老总上了一课。聪明的老总在老专家

"授课"期间还不时就一两个细节再度讨教……于是乎两人相见恨晚，成了莫逆之交；于是乎也就水到渠成，老专家自愿地请缨出山。

（三）忌谈的问题

《礼记》曰："恶言不出于口，忿言不反于身。"

在商务人员的交往中，多年以来人们已经约定俗成地形成了一系列的条条框框，规定在闲谈之时有一些问题是绝对不宜涉及、不当讲的。有教养的商务人员应当切记这一点，千万不要"明知山有虎，偏向虎山行"，在闲谈时信马由缰、汪洋恣肆、口无遮拦，由此而贬低自己，或冒犯、触怒了交往对象。

依照惯例，商务人员在闲谈中忌谈的问题，主要涉及个人隐私、对方禁忌、低俗问题、压抑之事、商业秘密五类。

个人隐私

个人隐私，此处指的是那些纯属个人私生活，而又不希望为他人所知晓、所议论、所干涉的问题。在人与人之间的交往中，它属于每个人都有权不对外开放的一块私人领地。对此予以尊重，是尊重人、理解人的前提。虽然在工作与生活上商务人员可以关心他人，但对他人的个人隐私则绝对不容许窥视，绝对不可以"关心"。

对商务人员而言，在闲谈时不可以涉及的个人隐私问题，主要有如下九类：

（1）**财产多少**

一个人收入的高低、资产的多少、持有的股票，甚至其服饰的品牌、化妆品的价格、轿车的规格、住房的面积、居住的区域、旅行度假的目的地、远途旅行所乘坐的交通工具的舱位等，均与其能力和成就相关。对这一涉及个人"实力"的问题，应当免谈。

（2）**年龄大小**

商务人员都希望自己永远年轻，永远精力充沛。上了年纪的人和女士们，对本人的年龄则更是讳莫如深。

（3）**结婚与否**

向相交甚浅的异性打探其成婚与否这个问题，难免会让对方心存防范之意，故此不宜谈论。此外，对已婚之人有无子女的问题，通常也不宜询问。

（4）**健康状况**

个人的健康状况，显然是商务人员的"绝对隐私"。对商界领军人士而言，它不仅是他人与之合作的前提之一，而且事关其所主导的企业未来的走向。因为如此，闲谈时对其必须无条件地回避。

（5）**往昔经历**

个人以往的经历，显然都是每个人的底牌。因其可能饱含血泪与辛酸，轻易是不会与人"忆苦思甜"的，所以切记："英雄莫问出处。"

（6）**现今住址**

除非关系亲密无间，商务人员绝不会把自己的住处及其电话号码告知于人。之所以如此，主要是为了令自己与家人免受闲人俗事的打搅。

（7）**工作进展**

“现在忙什么”“忙得怎么样”“有什么难处”，都因其事关重大而不应与他人谈论。

（8）**人际关系**

商务人员与他人的亲疏远近，往往与其实力有关，并且也有可能涉及其业务，因此岂容“你知我知”？

（9）**政治见解**

商务人员自然要关心国内外大事，但在闲暇之际谈论此等重大问题，则既不严肃，又往往使人难以放松。

以上九种问题，统称“商务人员九不谈”，它们都是商务人员所必须忌谈的“绝对隐私”。

对方禁忌

凡属闲谈对象个人的禁忌，亦应在选择话题时主动予以回避。

每个人都有所长，有所短，有所禁忌。常言说得好：“打人不打脸，揭人不揭短。”若是在闲谈中“哪壶不开提哪壶”，则极易“恶语伤人”。请牢记：别与他人直言其所短。

与一位大龄女青年闲谈，总不能一见面就问人家“有对象了没有”，也不应与其畅谈自己家庭的甜蜜生活。

同一名刚受“重创”的“股迷”闲谈，一上来就说“你最近又赔了不少吧”，实在不能不让人感到晦气。

询问一对尚未生养的中年夫妇：“怎么还不生孩子？”难道是指望人家答以“没有能力”？

与病人、残障人士聊天，自己不能表现得太“青春”、太有活力，免得触及其缺陷、伤害其自尊心。

还应强调：对他人所作所为的对与错、是与非，通常也不宜在闲谈之际予以评论。

低俗问题

对格调不高的事情，闲谈时最好不提为妙。

所谓格调不高的事情，在此是指那些有关家长里短、人际纠葛、绯闻与丑闻、他人的是非等。例如，《礼记》尝言：“公庭不言妇女。”

言为心声，做人讲究“听其言，观其行”。一天到晚以关心、传播以上格调不高之事为己任的人，其内心世界是否极度空虚无聊，其品位、档次如何，明眼人显然不问自明。

压抑之事

压抑之事，主要是指那些谈论起来令人感到毛骨悚然、心灰意冷、精神颓废或十分晦气的内容，例如，衰老、伤病、死亡、凶杀、灾祸、惨案等等。

据《论语》记载，子之所慎："齐，战，疾。"其本意是：对待斋戒、战争、疾病等话题，孔子非常谨慎。在社交聚会上，活灵活现地讲述自己刚才所遇见的一次车祸，绘声绘色地"戏说"某人伤得如何、死得怎样，会让人大倒胃口，并会由于"以他人的苦难为自己的欢乐"而令人鄙视。

同一位丧偶不久的老人回忆起对方逝去的"那一位"，探视病人时耐心细致地"调查"病人的病情及其"发展前景"，也都会使对方情绪波动、无比郁闷，甚至悲从中来。

对国外正在进行的战事品头论足、说三道四，甚至对其未来走向不断地加以预测，亦非闲聊时适宜的话题。

商业秘密

商业秘密，一般包括资产、收益、投资、融资、股权、期权、债务、外汇持有、银行存款、资金周转、原材料来源、商品销售现状、市场开发前景、拥有的技术与专利等。它们都是商家的立足之本。所谓商务人员"在商言商"，生意场上与生意场外的事情，应当被分得一清二楚，自然不可将人家的商业机密选作谈资。

若在原本轻松融洽的闲谈中忽然聊起了商业秘密，往往就会使气氛骤变，因为在这一大是大非的问题上任何商家都十分敏感。

除此之外，还须强调：即便是闲谈，商务人员对下列几个话题也绝对不宜直接或间接地有所涉及。其一，在国内不得妄议党和国家的大政方针。其二，在国外不得对所在国或其他国家的内部事务说三道四。其三，在正式场合不得涉及领土争议、边境纠纷，以及宗教、民族、堕胎、同性恋、男女平等一类的敏感话题。其四，在外人面前不得议论本单位的领导、同事以及其他同行的是是非非。以上几点，亦称"商务交往四不谈"，可被视为商务人员与他人闲谈的底线之所在。

总之，在闲谈中别忘记察言观色，一旦发现自己所选取的谈资"触礁"，就应当马上适可而止，万万不可一如既往。

四、通信的礼仪

现代社会，乃是一个高度信息化的社会。对于广大商务人员而言，信息就是资源，信息就是财富，信息就是生命，所以大家都不约而同地对信息重视有加。目前，多种多样的现代化通信工具层出不穷。它们的出现，为商务人员获取信息、传递信息、利用信息提供了越来越多的选择方式。

通信，此处是指人们利用一定的电信设备媒介所进行的信息传递的活动。被传递的信息，既可以是文字、符号，也可以是表格、图像。在日常生活里，商务人员接触最多的通信手段主要有座机电话、移动电话、电话传真、电子邮件等等。通信礼仪，通常即指在利用上述各种通信手段时所应遵守的行为规范。

考虑到商务人员的实际需求，以下将着重介绍目前应用最多、最广的座机、手机、传真以及电子邮件的基本礼仪。

（一）座机的规范

座机，是座机电话的简称，有时亦称电话。在所有电子通信手段中，座机电话出现的时间最早。迄今为止，它也是使用最广的。因此，电话礼仪是商务人员所要掌握的重点。对于商务人员来讲，电话不仅仅是一种传递信息、获取信息、保持联络的寻常工具，而且是商务人员所在单位或个人形象的一种载体。在商务交往中，普普通通的接打电话，实际上是在为通话者所在的单位、为通话者本人绘制给人以深刻印象的电话形象。

所谓电话形象，即人们在通电话的整个过程之中的语言、声调、内容、表情、态度、时间感等的集合。它能够真实地体现出个人的素质、待人接物的态度以及通话者所在单位对外交往的整体水平。

正是因为电话形象在现代社会中无处不在，而商务交往又与电话“难解难分”，因此凡是重视维护自身形象的单位，无不对电话的使用给予了高度的关注。

与日常会话和书信联络相比，接打电话具有即时性、经常性、简捷性、双向性、礼仪性等较为突出的特点。所谓即时性、经常性、简捷性、双向性都不难理解，而所谓礼仪性却不能够不为之“正名”。

电话的礼仪性特点，直接与前面提到过的“电话形象”密切相关。它是指不论是打电话还是接电话，都必须以礼待人、克己而敬人。假如在使用电话的过程中不注意讲究礼貌、失敬于人，无形之中将会使自己的人际关系受到损害。

使用电话通信，有主动地拨打电话与被动地接听电话之别。从礼仪上来讲，拨打电话与接听电话时有着各自不同的标准做法。以下就分别对它们加以介绍。

打电话

在商务交往中，需要商务人员“先发制人”，首先打电话给别人的情况极多。当商务人员准备拨打电话时，应率先考虑下述三方面的问题。

(1) 该不该打这个电话

需要通报信息、祝贺问候、联系约会、表示感谢的时候，都有必要利用一下电话。而毫无意义、毫无内容的“没话找话”式的电话，则最好不要打。即使非常想打电话找人聊聊天，也要两相情愿，先要征得对方首肯，并选择适当的时间。还须切记：不要在工作单位打私人电话。

（2）**何时去打这个电话**

有关商务交往具体事宜的电话，应当公事公办，最好是在上班时拨打。双方约定的通话时间，轻易不要更改。要想使通话效果好一些，使之不至于受到对方工作繁忙或身体疲劳的影响，则通话应选择在周一至周五，并且不要在对方刚上班、快下班、午休或快吃午饭时，不识时务地把电话打过去。因紧急事宜打电话到别人家里去，通话之初先要为此说声“对不起”，而且尽量不要在对方用餐、睡觉、过节、休假、度周末时这样做。与外商通电话时，须顾及对方在作息时间上的特点。打电话去海外，还应考虑到此地与彼地的时差。

（3）**如何打好这个电话**

电话被称为“无形造访的不速之客”。在很多情况下，它有可能“出其不意”地打搅别人的正常工作或生活。因此，打电话的人务必有一个明确的指导思想，除非万不得已，每次打电话的时间不应超过3分钟。在商界，此种要求被称作“通话3分钟原则”，已为商务人员所广泛遵守。有鉴于此，商务人员在打电话前，为节省时间，一定要“去粗取精”、条理清晰地预备好通话提纲。届时，应根据腹稿或文字稿来通话。若拨通电话时对方正忙，则不应强人所难，非“一气呵成”不可，完全可以换一个时间再打。此外，与不熟悉的单位或个人联络，对对方的名字与电话号码应当一清二楚，以便“胸有成竹”，免得因为搞错而浪费时间。

在打电话时，对一个人的电话形象影响最大的，当首推他本人的语言与声调。从总体上来讲，它应当简捷、明了、文明、礼貌。

在通话时，声音应当清晰而柔和，吐字应当准确，句子应当简短，语速应当适中，语气应当亲切、和谐、自然。不要在打电话时为自己的情绪所左右，要么亢奋激动，一上来就大声吼叫、震耳欲聋；要么情绪低沉、断断续续、小声小气如同“耳语”，让对方听不清楚干着急。

有一点务必注意，打电话时最好双手持握话筒。讲话时，嘴部与话筒之间应保持3厘米左右的距离。这样做的话，就不会使对方接听电话时因话音过高或过低而感到不适了。

打电话时所使用的语言，应当礼貌而谦恭。应尽快地用三言两语把所要说的事情讲完，不要啰唆来啰唆去，连自己都不明白“刚才说到哪儿了”，从而浪费别人的时间。若非事关重大的条文、时间、数据，一般没有必要再三去复述已经讲过的话。

打电话时，每个人开口所讲的第一句话都事关自己留给对方的第一印象，所以应当慎之又慎。如果电话接通后，自己说的头一句话是：“喂！喂！”“西海公司吗”“小丁在不在”，显然既不礼貌，也不规范。

打电话时须正确使用的规范的“前言”，通常有以下两种：

其一，公务式。它适用于正式的商务交往中。通话时，它要求礼貌用语与双方的单位、职衔、姓名“一同道来”。如：“您好！我是省化工进出口公司营销部副经理王愿，我要找西华市化工进出口分公司经理高杰先生，或者是副经理杨晓春先生。”

其二，社交式。它适用于一般性的人际交往。通话时，它要求在使用礼貌性问候以后，应同时准确地报出双方完整的姓名。如：“您好！我是孟伟。我找李申佳。”

不要还不知道对方是谁，一上来就跟人家套近乎、“捉迷藏”，说什么“我是老许啊，我找小梅”之类。因为对方很可能既不知道“老许”是谁，也不清楚您要找的“小梅”到底是哪一位。

如果电话是由总机接转，或对方的秘书代接的，在双方礼节性问候之后，应当“礼尚往来”，使用“您好”“劳驾”“请”之类的礼貌用语与对方应对，不要对对方粗声大气、出口无忌，或是随随便便将对方呼来唤去。

得知自己要找的人不在，可请代接电话者帮助叫一下，也可稍后再打。无论如何，届时都不要忘了说话要客气。

在通话时，若电话中断，按礼节应由打电话者再拨一次。拨通以后，须就此稍作解释，以免对方生疑，以为是打电话者有意挂断的。

打电话的规则

一旦自己拨错了电话，切记要对无端被打扰的对方道歉，老老实实地说声“对不起”。不要连个“回音”都不给，直接就把电话挂了。

当通话结束时，别忘了向对方道一声“再见”，或是预祝对方“晚安”。按照惯例，电话应由通话双方之中的地位高者而非拨电话者挂断。挂断电话时，应轻轻放下。

接电话

在接听电话时，亦有许多具体要求。能否照此办理，往往意味着接听电话者的个人修养与对待拨打电话者的态度如何。在通电话的过程中，接听电话的一方显然是被动者，尽管如此，商务人员在接听电话时，亦须专心致志、彬彬有礼。

接电话时，一定要注意本人的态度与表情。虽说通电话是一种“未曾谋面”的交谈，表面上看，商务人员接电话时的态度与表情对方是看不到的。但对于这一切，对方实际上完全可以在通话过程中感受到。

电话铃响后，应尽快接电话。有人明明就在电话边上，却偏偏要“沉住气”“摆摆谱”，让电话铃声先响上一通再说。这种态度，无疑是怠慢对方的。在商界，接电话有“铃响不过三遍”一说。它是接听电话者所不能不遵守的。

接电话时，态度应当殷勤、谦恭。在办公室里接电话，尤其有外来的客人在场时，最好是走近电话，双手捧起话筒，以站立的姿势，面含微笑地与对方通话。不要坐着不动，一把把电话拽过来，抱在怀里，夹在脖子上通话；不要拉着电话线，或手持分机，走来走去地通话；也不要坐在桌角、趴在沙发上或是把双腿高抬到桌面上，大模大样地与对方通话。

凡事俱有分寸。接电话时，速度快、态度好、姿势雅，就是合乎礼仪的分寸。

在接电话时，还要注意自己的语言和语气。在这方面漫不经心、随随便便、过分放任自己，都是极其有害的。

在正式的商务交往中，接电话时拿起话筒所讲的第一句话也有一定之规，常见的有以下三种形式：

第一，以问候语加上单位、部门的名称以及个人的姓名，这种形式最为正式。例如："您好！瀚海集团公司人力资源部刘运奇。请讲。"

第二，以问候语加上单位、部门的名称，或是以问候语加上部门名称，适用于一般场合。例如："您好！京南公司广告部。请讲。""您好！总裁办。请讲。"后一种应对，主要适用于由总机接转的电话。

第三，以问候语直接加上本人姓名，它仅适用于普通的人际交往。例如："您好！郝茹莎。请讲。"

需要注意的是，在商务交往中，不允许接电话时以"喂，喂"，或者"你找谁呀"作为开场白。特别是不允许一张嘴就毫不客气地查一查对方的"户口"，一个劲儿地追问人家"你找谁""你是谁"，或者"有什么事情"。

万一对方拨错了电话或电话串了线，也要保持风度，切勿发脾气或"耍态度"。确认对方拨错了电话，应先自报一下"家门"，然后再告之电话拨错了。对方如果道了歉，不要忘了以"没关系"去应对，而不要教训人家"下次长好眼睛""瞧仔细些"。如有可能，不妨问一问对方，是否需要帮助他查找一下他所要拨打的正确的电话号码。真的这样做了，并不是"吃饱了撑的"，而是借机宣传了本单位以礼待人的良好形象。

在通话途中，不要对着话筒打哈欠或是吃东西，也不要同时与其他人闲聊，不要让对方由此感到在受话人的心中无足轻重。

结束通话时，应认真地道别，并且应恭候通话双方之中的地位较高者率先放下电话，地位较低的另一方此刻不宜"越位"抢先。

接电话时，坚持一视同仁。极其个别的人，长着一对挑肥拣瘦的"势利眼"。即使接电话时，也极为庸俗地"因人而异"，其"对象化"倾向十分明显。他们在接电话时，一开始总是"拿架子"，"打官腔"。先是爱答不理地问上几句"谁呀""什么事呀"，然后能推的事情就推，能踢的皮球就踢，"事不关己，高高挂起"。不过他们的"天气"也不总是永远这般"阴沉"，一旦听出来对方是上司、是家人、是朋友，或是自己正在求助的人，立即就会"雨过天晴云散尽"，在其接听电话的过程之中低声下气、细语柔声、卑躬屈膝、有求必应，不怕旁人说自己是一副奴才腔。这种不能平等待人的做法，既容易得罪人，也会让旁人看不起。

在接听外来的电话时，理当不卑不亢。持这种态度，才容易为自己赢得朋友。

在通话时，接电话的一方不宜率先提出终止通话的要求。万一自己正在开会、会客，的确此刻不宜长谈，或另有其他电话打进来、需要终止通话时，应说明原因，并告知对方“一有空闲，我马上打电话给您”，免得让对方觉得自己厚此薄彼。

遇上不识相的人打起电话没个完，非得让其“适可而止”不可的话，说话应当委婉、含蓄，不要让对方难堪。例如，不宜说“你说完了没有？我还有别的事情呢”，而应当讲“好吧，我不再占用您的宝贵时间了”“真不希望就此道别，不过以后真的希望再有机会与您联络”。

应当指出的是，代接电话时的具体表现也很重要。有可能亲自接的电话，就不要麻烦别人，尤其是不要让自己的孩子奶声奶气地代替自己接听电话。即使孩子们对参与这种实践非常热衷，也不提倡在此方面培养他们。

商务往来比较多的人，可请秘书代为处理电话，也可在本人外出时使用录音电话。但本人在场时，一般是不适合使用录音电话的。

万一需要采用录音装置时，则必须使自己预留的录音友好、谦恭。通常，预留的录音应为：“您好！这里是某某公司某某部。本部门工作人员现在因公外出，请您在信号声音响过之后留言，或者留下您的姓名与电话号码。我们将尽快与您联络。谢谢，再见。”

代接电话时，讲话要有板有眼。被找的人如果就在身旁，应告诉打电话者“请稍候”，然后立即转交电话，不要抱着恶作剧或不信任的态度，先对对方“调查研究”一番，尤其是不允许将此类通话用扩音器放出来让他人听见。

被找的人如果尚在别处，应迅速过去寻找。不要懒于行动，连这点“举手之劳”都不愿意做，更不要蒙骗对方说“人不在”，或是大喊大叫“某人找某某人”，闹得“世人皆知”，让他人的隐私“公开化”。

倘若被找的人不在，应在接电话之初立即相告，并可表示自己可以“代为转告”之意。不过应当首先说明“某人不在”，然后再询问“您是谁”或“您找某人有什么事情”，切勿“本末倒置”。省得让打电话者疑心：他所要找的人正在旁边，可就是不想搭理他。

表示自己可以“代为转告”之意时，应当含蓄一些。例如，“需要我为您效劳的话，请吩咐”，听上去就“可进可退”。不要一开口就“不由分说”地讲什么“你有什么事情，都可以告诉我，我一定不会‘贪污’”云云。只有在比较熟的人之间，才可以直接询问：“您有留言吗？”“要不要我告诉某人，一回来就打电话给您？”

代接电话时，对方如有留言，应当当场用笔记录下来。之后还应复述一次，以免记录有误。

（二）手机的规范

在商界，人们往往风尘仆仆、来去匆匆。为适应商务人员工作繁忙、活动量大、时常“居无定所”而又急需“随时随地传信息”的特点，近年来俗称手机的移动电话，早已成为广大商务人员随身必备、使用最为频繁的一种电子通信工具。

商务人员在日常交往中使用手机时，大体上有如下五个方面的礼仪规范必须严守不怠。

置放到位

商务礼仪规定：手机的使用者应当将其放置在适当之处。大凡正式的场合，切不可有意识地将其展示于人。

道理其实很简单，手机就是手机，它终究不过是通信工具罢了，而绝对不能视之为可以炫耀的装饰品。把它们握在手中、别在衣服外面、放在自己身边，或是有意当众对其进行摆弄，实在无聊之至，商务人员切不可那么做。

按照惯例，外出之际随身携带手机的最佳位置有二：一是公文包里；二是上衣口袋之内。穿套装、套裙时，切勿将其挂在腰带上。否则撩衣取用或查看时，即使不使自己与身旁之人“赤诚相见”，也会因此举而惊吓对方。

遵守公德

使用手机，自然是为了方便自己。但是，这种方便是不能够建立在他人不便之上的。换而言之，商务人员在有必要使用手机时，一定要讲究社会公德，切勿使自己的行为骚扰到其他人士。

酬世礼仪规定：在公共场所活动时，商务人员尽量不要使用手机。当其处于待机状态时，应使之静音或转为振动。需要与他人通话时，应寻找无人之处，而切勿当众自说自话。公共场所乃是公有共享之处，在那里最得体的做法是人人都要自觉地保持肃静。显而易见，在公共场所里手机鸣叫不止，或是在那里与他人进行当众的通话，都是侵犯他人权利、不遵守社会公德的表现。在参加宴会、酒会、音乐会，前往法院、图书馆、影剧院，或是参观各类展览时，尤须切记此点。

在工作岗位上亦应不使自己手机的使用有碍于工作、有碍于别人。商务人员在写字间里办公时，尽量不要让手机“大呼小叫”。尤其是在开会、会客、谈判、签约以及出席重要的仪式、活动时，必须提前采取措施将手机静音。在必要时，亦可暂时将其关机。这样做，既表明自己专心工作，也是对有关交往对象的一种尊重和对相关活动的一种重视。需要特别强调的是，在工作、社交之中，当着他人的面接听、拨打手机，以及利用手机收发短信、微信、微博，或拍照、录像、玩游戏、看剧集或观视频，均属目中无人的失礼之举。

使用手机发送短信、微信时，应以有用、有益为标准，切勿滥发无聊的短信、微信去骚扰他人。拥有拍摄功能手机者，也不宜以之四处乱拍他人。

保证畅通

使用手机的主要目的，是保证自己与外界的联络畅通无阻。商务人员对于此点不仅必须重视，而且应为此而采取一些行之有效的措施。

告诉交往对象自己的手机号码时，务必力求准确无误。如系口头相告，应重复一两遍，以便对方进行验证。若自己的手机号码有变动，则应及时通报给重要的交往对象，免得双方的联系一时中断。有必要时，除手机号码外，不妨同时再告诉交往对象其他几种本人有效的联系方式，以有备无患。

对手机上所显示的未接来电，一般应当及时与对方联络。没有极其特殊的原因，与对方进行联络的时间不应超过对方拨打后的 5 分钟。拨打他人的手机而对方未接听，亦应保持耐心，一般应当等候对方 10 分钟左右。在此期间，不宜再同其他人进行联络，以防自己的手机占线。不及时回复他人电话、拨打他人手机后迅速关机，或是转而接打他人的电话，都会被视作无礼的行为。

万一因故暂时不方便使用手机，则可在语音信箱上留言，说明其具体原因，并告知来电话者自己方便的其他联系方式。有时，还可采用在语音信箱留言或呼叫转移的方式与外界保持联系。

保护私密

通信自由，在我国是受到法律保护的。私密性，即通信属于个人私事和个人秘密，是其中的重要内容之一。使用手机时，对此理当予以重视。

应当强调的是：不可在使用手机通话或传输信息、文件时涉及任何商业秘密，因为它并不能绝对保密。

一般而言，手机号码不宜随便告知他人。即便在名片上也不宜包含此项内容。因此，不应当随便打探他人的手机号码，更不应当不负责任地将别人的手机号码随意转告其他人，或是对外界广而告之。

与外人联系时，通常不宜使用手机的视频通话功能，免得有窥视他人所处场所与身旁之人的嫌疑。这一点，也属于使用手机时保护私密的范畴。

出于自我保护和防止他人盗机、盗号等多方面的考虑，通常不宜随意将本人的手机借与他人使用，或是前往不正规的维修点对其进行检修。考虑到相同的原因，随意借用别人的手机也是不适当的。

重视安全

使用手机时，对于有关的安全事项绝对不可马虎大意。在任何地点使用手机时，都不能有碍自己或他人的安全。

按照常规，在驾驶车辆时，不宜忙里偷闲地使用手机通话，或以之转发微博、收发微信。不注意此点，就极有可能导致交通事故。

乘坐客机时，通常必须自觉地关闭本人随身携带的手机。因为它所发出的电子信号会干扰飞机的导航系统。

在加油站或是医院里停留期间，也不宜使用手机。否则，就有可能酿成火灾或影响医疗仪器设备的正常使用。

此外，在一切标有文字或图示禁用手机的地方，均须遵守相关的规定。

（三）传真的规范

目前，在商务交往中，经常需要将某些重要的文件、信函、资料、图表等即刻送达身在异地的交往对象手中。传统的邮寄书信的联络方式，已难以满足这一方面的需求。在此背景之下，传真便应运而生，并且迅速走红于商界。

传真，是电话传真的简称。它是利用光电效应，通过安装在普通电话网络上的传真机，对外发送或是接收外来的文件、信函、资料、图表等的一种现代化的通信联络方式。现在，在国内的商界单位中，传真机早已普及，成为不可或缺的办公设备之一。

利用传真通信的主要优点是：它操作简便，传送速度非常之迅速，而且可以将包括一切复杂图案在内的真迹传送出去。它的缺点则主要是：发送的自动性能较差，需要专人在旁边进行操作。有些时候，它的清晰度也难以确保。

商务人员在利用传真对外通信联络时，必须注意下述两个方面的礼仪问题：

得法使用

使用传真设备通信，必须在具体的操作上力求标准而规范。不然，便会令其效果受到一定程度的影响。

本人或本单位所使用的传真机号码，应被正确无误地告知自己重要的交往对象。一般而言，在商用名片上，传真号码是必不可少的一项重要内容。

对于主要交往对象的传真号码，必须认真地记好。为了保证万无一失，在有必要向对方发送传真前，最好先向对方通报一下。这样做，既提醒了对方，又不至于发错传真。

发送传真时，必须按规定操作，并以提高其清晰度为要旨。与此同时，也要尽量使其内容简明扼要，以节省费用。

单位所使用的传真设备，应当安排专人负责。无人在场而又有必要时，应使之自动处于接收状态。为了不影响工作，单位的传真机尽量不要同办公电话采用同一条线路。

凡涉及国家秘密、商业秘密与工作秘密的相关文件、信函、资料、图表等，切勿使用非加密的传真机收发。

依礼使用

商务人员在使用传真时，必须牢记维护个人和所在单位的形象问题，必须处处不失礼数。

在发送传真时，一般不可缺少必要的问候语与致谢语。向同事、同行发送文件、信函、资料、图表等时，更是要谨记这一点。

出差在外，有必要使用公共传真设备，即付费使用电信部门设立在营业所、商务楼或酒店内的传真机时，除了要办好手续、防止泄密之外，对其工作人员亦须以礼相待。

人们在使用传真设备时，最为看重的是它的时效性。因此在收到他人的传真后，应当在第一时间内即刻采用适当的方式告知对方，以免对方惦念不已。需要办理或转交、转送他人发来的传真时，千万不可拖延时间，耽误对方的要事。

（四）电子邮件的规范

近年来，电子邮件已经在商界得到了越来越广泛的使用。电子邮件，又称电邮、电子函件、电子信函，是利用电子计算机组成的互联网络向交往对象发出的一种电子信件。使用电子邮件进行对外联络，不仅安全保密、节省时间、不受篇幅的限制、清晰度极高，而且可以大大地降低通信的费用。

商务人员在使用电子邮件对外进行联络时，应当遵守的礼仪规范主要包括以下两个方面：

认真撰写

向他人发送的电子邮件，一定要精心构思、认真撰写。若是随想随写、随意滥发，既不尊重对方，也不尊重自己。在撰写电子邮件时，下列三点必须予以注意。

（1）**主题明确**

一封电子邮件，理当只有一个主题，并且往往需要在前注明。若是对其概括归纳得当，收件人见到它便对整个电子邮件的内容一目了然了。

（2）**语言流畅**

电子邮件若要便于阅读，就应以语言流畅为要。尽量别写生僻字、异体字、自造字，别滥用繁体字、方言、俚语、外语、缩写、字母、符号、卡通、萌图、网图，尤其是别滥用线上、线下的五花八门的流行语。引用重要的数据、资料时，最好标明其出处，以便收件人核对。

（3）**内容简洁**

电子邮件的内容，应当简明扼要，条理清晰。在说清问题的前提下，它显然越短越好。

避免滥用

在信息社会中，任何人的时间都是无比珍贵的。对商务人员来讲，这一点就显得更加重要了。所以有人才会说："在商务交往中要尊重一个人，首先就要懂得替他节省时间。"

有鉴于此，若无必要，轻易不要向他人乱发、滥发电子信件。尤其是不要以之与他人谈天说地，或是只为了检验一下自己的电子邮件能否成功地发出，更不宜随意以此种方式在网上"征友"。目前，有不少网民时常会因为自己的电子信箱中堆满了无数无聊的电子邮件，甚至是陌生人的电子邮件而烦恼不堪。对其进行处理，不仅会浪费自己的时间和精力，而且可能会耽误自己的正事。此外，使用电子邮件时必须对其相关内容有所斟酌，以防泄露个人隐私或商业秘密。

应当谨记：收到他人的重要电子邮件后，尽快地回复对方，往往是必不可少的礼貌。

五、工作餐礼仪

在日常生活里，人们经常会遇到这样的情景：几位衣着考究的商务人员，正坐在某一家餐馆里进行会晤。他们面前的餐桌上，菜肴与酒水往往并不一定非常丰盛，然而他们的神态却极其严肃而认真，并且津津有味地边吃边谈。稍加注意的话，就会发现，此时此刻他们的的确确是"醉翁之意不在酒"，因为他们对于交谈的兴致似乎比对于进餐的兴致要高出许多。

有人或许会产生疑问：他们又不是没有自己的办公室，为什么不老老实实地先吃好饭，然后再去办公室里谈论正经事呢？何必要多此一举、一心二用呢？提出这类疑问的人恐怕不太了解，如上所述的这种商务人员的聚餐，其实并非为求果腹，而是巧借用餐的形式所进行的一种商务活动。它的正式名称，应当叫作工作餐。

工作餐，在商界有时亦称商务聚餐，或者餐会。它所指的是在商务交往中具有业务关系的合作伙伴，为进行接触、保持联系、交换信息、洽谈生意，而巧借用餐的形式所进行的一种商务聚会。站在商务礼仪的角度来看，正规的工作餐既不同于正式的宴会，也不同于亲友们的会餐。一般而言，工作餐具有下述六个方面的显著特点。

（1）重在营造氛围

同正式的宴会相比，工作餐所强调的不是形式与档次，而是意在以餐会友，重在创造出一种有利于商务人员进一步进行接触的轻松、愉快、和睦、融洽、友好的氛围。

（2）**具有某种目的**

商务人员讲究的是务实，工作餐自然也是如此。同亲友之间的会餐相比，工作餐并非无所事事，单纯地只是为了让大家见见面、谈谈心、联络联络感情而已。其实，它是以另外一种形式所继续进行的商务活动。换言之，它只不过是一种权且以餐桌充当会议桌或谈判桌，改头换面进行的非正式商务洽谈而已。

（3）**大都规模较小**

就参加者的人数而言，工作餐通常与声势浩大的宴会或会餐难以相比。因其重在处理实际问题，为了防止众口难调，或是为了确保其参加者人人能够畅抒心曲，故此工作餐的实际参加人数往往较少。一般来说，工作餐大都不是多边性聚会，而是以双边性聚会为主。它既可以是两个人之间的单独约会，也可以由有关的双方各派几名代表参加。但是，参加工作餐的总人数以不超过10人为好。与事无关者、配偶、恋人、子女等，均不宜到场。

（4）**通常午间举行**

宴会与会餐大都被安排在晚上举行，并且往往在节假日或是周末举行。之所以如此，是为了使参加者在时间上感到方便，同时也是一种社交的惯例。可是，工作餐的时间选择则与此不同。为了合理地利用时间，不影响参加者的工作，工作餐通常都被安排在工作日的午间，利用工作的间歇举行。是故，它在商界往往被叫作工作午餐，或是午餐会。应当说，将工作餐见缝插针地安排在工作日的午间举行，这件事情本身就体现着商务人员讲求办事效率的务实精神。

（5）**可以随机举行**

在举行工作餐之前，主人不必向客人发出正式的请柬，客人也不必为此而提前向主人正式进行答复。一般而言，只要宾主双方感到有必要坐在一起交换彼此之间的看法，或是就某些问题进行磋商，大家就可以随时随地举行一次工作餐。它的时间不必早早商定，地点则可以临时选择。它可以由一方提议，也可以由双方共同决定；可以提前若干天约好，也可以当天临时决定。总之，只要有关各方同意参加，工作餐即可随时举行。

（6）**由提议者做东**

工作餐多在外面的营业性餐馆里举行，所以其做东者自有特殊之处。根据惯例，无论工作餐举行于何处，哪一方首先提议举行工作餐，即应由其出面做东。而东道主一方出席工作餐时的行政职务最高者，便是理所当然的主人。从名义上说，为工作餐所进行的一切准备性工作，均应由主人负责。而在实际上，由于名义上的主人位高、事繁，无暇他顾，因此着手张罗工作餐的，多是其秘书、助理或公关人员。

要成功地筹办一次工作餐，仅仅了解其上述特点是远远不够的。除此之外，还须系统地掌握基本的工作餐礼仪。它所指的，主要是有关工作餐的具体规范。它主要包括工作餐的安排、工作餐的主人、工作餐的进行等等。下面，分别对其作介绍。

(一) 工作餐的安排

安排工作餐，此处主要是指在工作餐进行之前的有关准备事项。具体的工作安排，通常应由东道主一方负责。它主要分为目的、时间、地点三个具体问题。

目的

若主动提议与他人一道共进一次工作餐，则提议者大都心中有数，意欲借此机会来实现自己的某种目的。假如毫无任何目的性可言，那么工作餐便不成其为工作餐了。

一般来说，利用工作餐这一极其灵活的商务活动的具体形式，商务人员可以会晤客户、接触同行、互通信息、共同协商、洽谈生意。此外，也可以以之接待新朋友和面试应聘者。然而有一点必须明确，那就是举行工作餐的前提是有要事要办，要能够解决实际问题，绝对不允许无的放矢，将其等同于饶舌、吹牛、聊天、发牢骚的无所事事的“神仙会”，浪费有关各方无比宝贵的时间。

已经明言，与有关人士一道共进工作餐，其实只不过是暂时转移一下工作的具体场地罢了。举行工作餐，主要是为了与有关人士就某些双方共同感兴趣的问题进行一种非正式的会谈。所以，在此之前，必须确定自己的目的，以便为其定下基调。此后所做的一切，均应与自己所确定的目的密切相关。

时间

举行工作餐的具体时间，原则上应当由工作餐的参与者共同协商决定。有时，亦可由做东者首先提议，并且经过参与者的同意。它应当既方便于众人，又不至于耽误正经事。

顾名思义，工作餐绝对不应安排在周末或节假日，而应在工作日举行。举行工作餐的最佳时间，通常被认为是中午 12 点或下午 1 点左右，即工作日常规的用餐时间。正因为如此，工作餐在某些国家亦称工作午餐。若无特殊情况，每次工作餐的进行时间以一个小时左右为宜，至多也不应当令其超过两个小时。当然，若是届时要事尚未谈完，而大家一致同意，适当地延长一些时间也未必不可。

有些关系密切的商务伙伴，往往会以工作餐为形式进行定期的接触。也就是说，有关各方事先商定，每隔一段时间，如每周、每月、每季，在某一既定的时间举行工作餐，以便保持经常性的接触。

▌地点

根据惯例，举行工作餐的地点应由主人选定，客人们则应当遵从主人的安排。具体而言，举行工作餐的地点可有多种多样的选择。饭庄的包厢，酒楼的雅座，宾馆、酒店附设的餐厅，高档的咖啡厅、快餐店，等等，都可予以考虑。从总体上讲，选定工作餐的具体地点时，应当兼顾主人的主要目的与客人的实际情况。但设在商务区之内的口碑良好的餐馆，通常最受欢迎。

举例来说，如果主人打算在共进工作餐之际与客人初步敲定某一笔生意，那么最好将用餐地点选择在宁静、优雅之处，以使双方免受外界干扰，专心致志地达成协议。若是一位男主人初次与一位仅有一面之交的女客户共进工作餐，前者所提议的用餐地点要是过于幽静，则未免会使双方有所不便，甚至会导致后者的误解。

如果主人准备借共进工作餐之机同自己的老客户互通一下情报，或者相互交流一下意见，那么将其安排在俱乐部、康乐中心所附设的餐厅里进行，在大家好好玩过一通之后，再边吃边谈，效果可能会更好一些。因为大家是老朋友了，不必时时刻刻正襟危坐。再说，那里轻松而随意的气氛，也容易让人们松弛下来。但若是在此处利用共进工作餐的机会面试一位应聘者，就显得不够严肃了。

总之，工作餐的用餐地点尽管应由主人选定，但主人在做出具体的选择时，还是有必要考虑一下客人的习惯与偏好，并给予适当的照顾。如果有必要，主人不妨同时向客人推荐几个自己中意的地点，而请客人从中挑选。或是索性让客人自己提出几个地点，然后再由宾主双方共同商定。

一般来说，主人与某一方面的客人多次共进工作餐时，大可不必固定在某一地点。若是举行定期的工作餐的话，这样做则是允许的。

（二）工作餐的主人

工作餐的主人，在此指的显然是工作餐的做东者。作为做东者，工作餐的主人在举行工作餐的时候，通常必须负责如下几件事情。对此如不闻不问，就是一种失职。

▌负责通知客人

正式决定举行工作餐之后，依照常规应由主人负责将相关的时间、地点、人员、议题等通报给其他的参加者。对于重要的人士，尤须由主人亲自相告。

如果宾主双方事先讲好了要在某处共进一次工作餐，那么主人在将一切具体事宜安排完毕之后，仍须再一次地详告于客人。仅仅告知对方具体的时间、地点，有时还远远不够。作为主人，做东者还必须善解人意地同时将工作餐将在哪一家餐厅进行、餐厅的具体方位与主要特征、交通的大致路线、宾主双方在何处会面，以及具体安排在哪一个包厢或哪一桌等一并告知对方。

假定主人所邀请出席工作餐的人员之中，有个别人彼此之间尚未相识，那么在对对方进行邀请或通知时，最好先打一个招呼。若无特殊原因，出席工作餐的人员一经确定并正式进行通知之后，不宜临时再增加。万一有必要临时增加，也要首先征得客人的一致同意。

负责餐厅订座

前往一些著名的餐馆举行工作餐，通常需要提前预订座位。此事依例应由主人负责。如果临时贸然前往，不但有可能会排长队、浪费时间，而且可能根本没有希望找到座位。

前往餐馆订座，目前主要有下列五种方法：

第一，派遣专人前去订座。

第二，拨打餐馆的订座电话号码订座。

第三，利用传真订座。

第四，利用互联网或手机软件订座。

第五，使用餐馆发放的特惠卡或 VIP 卡订座。

至于在上述五种方法之中具体采用哪一种为好，关键是要看何者有效。哪一种方法能够确保自己预订到理想的座位，就应当优先采用。

在订座时，必须将自己的有关要求，例如，理想的位置、用餐的开始时间、大致的结束时间、到场的人数、特殊的要求、付费的方式等，同时告诉餐馆的工作人员。如有必要，还应依照对方的要求预付一定数额的押金。

即使座位已经先期订妥，东道主一方亦须派专人提前一些时间到达现场，以便落实己方所预订的座位有无变故，免得届时出现“座位危机”。

负责迎候客人

商务礼仪规定，举行工作餐时，做东者必须先于客人抵达用餐地点，以迎候客人们的到来。这既是一种惯例，也是一种礼貌。

在正常情况下，做东者应当至少提前 15 分钟抵达用餐地点。稍事休整之后，即应在适当之处恭迎客人们的到来。一般认为，餐馆的正门之外、确定好的包厢门口、预订好的餐桌旁、餐馆里的休息室、餐馆附近的停车场，以及宾主双方提前约好的会面地点，都是做东者迎宾的适当之处。

倘若宾主在此之前尚未谋面，则主人还可亲自驱车前往迎接客人。此外，还可以在通知对方时，与对方互相通报一下宾主双方各自的基本特征，例如，性别、年龄、高矮、胖瘦、着装等，以便于双方届时相互进行辨认。

在迎候地点宾主双方见面之后，应一一进行握手，并且互致问候。如果双方的其他人员不尽熟悉的话，双方的负责人还须各自对自己的随员一一进行介绍。

假定做东者因故不能提前抵达用餐地点迎候客人，最好委托专人代表自己前往。必要时，做东者还须说明原因，并为此向客人致歉。不论怎么说，客人准时抵达后而无人迎候，都属于主人的失礼。

负责餐费结算

根据常规，工作餐的结算，应当由做东者负责。具体来讲，工作餐的付费方式通常又分为“主人付费”与“各付其费”两种。

（1）**“主人付费”**

“主人付费”，在此指的是在就餐结束后，由做东者自掏腰包，负责买单付账。要是宾主十分熟悉，则做东者在餐桌上当着客人们的面算账掏钱即可。要是宾主双方初次相识，或者交往甚浅，则做东者一般不宜当着客人们的面在餐桌上查看账单和算账掏钱。得体的做法是，做东者应当先与侍者打招呼，独自前往收款台结账，或是在自己送别客人之后，再回过头来结账。尽量不要让侍者当着客人们的面口头报账，更不能让侍者将账单不明主次地递到了客人的手里。

（2）**“各付其费”**

“各付其费”，又称作“AA 制”，它是指就餐结束后，由全体用餐者平均分摊账单，各自支付各自所应支付的费用的付账方式。在国外，商务人员在共进工作餐时，通常都以此种方式付费。采用此种付费方式，需要有言在先。在算账时，做东者所要做的是动手算账、伸手收钱、跑腿交费。

在结账时，不论“主人付费”还是“各付其费”，都要符合本地的习惯。因考虑不周而惹人非议，则明显是做东者的失策。

（三）工作餐的进行

在参加工作餐时，宾主双方都有一些需要通晓的注意事项。它们主要包括如下四个具体的环节：

就餐的座次

鉴于工作餐是一种非正式的商务活动，所以人们对于其座次通常都不太讲究。不过，仍有下述几点应予注意。

可能的话，一起共进工作餐的人士应当在同一张餐桌上就餐，尽量不要分桌就座。万一同一张餐桌上安排不下，则最好将全体用餐者分桌安排在同一个包厢之内。倘若分桌就座，一般并无主桌与次桌之分。但是，仍可将主人与主宾所在的那张餐桌视为主桌。

在餐桌上就座时，座次往往不分主次，而可由就餐者自由就座。出于礼貌，主人不应率先就座，而是应当落座于主宾之后。若是主人为主宾让座的话，一般应当请对方就座于下列之一较佳的座次：主人的右侧或正对面，面对正门之处，室内所悬挂的主画或背景墙之下，视野开阔之处，较少干扰之处，以及能够观赏优美景致的位置。主人宜坐的位置，则在主宾之左或者其正对面。

主人与主宾若是同性，则双方就座时可有较多的选择。主人与主宾若为异性，则双方最好是对面而坐。

宾主双方各自的随员就座时，一般可在双方的上司入座后自由地择位而坐。有时，客方的随员亦可听从主人的安排而坐。需要翻译时，可安排其就座在主人左侧（宾主并排而坐且主宾就座于主人右侧时），或主人右侧（宾主相对而坐时）。

菜肴的选择

与宴会、会餐相比，工作餐一般只关注吃饱，而不刻意追求吃好。因此，工作餐中上桌的菜肴大可不必过于丰盛，其安排应以简单为要。只要菜肴清淡可口，并且大体上够吃，就算是基本“达标”了。

根据常规，工作餐的菜肴安排应当由东道主负责。东道主若要表现得称职，在其具体安排菜肴、饮料时，最好先同其他人，特别是与主宾进行一下协商为好。最重要的，是要主动回避对方的饮食禁忌，并确保饮食安全。

假使担心客人过于拘束，不愿将自己的饮食习惯以实相告的话，则主人最好不要包办代替地为大家统一点菜。此刻得体的做法是：由每位用餐者各点一道菜，或者统一选择套餐。

出于卫生方面的考虑，工作餐最好采取“分餐制”的就餐方式。不习惯的话，代之以“公筷制”亦可。

在一般情况下，工作餐在营业性餐馆举行时，可酌情安排一些该餐馆拿手的“特色菜”，没有必要非上山珍海味不可。

为不耽误工作，工作餐所上的饮料应将烈性酒排除在外。与此同时，不论自己就餐的餐馆是否有此规定，全体就餐者还须自觉地禁烟。

席间的交谈

举行工作餐时，讲究的是办事与用餐两不耽误。所以，在为时不久的进餐期间，宾主双方所拟议进行的有关实质性问题的交谈，通常开始得宜早不宜迟。不要一直等到大家都吃饱喝足了之后方才正式开始交谈。那样一来，时间便往往不够用。

依照惯例，待主宾用毕主菜之后，主人便可以暗示对方交谈能够开始了。此刻，主人说一声“大家谈一谈吧”，道一句“向您请教一件事情”，皆可作为交谈的正式开始。在点菜后、上菜前，亦可开始正式交谈。

有关各方在百忙之中共进工作餐，意在谈论正事。所以宾主在交谈之中不宜节外生枝、偏离正题。自己说话时不要东拉西扯、插科打诨。别人说话时，则务必认真倾听，既不要中途打岔，也不要与旁人七嘴八舌、心不在焉。

在交谈中，切勿影响他人用餐，所以有必要讲讲停停、一张一弛。在别人用餐时，切勿毫无眼色地向其讨教。自己在讲话时，则不宜长篇大论，或是张牙舞爪、口水狂飞。

一般来讲，在用工作餐时的交谈不宜录音、录像，或是布置专人进行记录，尤其不得私自录音、录像或布置专人进行记录。非有必要进行笔录或使用计算器、录音机、录像机、便携式电脑时，应先向交谈对象打招呼，并求得对方首肯。千万不要在此方面自行其是，好似对对方缺乏信任一般。发现对方对此表示不满时，切勿坚持这么做。

在交谈期间，有关人员均不宜中途无故离去，也不宜离座去与外人交谈。实际上，在工作餐上忙于交谈的人，都不希望受到别人的打扰。如果在用餐期间偶尔遇见了自己的熟人，向其打个招呼，或是将其与自己的同桌之人互作一下简略的介绍，通常都是合乎礼仪的。但是，不允许擅作主张，将其留下来一道就餐。要是有人不识相，赖在边上久久不离去，不妨委婉地向对方下一道有礼貌的“逐客令”。例如，可以告诉对方“某先生，再会！您很忙，我就不再占用您的宝贵时间了”，或者是“某小姐，我们改天再联系。我会主动打电话给您”。这么一来，对方就不得不“知难而退”了。

用餐的终止

举行工作餐，必须适可而止。依照常规，拟议的问题一旦谈妥，工作餐即可告终，不一定非要拖至某一预定的时间点不可。

在一般情况下，宾主双方均可首先提议终止用餐。主人将餐巾放回餐桌之上或是吩咐侍者来为自己结账，主宾长时间地默默无语或是反复地看表，都是在向对方发出“用餐可以到此结束”的信号。只是在此问题上，主人往往需要负起更大的责任。尤其是在客人需要“赶点儿”去忙别的事情，或者宾主双方接下来还有其他事情待办时，主人则更是应当掌握好时间，使工作餐适时地宣告结束。

当有人用餐尚未完毕，或是有人正在发表高论时，一般不宜提议终止用餐。在就餐期间不告而别，或者中途借故离去，都是失敬于人的。

六、自助餐礼仪

某日，周倩小姐代表本公司出席一家外国商社的周年庆典活动。正式的庆典活动结束后，那家外国商社为全体来宾安排了一顿内容十分丰盛的自助餐。尽管在此之前周小姐并未吃过正规的自助餐，但她在用餐开始之后发现其他用餐者的表现非常随意，便也就“照葫芦画瓢”，像别人一样放松自己了。

让周小姐开心的是，她在餐台上排队取菜时，竟然见到自己平日最爱吃的北极甜虾。于是，她毫不客气地替自己满满地盛上了一大盘。当时她的主要想法是：这个“东东”虽然好吃，可也不便再三再四地来装，否则旁人就会嘲笑自己没见过什么世面了。再说，它那么好吃，这回不多盛一些，保不准一会儿就没有了。

然而令周小姐脸红的是，她端着盛满了北极甜虾的盘子离去时，周围的人居然个个都用异样的眼神盯着她。有一位国人还用鄙夷的语气小声说道：“真给咱中国人丢脸呀!”事后一经打听，周小姐才知道：自己当时的所作所为，是有违自助餐礼仪的。在自助餐上为自己自取菜肴时，应当循序渐进，每次只取一点点。待吃完之后，才允许再次前去取用。可是，若为图一劳永逸，不管三七二十一大装特装一通，则是很失礼的行为。

自助餐，有时亦称冷餐会。它是目前国际上所通行的一种非正式的简易宴会，在大型的商务活动中尤其多见。它的具体做法是：不预备正餐，而由就餐者在用餐时自行选择店家所供应的食物、饮料，然后或立或坐，自由地与他人在一起或是独自一人用餐。

自助餐之所以称为自助餐，主要是因其可以在用餐时调动用餐者的主观能动性，由其自己动手，自己帮助自己，自己在既定的范围之内安排选用菜肴。至于它又被叫作冷餐会，则主要是因其所提供的食物以冷食为主。

一般而言，自助餐具有如下几项明显的长处：

（1）不排座次

正规的自助餐，往往不固定用餐者的座次，甚至不为其提供座椅。这样一来，既可免除座次排列之劳，还可以便于用餐者自由自在地进行交际。

（2）节省费用

因自助餐多以冷食为主，不是正式宴会，不上高档的菜肴、酒水，故可大大地节约主办者的开支，并避免了浪费。

（3）各取所需

参加自助餐时，用餐者遇到自己所偏爱的菜肴，只管多次自行取用就是了，完全不必担心他人会为此而嘲笑自己挑三拣四。

（4）招待多人

每逢需要为众多的人士提供饮食时，自助餐不失为一种首选。它不仅可用以款待数量较多的来宾，而且可以较好地处理众口难调的问题。

自助餐礼仪，泛指人们安排或享用自助餐时所需要遵守的基本行为规范。具体来讲，自助餐礼仪分为安排自助餐与享用自助餐两部分。

（一）自助餐的安排

安排自助餐的礼仪，指的是自助餐的主办者在筹办自助餐时的规范性做法。

一般而言，它又包括就餐的时间、就餐的地点、食物的准备、客人的招待四个方面的问题。

▌就餐的时间

在商务交往之中，依照惯例，自助餐大都被安排在各种正式活动之后，仅只作为其附属的环节之一，而极少独立出来，单独成为一项活动。也就是说，商界的自助餐多见于各种正式活动之后，属于招待来宾的项目之一，而不宜以此作为一种正规的商务活动的形式。

因为自助餐多在正式的商务活动之后举行，故而其举行的具体时间通常要受到正式的商务活动的限制。不过，它很少被安排在晚间举行，而且每次用餐的时间不宜长于一个小时。

一般而言，自助餐的用餐时间不必进行正式的限定。只要主人宣布用餐开始，用餐者即可动手就餐。在整个用餐期间，用餐者可以随到随吃，大可不必非要在主人宣布用餐开始之前到场恭候。在享用自助餐时，也毫无必要像正式宴会那样，必须统一退场，不允许“半途而废”。用餐者只要自己觉得吃好了，在与主人打过招呼之后，随时都可以离去。通常，自助餐是无人出面正式宣告其结束的。

自助餐礼仪

举办商务活动时，主办单位假如预备以自助餐对来宾进行招待，最好事先以适当的方式对其进行通报。此外，必须注意一视同仁，即不要安排一部分来宾用自助餐，同时却安排另外一部分来宾去参加正式的宴请。

▌就餐的地点

选择自助餐的就餐地点，往往不必如同宴会那般较真。重要的是，它既要能够容纳下全部就餐之人，又要能够为其提供足够的交际空间。

按照正常的情况，自助餐安排在室内外进行皆可。它通常可在主办单位所拥有的大型餐厅、露天花园之内进行。有时，亦可外租、外借主办单位附近或者商务区之内与此相类似的场地。

在选择、布置自助餐的就餐地点时，有下列三个事项应予注意：

（1）**为用餐者提供宽敞舒适的活动空间**

除了摆放菜肴的区域之外，在自助餐的就餐地点还应划出一块明显的用餐区域。这一区域，不要显得过于狭小。考虑到实际就餐的人数往往具有一定的弹性，实际就餐的人数难以确定，所以用餐区域的面积宁肯规划得较大一些。

（2）**提供数量足够使用的餐桌与座椅**

尽管真正的自助餐所提倡的

是就餐者自由走动、立而不坐，但在实际上，仍有不少的就餐者，尤其是其中的年老体弱者，还是期望在其就餐期间，能有一个暂时的歇脚之处。因此，在就餐地点应当预先摆放好一定数量的桌椅，供就餐者自由使用。在室外就餐时，提供适量的遮阳伞往往也是必要的。

（3）**令就餐者感到就餐地点环境宜人**

在选定就餐地点时，不仅要注意面积、费用问题，还须兼顾交通、环境、安全、卫生、温湿度、天气状况诸问题。要是用餐期间就餐者感到异味扑鼻、过冷过热、空气不畅、过于拥挤，或者被日晒雨淋，显然都会影响到对方对此次自助餐的整体评价。

食物的准备

在自助餐上，为就餐者所提供的食物，既要有其共性，又要有其个性。

第一，自助餐的共性。为了便于就餐，它以提供冷食为主；为了满足就餐者的不同口味，它会尽可能地使食物在品种上丰富而多样；为了方便就餐者进行选择，它通常将同一类型的食物集中在一处摆放。此即所谓自助餐的共性。

第二，自助餐的个性。在不同的时间或是款待不同的客人时，它所提供的食物可在具体品种上有所侧重。有时，它以冷菜为主；有时，它以甜品为主；有时，它以茶点为主；有时，它则以酒水为主。除此之外，它还可酌情安排一些热食热菜、时令菜肴或特色菜肴。此即所谓自助餐的个性。

一般而言，自助餐所备的食物在其品种上应当多多益善。具体来讲，一般的自助餐上所供应的菜肴大致应当包括冷菜、汤、热菜、点心、甜品、水果以及酒水等几大类型。

通常，自助餐常上的冷菜，有沙拉、香肠、火腿、肉松、酱肉、卤蛋、鸡杂、海蜇、醉鱼、烤麸、凉粉、泡菜、榨菜等等。常上的汤类，有红菜汤、牛尾汤、排骨汤、面豉汤、大酱汤、酸辣汤、三鲜汤、鸡蛋汤等等。常上的热菜，有烤羊、烤鸭、炸鸡、炸虾、烧鹅、烧肉、烧鱼、小炒、时蔬、土豆片等等。常上的点心，有面包、菜包、热狗、炒饭、蛋糕、曲奇饼、三明治、汉堡包、比萨饼等等。常上的甜品，有布丁、果排、冰激凌等等。常上的水果，有香蕉、菠萝、西瓜、木瓜、柑橘、樱桃、葡萄、苹果、番石榴、猕猴桃、牛油果、百香果等等。常上的酒水，则有牛奶、咖啡、红茶、可乐、果汁、矿泉水、葡萄酒、鲜啤酒、鸡尾酒等等。

在准备食物时，一定要注意保证供应。与此同时，还必须兼顾食物的卫生、安全，以及热菜、热饮的保温问题。

客人的招待

招待好客人，是自助餐主办者的责任和义务。要做到这一点，必须特别关注下列各个环节：

（1）**照顾好主宾**

不论在任何情况下，主宾都是主人理当照顾的重点。在自助餐上，此点也不例外。主人在自助餐上对主宾所提供的照顾，主要表现在陪同其就餐，与其进行适当的交谈，为其引见其他客人，等等。此外，应当给主宾留下一点供其自由活动的时间，不要始终伴随其左右。

（2）**充当引见者**

作为一种社交活动的具体形式，自助餐自然要求其参加者主动进行适度的交际。在自助餐进行期间，主人一定要尽可能地为彼此互不相识的客人多创造一些与人相识的机会，并且积极为其牵线搭桥，充当引见者，即介绍人。应当注意的是，介绍他人相识，必须了解彼此双方是否有此心愿，切勿一厢情愿地包办代替。

（3）**安排服务者**

就本单位内部举办的自助餐而言，现场的服务人员是必须安排的。小型的自助餐，主人往往可以身兼二任，同时充当服务者。但是，在较大规模的自助餐上，显然是不能缺少专人服务的。在自助餐上，直接与就餐者进行正面接触的主要是侍者。根据常规，本单位内部举办的自助餐上的侍者须由健康而敏捷者担任。他的主要职责是：为了不使来宾因频频取食而妨碍了同他人所进行的交谈，而主动向其提供一些辅助性的服务。例如，由他推着装有各类食物的餐车，或是托着装有多种酒水的托盘，在来宾之中巡回走动，由宾客各取所需。再者，他还可以负责补充供不应求的食物、饮料、餐具等。

（二）自助餐的享用

所谓享用自助餐的礼仪，在此主要是指在以就餐者的身份参加自助餐时需要遵循的行为规范。享用自助餐的礼仪，对绝大多数人而言往往更为重要、更加实用。它主要涉及下述八个具体的细节：

▌排队取菜

享用自助餐时，尽管需要就餐者自己照顾自己，但这并不意味着他可以因此而肆意妄为。实际上，在就餐取菜时，由于用餐者往往成群结队而来的缘故，大家都必须自觉地维护公共秩序，讲究先来后到，排队选用食物。届时不允许乱挤、乱抢、乱插队，更不允许选用食物时不排队。

在取菜之前，首先要准备好一只餐盘或托盘。轮到自己取菜时，应以公用的餐具将食物装入自己的餐盘或托盘之内，然后应迅速离去。切勿在众多的食物面前犹豫再三，让身后之人久等，更不应该在取菜时挑挑拣拣，甚至直接下手或以自己的餐具取菜。

循序取菜

在自助餐上，如果想要吃饱吃好，那么在具体取用菜肴时，就一定要首先了解合理的取菜顺序，然后循序渐进。按照常识，参加一般的自助餐时，取菜时标准的先后顺序依次应当是：冷菜、汤、热菜、点心、甜品和水果。因此在取菜前，最好先在全场转上一圈，了解一下情况，然后再去有所选择地排队取菜。

如果不了解这一合理的取菜的先后顺序，而在取菜时完完全全地自行其是，乱装乱吃一通，难免会本末倒置、咸甜相克，令自己吃得既不畅快又不舒服。举例而言，在自助餐上，甜品、水果本应作为“压轴戏”，最后再吃。可要是不守此规，为图新鲜，而先来大吃一通甜品、水果，那么立即就会饱了，等到后来见到自己想吃的好东西，很可能就会心有余而力不足，只能“望洋兴叹”了。

量力而行

参加自助餐时，遇上了自己喜欢吃的东西，只要不撑坏了自己，完全可以放开肚子、尽管去吃。不限数量、保证供应，其实这正是自助餐大受欢迎的地方。因此，商务人员在参加自助餐时，大可不必担心别人笑话自己。自己爱吃什么，只管去吃就是了。

但必须注意的是：根据本人的口味选取食物时，一定要量力而行，每样少取一点。切勿为了吃得过瘾，而将食物狂取一通，结果是自己“眼高手低”、力不从心，从而导致食物的浪费。严格地说，在享用自助餐时，多吃是允许的，而浪费食物则绝对不允许。这一点，被世人称为自助餐就餐时的“少取原则”。有时，有人亦称之为“每次少取原则”。

多次取菜

在自助餐上遵守“少取原则”的同时，还必须遵守“多次原则”。“多次原则”，是“多次取菜原则”的简称。它与“少取原则”相辅相成。它的具体含义是：用餐者在自助餐上选取某一种类的菜肴，允许其再三再四地反复去取。但每次应当只取用一小点，待品尝之后，若觉得它适合自己的话，则还可以再次去取，直至自己感到吃饱吃好了为止。换而言之，这一原则其实是说，在自助餐选取某种菜肴时，去取多少次都无所谓，一添再添都是允许的。相反，要是为图省事而一次取用过量、装得太多，像前面所提到的那位周倩小姐的表现一样，则是失礼之举，必定会令其他人瞠目结舌。“多次原则”与“少取原则”，其实是同一个问题的两个不同侧面。“多次”是为了让人量力而行，“少取”则是为了避免造成浪费。所以，二者往往也被合称为享用自助餐的“多次少取原则”。

会吃自助餐的人都知道，在选取菜肴时，最好每次只为自己选取一种。待吃好后，再去取用其他的品种。要是不谙此道，在取菜时乱装一气，将多种菜肴盛在一起，会导致其五味杂陈、相互串味。

不准外带

所有的自助餐，不论以之待客、由主人亲自操办的自助餐，还是对外营业的正式餐馆里所经营的自助餐，都有一条不成文的规定：只允许就餐者在用餐现场里自行享用，而绝对不允许其在用餐完毕之后携带食物回家。

商务人员在参加自助餐时，一定要牢牢记住这一点。在用餐时不论吃多少东西都不碍事，但千万不要偷偷往自己的口袋、皮包里装上一些自己的“心爱之物”，更不能要求侍者替自己“打包”。那样的表现，必定会使自己见笑于人。

送回餐具

在自助餐上，既然强调的是用餐者以自助为主，那么用餐者在其就餐的整个过程之中，就必须将这一点牢记在心，并且认真地付诸行动。在自助餐上强调自助，不但要求就餐者取用菜肴时以自助为主，而且要求其善始善终，在其用餐结束之后，应自觉地将餐具送至指定之处。

在一般情况下，自助餐礼仪大都要求就餐者在用餐完毕之后、离开用餐现场之前，自行将餐具整理到一起，然后一并将其送至指定的位置。在庭院、花园里享用自助餐时，尤其应当这么做。不允许将餐具随手乱丢，甚至任意损毁餐具。在营业性的餐厅里就座用餐，有时可以在离去时将餐具留在餐桌之上，而由侍者负责收拾。虽则如此，亦应在离去前对其稍加整理为妙。不要搞得自己的餐桌上杯盘狼藉，令人不堪入目。凡自己取用的食物，均以吃完、“光盘”为宜。万一有少许食物剩了下来，也不要私下里乱丢、乱倒、乱藏，而应将其放在适当之处。

照顾他人

商务人员在参加自助餐时，除对自己用餐时的举止表现要严加约束之外，还须与他人和睦相处，对他人多加照顾。对于自己的同伴，特别需要加以关心。若对方不熟悉自助餐或其中的某一种菜肴、酒水，不妨向其扼要地进行介绍。在对方愿意的前提下，还可向其具体提出一些有关选取菜肴的建议或本人品尝菜肴的心得。对于在自助餐上遇见的熟人亦应如此。不过，不可以自作主张地为对方直接代取食物，更不允许将自己不喜欢或吃不了的食物“处理”给对方。

在用餐的过程中，对于其他不相识的用餐者应以礼相待。在排队、取菜、寻找座位以及行进期间，对于其他用餐者要主动谦让，不要目中无人、蛮横无理。

积极交际

参加自助餐时，商务人员必须明确：吃东西往往属于次要之事，而与其他人进行适当的交际才是自己最重要的任务。在参加由本公司、本企业所主办的自助餐时，情况就更是如此。所以，不应当以不善交际为由，只顾自己躲在僻静之处一心一意地埋头大吃，或者来了就吃、吃了就走，而不同其他在场者进行任何形式的正面接触。

换言之，参加自助餐时，一定要主动寻找机会，积极地进行交际。具体来说，届时应当找机会与主人攀谈一番、与老朋友好好叙一叙，并争取多结识几位新朋友。

在自助餐上，交际的主要形式是几个人聚在一起进行交谈。为了扩大自己的交际面，在此期间不妨多转换几个类似的交际圈。但在每个交际圈多少总要待上一些时间，不能只待上一两分钟马上就走，好似蜻蜓点水一般。

介入陌生的交际圈，大体上有以下三种方法：第一，请求主人或圈内之人引见。第二，寻找机会，借机加入。第三，毛遂自荐，自己介绍自己加入。

不论怎么说，加入一个陌生的交际圈，总得先求得圈内之人的同意。愣头愣脑地硬闯进去，未必会受到欢迎。

思考题

1. 什么是酬世礼仪？它包括哪些主要内容？
2. 商务人员与他人初次会面时如何才能给对方留下良好的印象？
3. 商务人员因何要学会称赞与感谢？
4. 如何正确地看待争辩？
5. 怎样对他人进行规劝与批评方为得体？
6. 闲谈时宜选哪些话题？
7. 闲谈时忌谈什么问题？
8. 使用手机时有何基本礼仪？
9. 使用电子邮件时有何基本礼仪？
10. 工作餐有何基本特点？
11. 商务人员应当如何安排工作餐？
12. 在自助餐上按照什么顺序取菜才算正确？
13. 自助餐为什么要求就餐者“多次少取”？

主要参考书目

1. 中共中央党史和文献研究院．习近平关于社会主义精神文明建设论述摘编．北京：中央文献出版社，2022.

2. 郑玄．礼记注．北京：中华书局，2021.

3. 郭学贤．现代礼仪．2 版．北京：北京大学出版社，2022.

4. 李荣建．礼仪训练．4 版．武汉：华中科技大学出版社，2022.

5. 海英．礼仪中国．北京：北京师范大学出版社，2021.

6. 傅莹．大使衣橱：外交礼仪之旅．北京：中信出版社，2021.

7. 杨金波．政务礼仪．北京：中华工商联合出版社，2021.

8. 吕艳芝，徐克茹，冯楠．职场礼仪培训全书：视频版．北京：中国纺织出版社，2021.

9. 李战子．外交外事礼仪：英文版．上海：上海外语教育出版社，2020.

10. 史兴松．国际商务礼仪：英文版．3 版．北京：对外经济贸易大学出版社，2020.

11. 张建国．中国礼宾接待手册．北京：中国人民大学出版社，2018.

12. 周加李．涉外礼仪．北京：机械工业出版社，2017.

13. 余少杰，李元杰，倪丽琛．商务礼仪．北京：清华大学出版社，2017.

14. 常峻，等．中国礼仪：一天、一年、一生和一家．上海：上海大学出版社，2017.

15. 平原春．西方礼仪文化．昆明：云南人民出版社，2016.

16. 萧芳芳．洋相：英美社交礼仪．武汉：湖北科学技术出版社，2015.

17. 徐醒民．常礼举要讲记．北京：团结出版社，2013.

18. 李嘉珊，刘俊伟．国际礼仪范式．北京：高等教育出版社，2012.

19. 纪亚飞．服务礼仪标准培训．北京：中国纺织出版社，2012.

20. 魏向东，严安平．中国的礼制．北京：中国国际广播出版社，2010.

21. 刘青，邓代玉．世界礼仪文化．北京：时事出版社，2010.

22. 许祥林．礼行天下：国际礼仪礼宾和旅行．北京：世界知识出版社，2010.

23. 林莹，毛永年．西餐礼仪．北京：中央编译出版社，2010.

24. 张国斌．外交官说礼仪．北京：华文出版社，2009.

25. 张晓梅．晓梅说礼仪．北京：中国青年出版社，2008.

26. 周敏．现代公务礼仪．杭州：浙江大学出版社，2007.

27. 周裕新．现代办公礼仪．上海：同济大学出版社，2006.

28. 庄铭国．国际礼仪：公务员必修手册．北京：中共中央党校出版社，2006.

29. 王伟伟．礼仪形象学．北京：人民出版社，2005.

30. 朱新海，晨黎．中国公务接待．北京：中国大百科全书出版社，2005.

31. 李柠．礼仪修养．北京：高等教育出版社，1996.

32. 丛杭青．公关礼仪．北京：东方出版社，1995.

33. 钟敬文．中国礼仪全书．合肥：安徽科学技术出版社，1995.

34. 莫里森，康纳维，伯顿．国际商务礼仪指导手册：亲吻、鞠躬、握手或拥抱．魏春宇，赵雪，译．北京：电子工业出版社，2020.

35. 弗鲁瓦德维尔，费尔海勒．商务外交礼仪通用手册：方法・经验・案例．王广州，鲁仕齐，译．北京：国家行政管理出版社，2020.

36. 鲍德瑞奇．礼仪书：得体的行为与正确地行事．修文乔，韩卉，译．北京：中国人民大学出版社，2012.

37. 霍德夫斯．礼貌的力量：从礼仪到人生态度．王贤平，译．北京：中信出版社，2010.

38. 迪索．礼仪：交际的工具．高叶，编译．北京：外语教学与研究出版社，2005.

39. 米切尔，考尔．礼仪．杨俊峰，胡晓慧，潘智丹，译．沈阳：辽宁教育出版社，1999.

第1版后记

1990年春天，为了适应社会的迫切需求，我在中国人民大学，同时也是在国内的高等院校之中，率先为本科生正式开设了交际礼仪课程。在此之后，我又应邀参与了多种不同类型的礼仪教学与礼仪培训工作，以便更好地了解社会的实际需求，使自己有关礼仪教学和研究的成果服务于社会，服务于祖国的现代化事业。

在我所从事的礼仪教学与培训的实践中，我了解到目前社会上各行各业的从业人员，都迫切地需要以礼仪知识来充实自我，完善形象，改进自己的人际关系。但是，由于各行各业工作上的不同性质，其从业人员所需要掌握的礼仪知识自然便有所不同。要使礼仪真王地发挥其作用，无疑必须在教学与培训之中注意使之“对象化”，换而言之，也就是必须使礼仪的教学与培训工作具有鲜明的针对性。

自1991年开始，我便开始着手撰写“实用礼仪系列教材”。迄今为止，经过六年多的认真努力，由《社交礼仪教程》《政务礼仪教程》《商务礼仪教程》《服务礼仪教程》《涉外礼仪教程》所组成的“实用礼仪系列教材”终于宣告完成了。

在编写“实用礼仪系列教材”的过程之中，我始终注意下述两点：其一，突出它的应用性。这套“实用礼仪系列教材”绝非不谈理论，轻视理论，但却力戒纸上谈兵。它所讲授的，基本上都是人们在现代生活里不可或缺的实用礼仪知识。与此同时，它还注意具体问题具体分析，既讲究规范性和系统性，又重视可操作性。

其二，努力使它“对象化”。仅从这套“实用礼仪系列教材”各个分册的具体名称上来看，就会发现它们各自都有自己的适用对象。按照我的预想，它们不仅在整体上要密切关联，合为一体，而且要具体地服务于不同的对象，适用于不同的行业。具体而言：

《社交礼仪教程》，主要讲授交际应酬方面的礼仪知识，以各界人士，尤其是广大青年、学生为对象。

《商务礼仪教程》，主要讲授公司、企业的从业人员在经济交往中所应具备的礼仪知识，以商务人员为主要对象。

《政务礼仪教程》，主要讲授国家公务员在政务往来中所应遵守的礼仪知识，以国家公务员为主要对象。

《服务礼仪教程》，主要讲授各种服务行业的从业人员在工作岗位上所须应用的礼仪知识，以服务人员为主要对象。

《涉外礼仪教程》，则主要讲授从事涉外工作的中国人在同外国人打交道时必须掌握的礼仪知识，以涉外人员为主要对象。

1995年年底，我即完成了这套“实用礼仪系列教材”的初稿。为了使之精益求精，减少纰漏，我并没有急于将它交付出版，而是首先在各种类型的礼仪教学、培训中进行了长时间的试用。其中的绝大部分内容，仅在中国人民大学试讲就达三年之久。在此期间，它的部分内容还在许多报刊上进行过连载，在中央人民广播电台也进行了长达一年左右的连续广播。此外，我还先后多次在全国高等院校礼仪教师培训班和许多行业的专业培训班上，试讲或介绍过这套“实用礼仪系列教材”。在有关方面支持下，我还主持过六次专为完善这套“实用礼仪系列教材”而举办的研讨会，广泛听取了来自学生、教师、教学与培训主管部门以及社会各界的意见和建议。在这一基础上，才有了它的正式出版。此外，为了更好地利用现代化教学手段，为加强形象化教学，还与中国人民大学出版社音像部联合摄制五集《实用礼仪系列片》教学录像带。应该说，没有有关领导、社会各界和广大师生的支持，尤其是离开了同行们的支持，我是难以支撑下来完成这一重任的。在此，我要郑重其事地向大家表示我的感谢之意。

作为国内第一套较为系统的礼仪教学和培训教材，这套“实用礼仪系列教材”虽则数易其稿，几经研讨，但依然肯定会有许多疏漏和不足，深切地希望大家对此抛砖引玉之作多多见谅，并且恳请及时予以指正。

本人才疏学浅，为了编写这套“实用礼仪系列教材”，在选题策划时虽然尽心而为，几乎竭尽了全力，但的确可谓勉为其难。在写作过程里，曾参考过国内外许多专家、学者的有关著述，在此谨一并致谢。在每种“礼仪教程”之后，特附以《主要礼仪参考书书目》，专供教师和学生在教学过程之中借鉴。

中国人民大学出版社的领导，特别是担任这套“实用礼仪系列教材”策划编辑的李宏先生，为了它的正式出版做了大量具体的工作。在这套“实用礼仪系列教材”之中，大到框架、结构，小到文字、插图，处处都留下了他们的精辟见解。对于他们的敬业精神，我深怀敬意，并对他们对我的帮助表示感谢。

将来，在适当之时，我将根据反馈回来的信息，对这套礼仪教程再作修订。
最后，再次谢谢大家！

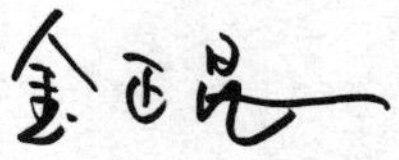

于中国人民大学

第2版后记

1998年至1999年之间，我所撰写的“实用礼仪系列教材”（含《社交礼仪教程》《政务礼仪教程》《商务礼仪教程》《服务礼仪教程》《涉外礼仪教程》五册）由中国人民大学出版社陆续出版。此后，这一系列礼仪教材由中国人民大学出版社多次重印，成为畅销书，并且被国内近百所大学选作教材或教学参考书。

与此同时，我本人也多次应邀在中央电视台、中央教育电视台、中央人民广播电台等多家媒体主持过礼仪栏目，以上述教材作为蓝本，系统讲述礼仪知识，并受到欢迎。

古人云：“衣食足而知礼仪。”礼仪知识在今日备受我国广大人民群众与整个社会的重视，实际上从一个侧面真实地反映了我们的伟大祖国正在走向繁荣富强，我国广大人民群众的精神生活与文化品位正在不断地得到提升。能够以自己的微薄之力为我国的社会主义精神文明建设做出贡献，能够以自己肤浅的知识为祖国与人民服务，令我深感荣幸之至。

迄今为止，这套丛书已出版近6年。在此期间，我听到了不少读者与专家、学者、同行的意见或建议，自己也发现了它所存在的某些缺陷与不足。从2002年下半年起，在中国人民大学出版社贺耀敏社长、周蔚华总编辑与本书策划编辑李宏、司马兰的反复督促下，我即着手对其进行全面的修订，并改称“21世纪实用礼仪系列教材”。现此项工作已告完成，正式予以再版。

此次修订，我重点注意如下三个方面：

第一，坚持与时俱进，努力为其注入新观点、新知识。

第二，突出其规范性、系统性与可操作性。

第三，认真改正某些错误之处，删除某些过时之言。

这次再版修订，一共花去了我近两年时间。平心而论，我对此次修订是非常认真的、非常用心的。真心地希望本丛书通过此次修订，可以更好地适应社会发展的需要，更好地满足广大读者的要求。

再次感谢中国人民大学出版社各位领导以及本书责任编辑孟彦弘、姜颖昳对我的帮助，并对广大读者与专家、学者、同行们对我的支持与厚爱表示深深的谢意。

金正昆

2004 年 8 月 16 日

于北京世纪城寓所

第3版后记

我所撰写的“21世纪实用礼仪系列教材”丛书（第二版）于2005年1月由中国人民大学出版社出版，迄今已逾四年。在其正式出版后，曾经多次加印。许多专家、学者对它给予了充分的肯定，广大读者也给予了它大力的支持。一年多以来，我应广大读者与中国人民大学出版社的要求，对其又一次进行了较为全面而系统的修订。

在此，我有必要对广大读者进行认真说明的是，此次本系列教材修订的具体重点有三：

其一，本着“与时俱进”的精神，再次对某些章节进行了增删或调整。我之所以这样做，既是进一步充实与完善本系列教材具体内容的需要，又是为了进一步满足广大读者的实际需要。

其二，本着“精益求精”的基本要求，对本系列教材的具体内容与文字上的某些明显的错误、失误，进行了认真的改正；对一些叙述上失之于严谨或准确的地方，则进行了尽可能的充实与更改。

其三，为了方便广大读者的学习与复习，在本系列教材各分册的每一章里，大都增加了“学习目的”“本章要点”等新的内容。同时，在教材具体内容的编排上亦做了一些调整，以期增强其可读性。

我在上面所做的一切，都是我应该做的，而且是我必须努力去做的。今后，我还会一如既往地、继续地、认真地、努力地坚持这样去做。

最后，再次感谢近年来广大专家、学者与广大读者对本系列教材的热情肯定与具体指教！

与此同时，我还要诚心诚意地感谢中国人民大学出版社领导贺耀敏、周蔚华对我的支持，感谢我在中国人民大学出版社的老朋友李宏、司马兰对我的督促与帮助，感谢本系列教材的编辑王爱玲、李学伟、姜颖昳为本系列教材此次的修订、出版所做的大量辛勤工作！

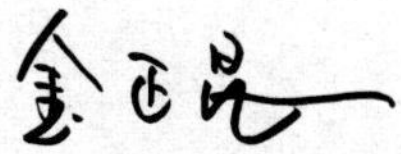

2009年3月16日于北京

第4版后记

经过一年的努力，我所撰写的“21世纪实用礼仪系列教材”第四版出版在即。此时此刻，我怀着一颗感恩与虔诚的心，向关心、支持、帮助过自己的学者、专家、同行以及广大读者真诚地致谢！

与此同时，我还要衷心感谢中国人民大学出版社各位领导的信任，感谢本版策划与编辑翟江虹、汤慧芸的督促与辛勤劳动！

对于“实用礼仪系列教材”的此次修订，我需要着重说明下述两点：

其一，本次修订重在删繁就简。有道是：“大德必宽，大礼必简。”目前，礼仪简化已是大势之所趋。在本次修订的过程中，除必要的调整、增加与删除之外，对于某些过时的内容、被实践证明未必正确或未必有效的具体操作技巧，进行了一定数量的删减，以确保本系列教材精益求精、与时俱进。

其二，本次修订突出了可操作性。众所周知，礼仪是一门实践性极强的应用型学科。经过对礼仪研究与教学的实践、认识、再实践、再认识这一过程，我深感普及、推广必须着重突出其可操作性。在本系列教材的修订过程中，不论或删或增，在对某些具体内容进行斟酌时，我均优先考虑它是否具有可操作性。倘若它曲高和寡、难以操作，则一般不予以保留或增加。

在本次修订中，尽管我再三推敲，反复征求多方面的建议与意见，但本书依然还存在诸多不足之处。正因为如此，诚请学者、专家、同行与广大读者多多对我进行指教！

再次感谢大家！

金正昆

2013年2月23日于北京香山

第5版后记

中国传统典籍《礼记》尝言："苟日新，日日新，又日新。"随着我国社会全方位的发展，现代礼仪的规范、学习与教育亦须与时俱进，以便与国家、社会和国人的实际需求相适应。

2014年5月4日，习近平同志在北京大学师生座谈会上曾明确指出：国有四维，礼义廉耻，"四维不张，国乃灭亡"。2014年10月13日，他又在中央政治局集体学习中强调了"礼法合治""德主刑辅""为政以德""正己修身"的重要性。现在呈现在读者面前的"21世纪实用礼仪系列教材"第五版，就是作者为现代礼仪的规范、学习与教育而努力的阶段性成果。

在2014年年初，中国人民大学出版社领导尤其是本丛书策划编辑翟江虹等老师，就多次叮嘱我关注时代的变化与广大读者学习礼仪的新需求，及时对本丛书进行必要的修订。时任中国人民大学校长的陈雨露教授还曾专门要求我优先考虑当代大学生的校园礼仪学习、普及问题。在他们的鞭策与帮助之下，经过近一年的努力，我终于完成了本丛书第五版的修订。

本次修订的工作量甚大，它的重点有三：

其一，在听取专家、学者与广大读者意见和建议的基础上，对业已发现的错误与不足之处进行了必要的改写、补充与完善。

其二，在强调现代礼仪的规范性、简约性、实用性、时效性与国际性的同时，对本丛书的各个分册进行了必要的改写、增补与删减，并且以化繁为简为主、以可操作性为主。

其三，今日之世界，正呈现出政治民主化、经济全球化、文化多元化、科技信息化、生活互联网化等诸多特征。为了适应多媒体时代广大读者对现代礼仪学习的新需要，本次修订在多媒体技术的应用方面进行了一些积极的尝试。具体而言，就是在本丛书的许多章节里，读者通过扫描相关的二维码，即可收看与文字相关的、由作者亲自进行示范与讲授的视频资料。

我真心地希望：经过认真修订，本丛书就内容与形式而言均有一定的变化，并且在一定程度上可以适应广大读者礼仪学习与应用的实际需求。

感谢广大热心读者对我的关心、支持与指教！

感谢从事礼仪研究的广大同行与专家、学者多年以来对我的督促与鼓励！

感谢中国人民大学出版社各位领导与本丛书策划编辑翟江虹老师及其他各位责任编辑对我的信任、肯定与鼎力相助！

金正昆

2016 年 2 月 26 日于中国人民大学明德国际楼

第6版后记

2019年，适逢我们伟大的祖国——中华人民共和国成立70周年，我本人从事礼仪研究、教学与推广工作30周年，同时也是我在人生旅途中的60周岁。自本年开始之日起，应中国人民大学出版社与本丛书策划编辑翟江虹女士的要求，我对本人所写的“21世纪实用礼仪系列教材”进行了又一次新的、全面的修订。

关于此次修订，有下述三点有必要予以说明：

其一，本次修订，重在删繁就简。在具体的修订过程中，本着“大礼必简”的原则，我所做的主要是对其基本内容有增有删，并且重在删繁就简。

具体而论，在修订过程中，对个别过时的提法，删；对某些时效性较差的案例，删；对有的已被实践证明并不实用的内容，删。本次修订所谓删繁就简，并不仅仅是在内容上减少篇幅，而是力求对其进行优化。

其二，本次修订，讲究字斟句酌。《道德经》有言：“天下难事，必作于易；天下大事，必作于细。”本着这一精神，我对本书逐字、逐行、逐段、逐篇反复地进行斟酌与校对。对错字、别字，改；对表述不恰当、不严谨者，改；对案例、引证易生歧义之处，同样是一改再改。

在对本书字斟句酌的修订过程中，我深深地体会到：我与伟大祖国一起成长，我与我国的礼仪教育、普及、推广工作一起成长，我与广大同行、同事、读者朋友们一起成长。一路走来，祖国育我，工作历练我，同行、同事、读者朋友们帮助我，这一切都令我感到无比荣幸并无比感恩。在此，我真心实意地感恩祖国，感恩我国的礼仪教育、普及、推广工作，感恩广大同行、同事、读者朋友们！

其三，本次修订，凸显实用第一。在《论语》里，曾记载了孔子高足有若的名言：“礼之用，和为贵。”有人认为：有若此言强调了应用礼仪的目的是与他人和睦共处。但也有专家认为，它的含义是：礼仪的具体运用，讲究适当、适合、适宜。换言之，此句中的“和”，并非和平、和谐，而是适合、恰当、恰到好处。

在中华书局出版的名作《论语译注》一书中，作者杨伯峻先生采用的便是后一种释义。

本丛书冠名为“21 世纪实用礼仪系列教材”。既然如此，本次修订以实用、有用、能用、可用为第一，便是名正言顺的。因此，在涉及具体内容的增删时，我所优先考虑的、所采取的基本标准是：它是否符合广大读者的实际需求？能否让广大读者学以致用？是否有助于广大读者内强其个人素质、外塑其团队形象？

据《中庸》记载，孔子尝言：“好学近乎知，力行近乎仁，知耻近乎勇。”在此，我与广大同行、同事、读者朋友们共勉：虚心学习，学以致用，闻过即改，“见贤思齐焉，见不贤而内自省”，以自己的绵薄之力，奉献于祖国，奉献于社会，奉献于党的教育事业。

再次感谢大家的鼓励、鞭策、批评、帮助与支持！

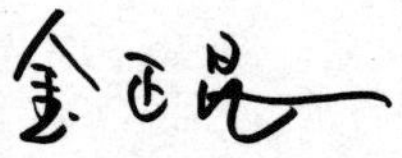

2019 年 5 月 26 日于北京八大处

第7版后记

荀子曾经明确地指出：“礼者，所以正身也；师者，所以正礼也。无礼，何以正身？无师，吾安知礼之为是也？”他的这一教诲，一直以来都督促着我在当代礼仪的学习、研究、传播之路上砥砺奋进。

有鉴于此，自2020年3月以来，我陆续对“21世纪实用礼仪系列教材”开始了又一次的修订。到2022年7月末为止，我已相继完成了《社交礼仪教程》第七版、《政务礼仪教程》第七版、《商务礼仪教程》第七版的定稿。

在本次的修订中，我所关注之处主要包括下述四个方面。

第一，新内容的增加。近年以来，我国经济发展迅速，社会不断进步，国人的交际范围进一步扩大，具体的交际方式与交际工具随之也多有发展、更新、换代，社交媒体、直播销售、视频通话、网络电话、共享单车等等均已成为当代人日常生活与工作中不可或缺的要素。在本次修订之中，与此相关的一系列礼仪规范，均有所增加。

第二，新资讯的更新。《礼记》有言：“礼，时为大。顺次之，体次之，宜次之，称次之。”因此，本次修订中对一些时效性较强的，有关国情、时事、法规、文化、民风等方面的信息，在力所能及的前提下，均进行了适时的更新或补充。

第三，“过气”处的删除。在此次修订中，我发现有的内容，特别是某些案例，由于时过境迁，现在来看已成“明日黄花”，甚是不合时宜。凡此种种，我都一一予以删除。

第四，谬误点的改正。老子说过：“知不知，上；不知知，病。”子曰：“过而不改，是谓过矣。”人不怕犯错误，就怕知过不改、将错就错。本着这一理念，凡本次修订中所能够发现的有关文字、数据、表述等方面的谬误，我都逐一加以改正，以免误人子弟。

孟子尝言："不以规矩，不能成方圆。"我一向认定：学礼仪，就是要学规矩；讲礼仪，必然要讲规矩；守礼仪，则肯定要守规矩。关于礼仪，"重要的事情一定要说上三遍"，那便是：规矩，规矩，规矩。为体现此点，我在本次修订中再三凸显了中国人传承优良传统的规矩、当代中国人处世做人的规矩、国际上与人合作的规矩。

人所共知，在我进行此番修订的这几年中，我们大家都多有不易。因此，我特别感谢中国人民大学出版社的各位领导与本丛书策划编辑翟江虹老师，本书责任编辑汤慧芸老师、谢旋老师在此期间对我一如既往的指导、鼓励与支持！

与此同时，我也非常感激广大读者、各位前辈、诸位同仁对我不离不弃的鞭策与指教。"三人行，必有我师焉。"特别、特别、特别地感激大家！

承蒙大家厚爱，我得以再接再厉地服务于我国的礼仪教育事业。"路漫漫其修远兮"，我愿与大家一道为礼仪在今日中华大地上的进一步传播与普及而继续努力。

金正昆

2022 年 7 月 23 日

图书在版编目（CIP）数据

商务礼仪教程：微课版/金正昆著．-- 7 版．-- 北京：中国人民大学出版社，2023.1（2025.8 重印）
21 世纪实用礼仪系列教材
ISBN 978-7-300-31269-9

Ⅰ.①商… Ⅱ.①金… Ⅲ.①商务-礼仪-教材 Ⅳ.①F718

中国版本图书馆 CIP 数据核字（2022）第 218418 号

21 世纪实用礼仪系列教材
商务礼仪教程
第 7 版・微课版
金正昆 著
Shangwu Liyi Jiaocheng

出版发行	中国人民大学出版社		
社 址	北京中关村大街 31 号	邮政编码	100080
电 话	010－62511242（总编室）		010－62511770（质管部）
	010－82501766（邮购部）		010－62514148（门市部）
	010－62511173（发行公司）		010－62515275（盗版举报）
网 址	http://www.crup.com.cn		
经 销	新华书店		
印 刷	天津鑫丰华印务有限公司	版 次	1999 年 6 月第 1 版
开 本	787 mm×1092 mm 1/16		2023 年 1 月第 7 版
印 张	14.5	印 次	2025 年 8 月第 2 次印刷
字 数	287 000	定 价	49.80 元